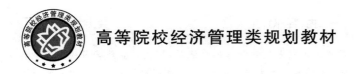

高等院校经济管理类规划教材

农业经营管理学

主　编　杨忠娜　　王学剑　　连　旭
副主编　张勤虎　　张　勇　　朱天星
主　审　马　琼

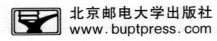

北京邮电大学出版社
www.buptpress.com

内 容 简 介

本书以农业基本经营制度为主线,在阐述了农业经营管理的内涵后,围绕农业经营风险与农业保险、农业生产要素、农产品供求平衡、农业产业结构与布局等主要内容,系统地阐述了农业经营管理的基本理论及方法的应用,并进一步细化了农业经营风险管理、农业劳动力资源管理、土地资源管理、农业资金管理、农业技术管理、农业信息化管理和农业标准化管理等具体内容。在此基础上,本书进一步阐述了农业可持续发展理论与实践等问题。

本书既可作为农业高等院校非农业经济管理专业中工商管理、市场营销、经济学等专业的核心课程教材和农学、设施农业科学与工程、农业机械化及其自动化、园艺等专业的基础课程教材,也可作为农业经营管理人员和经济管理人员自学的参考书。

图书在版编目(CIP)数据

农业经营管理学 / 杨忠娜,王学剑,连旭主编. -- 北京:北京邮电大学出版社,2024.5
ISBN 978-7-5635-7182-6

Ⅰ. ①农… Ⅱ. ①杨… ②王… ③连… Ⅲ. ①农业经营—经营管理 Ⅳ. ①F306

中国国家版本馆 CIP 数据核字(2024)第 062664 号

策划编辑:彭 楠　　责任编辑:刘春棠　王小莹　　责任校对:张会良　　封面设计:七星博纳

出版发行	北京邮电大学出版社
社　　址	北京市海淀区西土城路 10 号
邮政编码	100876
发 行 部	电话:010-62282185　传真:010-62283578
E-mail	publish@bupt.edu.cn
经　　销	各地新华书店
印　　刷	保定市中画美凯印刷有限公司
开　　本	787 mm×1 092 mm　1/16
印　　张	11.75
字　　数	269 千字
版　　次	2024 年 5 月第 1 版
印　　次	2024 年 5 月第 1 次印刷

ISBN 978-7-5635-7182-6　　　　　　　　　　　　　　　　　　定价:36.00 元

・如有印装质量问题,请与北京邮电大学出版社发行部联系・

前　言

"农业经营管理学"作为一门农业院校非农业经济管理专业的通识课程，主要向非农业经济管理专业的学习者普及有关农业经济学、农业企业经营管理学、农产品营销学等方面的专业知识，以及国内外农业、农村经济管理的最新研究成果。运用上述学科的基本理论分析这一研究领域的典型案例，对提高我国农业、农村的经营管理水平和农业经济管理教学工作具有十分重要的意义。

本书可以满足本科生学习和农业、农村管理者工作的需要，遵循从基本概念阐释到基本理论介绍，再从理论分析到理论运用和典型案例归纳的脉络，由浅入深，循序渐进，符合初学者由简入难的学习规律。本书不仅详细阐述了农业经营风险识别、农业生产要素管理、农产品营销等农业经营管理中的微观问题，还详细分析了农业经营方式及其演变、农业产业演进和结构调整、农业产业化等农业经营管理中的宏观问题。本书具有以下两大特点。

（1）内容全面。本书既注重内容的通俗性，又强调内容的完整性；既注重基本概念和理论的介绍，又强调理论方法的实际运用。在内容安排上，本书既系统地介绍农业经营管理的基本原理和方法，又结合农业经营管理实践，整理、归纳、讨论农业经济理论的新发展，具有体系完整、内容全面、信息充足的特点。

（2）理论方法实用。无论是农业经济学还是农业企业经营管理学，都是应用性很强的学科。本书综合上述学科的基本内容，注重理论与实践的有机结合，选编一些实际案例，把概念、理论融于案例之中，启发读者结合学科基本原理和方法、通过案例对实践活动进行深入思考，以提高其运用所学理论分析、解决实际问题的能力。

本书在结构编排方面充分体现教学要求，每章都有导读提示，并附有思考题；同时，除第一章外，每章最后都配有与内容密切相关的案例分析，通过对相关问题的探究，可以提高读者的理论应用能力。希望本书能成为读者的良师益友。

本书由塔里木大学杨忠娜副教授负责总体设计和统稿，马琼教授负责审稿。通过塔里木大学杨忠娜（第五、六章）、王学剑（第七、十章）、连旭（第一、九、十一章）、张勤虎（第二、四章）、张勇（第三章）、朱天星（第八章）等本书编写人员的共同努力，本书最终得以出版。

在本书的编写过程中,编者非常荣幸地得到了蒋志辉、朱哲和石晶三位老师的悉心指导,特别感谢三位老师对本书提出的中肯建议。本书借鉴了许多文献资料,在此对文献作者表示由衷的感谢!研究生周利江、白妙琴、马文江、穆露露、佟奔,本科生杨智慧、赵盛龙认真地对本书进行了校对,在此表示感谢!

由于编者的知识和经验有限,书中难免会出现错误或未涉及的方面,在此敬请读者谅解并提出宝贵意见,以便使本书更加完善。

目　　录

第一章　导论 ··· 1
　　第一节　农业的概念、特点、地位及贡献 ·· 1
　　第二节　农业经营管理的内涵、性质、目标及内容 ······································ 6
　　第三节　农业经营管理学的研究对象及研究方法 ·· 8

第二章　农业经营方式、农业经营体系与经营模式以及新型农业经营主体 ············· 10
　　第一节　农业经营方式 ·· 10
　　第二节　农业经营体系与经营模式 ·· 13
　　第三节　新型农业经营主体 ·· 20

第三章　农业经营风险与农业保险 ·· 24
　　第一节　农业经营风险概述 ·· 24
　　第二节　农业经营风险的类型和特点 ·· 26
　　第三节　农业保险 ·· 28

第四章　农业生产要素 ·· 33
　　第一节　农业劳动力资源 ·· 33
　　第二节　土地资源 ·· 41
　　第三节　农业资金 ·· 49
　　第四节　农业技术 ·· 54
　　第五节　农业信息化 ·· 58

第五章　农业集约经营、农业规模经营与农业专业化 ································· 61
　　第一节　农业集约经营 ·· 61
　　第二节　农业规模经营 ·· 63
　　第三节　农业专业化 ·· 66

第六章 农产品供求平衡 ······ 71

第一节 农产品供给 ······ 71
第二节 农产品需求 ······ 75
第三节 农产品供求平衡 ······ 80

第七章 农产品营销 ······ 85

第一节 农产品市场 ······ 85
第二节 农产品定价及分销渠道 ······ 92
第三节 农产品品牌 ······ 97
第四节 农村电子商务 ······ 103

第八章 农业产业结构与布局 ······ 110

第一节 农业产业结构概述及农业发展阶段 ······ 110
第二节 农业产业结构的调整 ······ 113
第三节 农业布局与规划 ······ 123

第九章 农业产业化及社会化服务体系 ······ 132

第一节 农业产业化 ······ 132
第二节 农业社会化服务 ······ 140
第三节 农资与农机服务 ······ 145

第十章 农业标准化管理 ······ 158

第一节 农业标准化概述 ······ 158
第二节 农业标准化发展 ······ 160

第十一章 农业可持续发展理论与实践 ······ 165

第一节 农业可持续发展理论 ······ 165
第二节 中国农业可持续发展实践 ······ 172

参考文献 ······ 179

第一章

导 论

【本章导读】

本章主要通过对农业的概念、特点及其在国民经济中的地位与对国民经济的贡献的论述,阐释农业经营管理的特殊性与必要性。本章的学习要求是:正确理解农业的特点与作用;掌握农业经营管理的内涵;把握农业经营管理学的研究对象及研究方法。

第一节 农业的概念、特点、地位及贡献

一、农业的概念

什么是农业?农业是现代国民经济中的第一产业。农业本质上是人类利用生物机体的生命力和土地、水、空气、太阳能等自然资源,通过劳动和经济投入把外界环境中的物质和能量转化为生物产品,以满足社会需要的一种生产经营活动。

农业的概念所包含的具体内容在不同的国家或同一个国家的不同时期有所不同。但一般来说,农业是指与动植物生命活动有关的生产活动,包括植物栽培(种植业和林业)和动物饲养(畜牧业和渔业)。通常狭义的农业专指种植业,即经济作物、粮食作物、绿肥作物、果林、饲料作物及生物能源作物等的种植。广义的农业则包括农、林、牧、渔4个部门。随着生态农业发展需求的增加,农业的外延不断拓展丰富,其呈现出多样化的农业类型,如观光农业、精准农业、循环农业、都市农业、"三色"农业(即绿色农业、蓝色农业、白色农业)等。现代农业的发展使农业同与之相关的工商业之间的联系日益密切。为便于管理,有的国家把为农业提供生产资料的"农业前部门"以及从事农产品加工、储运、销售等活动的"农业后部门"也划归农业部门统一管理,这样农业就形成了一个由产前部门、产中部门和产后部门组成的产业系统。

二、农业的特点

农业的特点可从两个层次上看,一是根本特点,二是具体特点。

（一）根本特点

自然再生产与经济再生产相互交织是农业的根本特点。

1. 农业的自然再生产

所谓自然再生产,是指生物的自然生长发育过程,即生物有机体同自然环境之间不断进行物质、能量交换和转化的过程。植物吸收土壤中的水、肥和空气中的二氧化碳,利用太阳能进行光合作用,制造出含有碳水化合物、蛋白质、脂肪等物质的植物产品。动物利用植物产品进行自身的生命活动,并为植物的生长提供肥料等资源。植物和动物的上述活动再加上微生物的活动,就形成了自然界物质循环和万物繁衍的过程。

自然再生产过程是生物有机体依靠自身的生命活动实现的,它是农业生产的基础。但农业生产还必须有人类劳动的加入,这就决定了它同时又是一个经济再生产过程。

2. 农业的经济再生产

所谓农业的经济再生产,是指在一定的生产方式中,人们通过有目的的活动,利用与改造动植物的生理机能和自然环境条件所反复进行的社会再生产过程。它是人类在遵循自然规律的前提下,根据自身的需要,通过劳动对自然再生产进行控制和调节的过程。

3. 自然再生产与经济再生产相互交织

农业生产是有机体、环境条件、经济资源三因素共同作用的过程,三因素相互联系、相互作用。农业生产既要遵循自然规律,也要遵循社会经济规律。

（二）具体特点

农业的具体特点可以从农业生产资料、农业生产过程、农产品 3 个方面去认识。

第一,从农业的生产资料方面来看。

① 动植物有机体是有生命的"活机器"。动植物有机体是农业的生产资料,这种生产资料是有生命的,它们有自己的生长发育规律,要求有适宜的外界条件——光、热、空气、水、土、肥料等,且在自身的生命活动过程中合成碳水化合物、蛋白质、脂肪及其他有机物质。动植物本身种质资源的优劣对农业生产成果的大小有着决定性影响。因此,优良的品种对农业生产极为重要。

② 土地是农业中最基本的生产资料。土地在农业生产中既是劳动资料,又是劳动对象。动植物要以土地作为立足点,土地是养分和水分的贮存器、供给者。离开了土地,农业生产就无法进行。而土地本身具有数量有限、质量差异大的特点,这决定了在农业生产中要对土地进行合理的规划和使用。

③ 以太阳能为代表的自然力是农业中无法替代的自然资源。在农业生产中,动植物生长离不开太阳能。除太阳能外,自然力还包括土地的自然肥力、水力、风力等。自然力的状况及其利用情况会影响农业的生产成果。

第二,从农业生产过程来看。

① 生产时间与劳动时间不一致,农业生产具有很强的季节性。生产时间是劳动对象处于生产领域的时间,劳动时间是劳动作用于劳动对象的时间。因此,在农业中,生产时

间是农业的自然生产全过程所需要的时间,劳动时间则是人们根据农业生产活动需要投入的时间,劳动时间只是整个生产时间的一部分。此外,农业生产还具有很强的季节性。人们进行农业生产活动时要遵循生物体的生命活动规律,因时制宜,不违农时。因此,要根据劳动力、土地、农具、资金等生产要素合理安排农业生产。

② 农业生产各部门具有相互制约、相互促进的作用。例如,种植业为养殖业和林业提供饲料和肥料,养殖业为种植业和林业提供畜力和肥料,而林业则能涵养水源、保持水土、改良气候,为种植业和养殖业创造良好的生态环境。因此,建立合理的农业生产结构,使农业生产各部门相互促进,具有十分重要的意义。

第三,从农产品方面来看。

① 农产品是人们最基本的生活资料。一方面,农产品的这一特点决定了农业部门在国民经济中的特殊重要地位;另一方面,随着经济的发展、人们生活水平的提高,农产品在人们的消费结构中的比重将不断降低。因此,任何国家在经济发展过程中必须保证国民经济与农业部门的协调发展。

② 农产品既是最终产品,又是原材料来源。农产品的这种双重性质决定了农业生产在不同程度上具有自给性,农业生产可以相对独立地发展,尤其在社会分工、专业化不发达的条件下,这种自给性更为明显。因此,在现代化农业实现过程中,必须注意打破农业自给自足的自然经济状态,促进商品经济的发展。

③ 农产品的供求弹性较小。从供给方面来看,农业生产季节性强,农产品贮藏运输费用高,导致其市场供应量不易随价格的上升而增加;从需求方面来看,农产品是基本生活资料,其需求量也不易随市场价格的升降而变化。因此,一个国家或地区的农业生产波动,就会引起农产品供求量及价格波动。

三、农业在国民经济中的地位

国民经济是一个庞大的体系,由农业、工业、商业、建筑业、交通运输业、服务业等部门构成。其中,农业部门是国民经济中一个非常重要的部门,而农业是整个国民经济的基础。

农业是国民经济的基础,这可以从以下两方面来认识。

第一,从农产品对人的重要性来看,农业是人类的衣食之源、生存之本。

在任何社会中,人类要生存,就必须有生活资料。而生活资料中最重要的是食物,它是人类生存所必需的。人类社会发展到今天,人们仍然需要利用动植物和自然力去建立食物生产体系,只能利用动植物的生物机能和自然力来取得所需的各种食品。食品工业是轻工业的一个组成部分,食品工业是以农产品为基本原料的。人类生存所需要的碳水化合物、蛋白质、脂肪等营养物质都包含在农产品中。

同时,日常生活资料也是由农业直接或间接提供的。随着科学技术的发展,除粮食之外的其他物质资料都可以由工业生产的产品取代,但农业提供的粮食等不可能完全被工业生产的产品取代。另外,林业的环保功能是任何其他部门都无法取代的。

第二,从人类社会的发展历史来看,农业是国民经济中其他部门得以独立和进一步发展的基础。

在人类社会中,农业是第一个出现的社会生产部门。在人类历史上,劳动首先表现为农业劳动。在原始社会,由于劳动生产率十分低下,农业劳动生产的食物只能维持人们自身劳动力的再生产。那时人们只能从事农业劳动,农业部门是社会上唯一的生产部门。随着农业劳动生产率的提高,人们通过从事农业劳动生产所获得的食物除了供自己消费之外还有剩余,因此有一部分劳动者脱离农业,专门从事手工业,这时出现了农业与手工业的分工。随着农业劳动生产率的进一步提高,商业、教育和其他事业逐渐发展起来,最后成为独立的商业、教育等部门。因此,从某种意义上说,农业劳动代表了必要劳动。没有农业部门这个必要劳动部门的存在,其他生产部门就不能发展。

由此可见,农业是人类生存的先决条件,是社会生产活动的起点,是其他劳动部门得以独立和进一步发展的基础。因此,当社会分工越来越细,最后形成国民经济各个部门并且它们独立发展时,农业也就成了国民经济的基础。

四、农业对国民经济的贡献

农业在国民经济中除了处于基础地位外,还有着十分重要的贡献。这些贡献主要表现在以下4个方面。下面以我国为例来加以说明。

1. 产品贡献

产品贡献表现在两个方面。一是为人民提供食品。在我国这样一个人口大国,吃饭是头等大事。我们仅用世界上7%的耕地养活世界上20%以上的人口,由此可见农业任务是十分艰巨的。2021年我国粮食总产量达13 657亿斤[①],比上年增加267亿斤,增长2.0%,全年粮食产量再创新高,连续7年保持在1.3万亿斤以上,为确保国家粮食安全,推动经济社会高质量发展,构建新发展格局奠定了坚实基础。二是为轻工业提供原料。改革开放以来,在我国的轻工业产值中以农产品为原料的产值比重基本上稳定在70%以上。从长期的发展趋势来看,由于轻工业中以工业品为原料的部分增长较快,在整个工业中轻工业的增长又低于重工业,因此农业的产品贡献在原料供给方面的作用将有所减少。但就我国现阶段的情况来看,轻工业在制造业中仍占有重要地位,农副产品加工业又是轻工业中的主导行业,仍有着广阔的发展前景。

2. 市场贡献

农业的市场贡献来源于农业与其他部门的交换,既包括农业提供给非农部门的羊毛、棉花等原材料,又包括农民购买的消费品和农业生产资料。从农民购买消费品和农业生产资料的情况来看,农民需要购买农药、化肥、农膜、机械、服装、家具、家用电器等,随着农

---

① 资料来源:https://m.gmw.cn/baijia/2021-12/06/1302708186.html。

民收入水平的提高,农村消费市场也在不断扩大,改革开放以来农村消费品零售额占社会消费品零售额的比重,在多数年份都为50%左右。

3. 要素贡献

农业的要素贡献主要包括资金、劳动力和土地等方面。从资金方面来说,新中国成立初期,在"重工业优先"发展战略主导下,我国通过工农产品价格"剪刀差"的形式从农业中汲取资金并将其用于发展工业。农业为工业化的初步发展提供了巨大的资金支持,为整个国民经济的发展提供了宝贵的资本原始积累。据测算,1952—1990年,通过工农业产品价格"剪刀差"从农业获取资金8 707亿元,通过税收从农业获取资金1 527.8亿元,通过储蓄从农业获取资金1 404.8亿元,去除国家对农业的投入后农业为工业化提供的积累资金为1万亿元。① 1990年以来,我国"剪刀差"的绝对值是逐步扩大的,但是价格"剪刀差"的幅度呈缩小的趋势。可见,我国实行市场经济体制以来,工农业产品价格"剪刀差"仍然存在,农业仍然在为工业做资本贡献。从劳动力方面来看,农业为国民经济的发展提供了大量的劳动力。特别是改革开放以来,农业劳动力大量转移到非农产业部门,成为推动我国经济增长和结构变革的重要力量。据统计,我国从农业转移出来的劳动力从1990年的8 673万人增长到2000年的1.5亿人,2000年后转移总量的上升速度加快,到2011年已经超过2.5亿人。有研究表明,1991—2011年,农村劳动力的非农转移使劳动生产率平均每年增加23.9%,累计使经济规模增加85.5%,使GDP增长率年均提高1.5%。② 从土地方面来说,城市规模的扩大、新兴城镇的建立、交通运输事业等的发展都需要土地,都需要建立在农业土地生产率提高的基础之上。全国土地调查数据显示,2009年耕地为20.31亿亩(13 538.5万公顷),2016年耕地为20.24亿亩(13 495.66万公顷),2019年耕地为19.18亿亩(12 786.19万公顷)。2010—2019年共减少耕地1.1亿亩(752.31万公顷)。根据《全国土地利用总体规划纲要(2006—2020年)》,1997—2005年,全国非农建设年均占用耕地20.35万公顷(305万亩),与1991—1996年年均占用29.37万公顷(441万亩)相比降低了31%。③ 城市建设用地在1990年为11 608.3平方公里,到2016年增加至52 761.3平方公里,到2020年增加至58 355.3平方公里。农村土地征收的过程体现出土地对国民经济的贡献。

4. 外汇贡献

我国农业通过增加农产品及其加工品的出口收入或扩大农业进口替代品的生产,对平衡国际收支做出了积极的贡献。在我国现阶段,农业的外汇贡献主要表现在农产品及其加工品的出口增长上。改革开放以来,由于工业的发展,工业品出口额增加,农产品及其加工品的出口比重有所下降。农业对引进外资和利用国外先进技术进行产业结构升级也做出了贡献。尽管随着产业结构升级,出口构成中农副产品及其加工品出口的比重将

---

① 王金秀,郑志冰.工业反哺农业的财政支出政策研究[J].商业时代,2007(32):6-7.
② 齐明珠.中国农村劳动力转移对经济增长贡献的量化研究[J].中国人口·资源与环境,2014,24(04):127-135.
③ 中国政府网(www.gov.cn),2008-10-24.

有所下降,但在我国今后较长时期内,农业的外汇贡献仍将占有相当大的比重。

第二节　农业经营管理的内涵、性质、目标及内容

一、农业经营管理的内涵及性质

(一) 农业经营管理的内涵

所谓经营,就是在一定的社会制度和环境下,有目的地把劳动力与生产资料结合起来,进行产品的生产、交换或提供劳务的动态活动。经营的主要内容包括确定经营目标、经营项目、经营结构、经营方式,以及为实现经营目标而采取的一系列战略和决策。

所谓管理,是为了达到一定的经营销售目标,进行决策、计划、组织、指挥、协调、控制的过程。管理侧重于内部资源的组织和利用。

农业系统是一个开放的经济系统,其经营活动与环境紧密相连,农业生产要善于捕捉和利用外部环境提供的机会,只有这样才能求得生存和发展。管理活动分为内部活动和外部活动。农业经营管理是现代农业有效参与市场竞争的需要。经营和管理贯穿在农业生产经营活动的全过程,且两者都服从同一目标,即追求合理的盈利同时促进农业生产的可持续发展。从这个意义上说,经营决定了管理的方向与目标,管理对经营过程予以调节和控制;经营是管理的依据,管理源于经营并为经营服务。两者相互分工、相互补充和相互作用,共同促进现代农业生产的整体活动。

农业经营管理是对农业整个生产经营活动进行决策、计划、组织、协调、控制,并对农业生产成员进行激励,以实现其任务和目标的一系列工作的总称。农业经营管理研究的是农业微观组织经营活动的规律,其目的是合理地组织农业内外生产要素,促使供、产、销各个环节相互衔接,以尽可能少的劳动消耗和物质消耗,生产出更多满足社会需要的产品,实现农业生产的目标。

(二) 农业经营管理的性质

农业经营管理具有二重性,即自然属性和社会属性。

1. 农业经营管理的自然属性

经营管理是社会化大生产的客观要求,任何社会和生产部门,只要有协同劳动,就有经营管理。随着生产社会化程度的提高,劳动规模扩大和劳动分工协作等内容都需要科学的经营管理。农业经营管理的自然属性主要体现在在合理组织生产力的基础上,按照自然客观规律的要求,提高生产管理能力和改进管理方法。

2. 农业经营管理的社会属性

农业经营管理是生产关系的反映和体现,它的性质决定于生产关系的性质,这是经营管理的社会属性。农业经营管理的社会属性主要体现在维护和调节社会生产关系的职

能上。

在社会主义条件下,农业经营管理是国家领导和管理农业发展的重要方面。其主要任务就是按客观经济规律和自然规律的要求,在农业生产部门中合理地组织生产力,正确地处理生产关系,适时地调整上层建筑,以便有效地使用人力、物力、财力和自然资源,合理地组织生产、供应和销售,妥善地处理国家、企业和劳动者之间的物质利益关系,调动广大农业劳动者的积极性,最大限度地满足社会对农产品的需求。

二、农业经营管理的目标及内容

(一) 农业经营管理的目标

农业经营管理的目标是农业所要取得的具体成果,它涉及农业经营管理过程中重大的、全局的和长远的问题,是评价农业经营管理工作的重要依据。一般而言,农业经营管理的目标分为 3 个层次,即由决策者制定的总体目标、由执行层落实的部门目标和分解到个人的具体目标。

总体目标表明农业生产经营单位在一定时间内实现的目标。在现代农业条件下,总体目标一般由生产总量、生产总值等表示;部门目标是对总体目标的分解,即将总体目标落实到农业生产经营单位中的各个部门或科室,对总体目标进行可行性检验;具体目标是对部门目标的进一步分解,即将部门目标落实到农业生产经营单位的有关人员或班组,具体目标的实现保证了总体目标的实现。

现代农业具有很强的系统性,这使得农业经营与管理的目标变得更为复杂。进入 21 世纪后,由于农产品的特殊性和农业的多功能性,粮食安全、食品安全及农业可持续发展等问题引起社会的广泛关注。

现代农业经营管理的目标受到市场、政府、社会及生态环境 4 个方面的影响。国家通过制定一系列政策来保证主要农产品的生产。为了生产无污染、无公害的农产品,国家制定了给予补贴、减少税收等政策,鼓励有机绿色农产品的生产。为了保护环境,国家出台了防治水土流失、减少化学污染等各项政策和措施。同时,国家对节水农业、节能农业的生产给予补贴和扶持。在现代农业生产条件下,我国农业目标开始从单纯的增加盈利转向实现经济、社会和生态环境等综合目标。在现代农业经营管理中,一方面需要考虑在市场上获得更多的经济利益,另一方面需要取得相关政策的扶持和社会公众的支持,以促进农业经营的长期稳定和可持续发展。

(二) 农业经营管理的内容

农业经营管理的内容主要包括:明确农业的基本经营制度和经营形式,培育新型农业经营主体;识别农业经营风险,做好风险防范及规避;合理利用和配置农业生产土地、资金、技术、信息化等要素,提高使用效率;构建农业规模化、集约化及专业化的现代化农业生产模式;以市场导向为原则,生产符合消费者多样化需求的农产品,调整农产品供给量;做好农产品的营销,建立农产品品牌;积极调整和优化农业产业结构,实现农业生产的优化布局；根据农业可持续发展理论，指导我国农业可持续发展实践。

第三节 农业经营管理学的研究对象及研究方法

一、农业经营管理学的研究对象

农业经营管理学是着重研究在农业生产中如何正确解决生产(经营)什么、生产(经营)多少、如何生产(经营)和为谁生产(经营)这些基本问题的原理和方法。根据这门学科的研究对象，其基本内容可概括为：按市场经济的要求，科学建立健全农业经营组织，正确确定经营组织形式，合理编制经营计划，运用计划、组织、指挥、协调、控制等职能，合理开发农业资源，搞好农业产、供、销各环节的经营活动，并实行科学的财务核算和环境管理，达到经济效益、社会效益与生态效益相统一的目的。

二、农业经营管理学的研究方法

农业经营管理学以唯物辩证法为方法论基础，结合农业经营管理研究领域的特点，采用多种方法探索和研究农业经营管理问题。

（一）系统分析法

系统分析法是唯物辩证法的具体运用，强调以普遍联系的观点研究问题。农业经营管理的研究应当把农业经营管理视为一个具有特定功能和目的的系统。系统分析法借助于对系统的集合性、相关性、目的性和环境适应性的分析，能揭示系统中要素、结构、功能与目的之间的关系，找出优化要素结构、增强系统功能的途径与方法。

（二）调查研究法

调查研究法是农业经营管理学最基本的研究方法。该方法根据调查研究的目的和任务，对研究的总体选用典型的、抽样的调查方法，以认识经济现象的客观规律。深入实际，进行调查研究，系统地搜集、整理、分析资料，是科学研究的基础工作。

（三）案例分析法

案例分析法是通过对成功的与失败的典型案例加以对比、分析，从中总结经验与教训，来指导农业经营管理实践的一种方法。它是调查研究法与系统分析法的综合运用。采用这种方法时，应注意选择的案例要具有代表性，避免以偏概全。

（四）定性与定量分析法

定性分析法是在充足而系统的资料的基础上，运用分析、综合、类比、归纳和演绎等方法，反映事物的本质与内在联系的一种方法。定量分析法是对事物量的规定性(通常以规模、速度、程度等指标来表示)的分析方法。一般的定量分析通常借助于统计指标进行相关性的剖面分析与动态分析；复杂的定量分析往往要借助于生产函数、成本函数、线性规划等数学模型。任何事物既有质的规定性，又有量的规定性，只有通过定性与定量分析相结合的分析方法才能把握事物由量变到质变的度。

【思考题】

1. 农业的概念与特点是什么？
2. 如何理解"农业是整个国民经济的基础"这句话？
3. 农业经营管理的内涵、目标及内容是什么？
4. 试述农业经营管理的性质。
5. 试述农业经营管理学的研究对象。
6. 试述农业经营管理学的研究方法。

第二章

农业经营方式、农业经营体系与经营模式以及新型农业经营主体

【本章导读】

本章重点阐述农业经营方式、农业经营体系与经营模式(统分结合的双层经营、承包经营与租赁经营、股份制经营与股份合作制经营)以及新型农业经营主体。本章的学习要求是:理解和掌握股份制经营与股份合作制经营的联系与区别,以及新型农业经营主体的主要特征与类型。

第一节 农业经营方式

一、农业经营方式概述

农业经营方式是指在一定的农业生产资料所有制条件下,农业经营活动的组织形式和运行形式。其具体内容主要包括:①农业生产资料的实际支配形式;②农业劳动者与农业生产资料的结合形式;③农业经营活动的决策及其实施形式;④农业生产要素的组合和协调形式;⑤农业经营单位与外部经济环境的适应、协调形式。一定的农业经营方式是在一定的农业生产资料所有制形式的基础上形成的,农业生产资料所有制形式是既定的,而农业的经营方式却是可以选择的。同一种农业生产资料所有制形式可以有不同的经营方式;不同的农业生产资料所有制形式又可以有相同的或近似的经营方式。农业经营方式的选择、确定不取决于人们的主观意志,而取决于农业生产力的性质和水平,即主要取决于当时当地农业劳动对象和其他生产资料的状况、农业劳动者的文化素质、经营者的经营管理水平等。

二、新中国成立以来农业经营方式的演变

新中国成立以来,根据土地产权制度的变动,我国农业经营方式大致经历了以小农经济为基础的农户家庭承包经营、以土地集体所有为基础的集体经营、以家庭联产承包为基

础的统分结合的双层经营3种基本农业经营方式。

(一) 以小农经济为基础的农户家庭承包经营

1950年6月30日,中央人民政府颁布了《中华人民共和国土地改革法》,废除了地主阶级封建剥削的土地所有制,使"耕者有其田",获得土地的农民普遍采用了家庭承包经营方式。以小农经济为基础的农户家庭承包经营方式的最大特点是农户对生产资料拥有完全的所有权,农户独立组织生产经营,农业生产要素的配置方式由农户决定。农民掌握了土地的所有权,同时掌握着经营决策权,这使农民发展生产的积极性空前高涨,农业生产得到了迅速恢复和发展。

但是土地改革并没有消灭农村土地的私有制,而是通过平均地权实现了普通农民"耕者有其田"的理想。因此,从农业经营方式的角度来看,在新中国成立初期,中国农村经济的基本特点并未发生重大变化,只是消灭了土地的地主所有制及由此形成的土地的租佃关系,使广大农民都变成了自耕农。

(二) 以土地集体所有为基础的集体经营

1. 农业合作化时期的集体经营

随着土地改革的基本完成,中国农村社会逐渐趋于安定,农业生产也开始迅速恢复,但很快又出现了农户间"两极分化"的趋势。"两极分化"是指当时一部分较快富起来的农户开始买地、雇工、扩大经营,而另一部分因种种原因变得生活困难的农户则开始卖地、借债和受雇于他人,农村中的贫富分化正在形成。例如,根据当时中共山西省忻县地委关于143个村42 215户农户的调查报告,已有19.5%的农户出卖土地,共卖地39 912亩(约2 660.8公顷)[①],农户出卖土地的主要原因有生产生活困难、遭遇疾病或灾害等。

农村贫富分化的形成引起了决策者担忧,决策者担心农民抱有旧式富农的心态。土地改革使农民获得了土地,由于农民受几千年传统习惯的影响,因此其基本要求只是希望自己能够过上像富农一样的生活。同时,农民又担心被戴上剥削的帽子,因而在生产中投工很不积极。

针对土地改革后农村出现的新情况、新问题,党中央在经过讨论后发出了开展互助合作活动的号召,推行农业互助组和初级农业生产合作社,并进行少量高级农业生产合作社的试点。同时,这也是党在过渡时期总路线和总任务的一个重要组成部分,即实现国家对农业的社会主义改造。

(1) 农业互助组

农业互助组是我国农民在个体经济的基础上,为了克服劳力、耕畜、农具缺乏的困难,按照自愿互利原则组织起来的劳动互助组织。它一般由几户或十几户农业家庭组成,这些家庭共同劳动、分散经营。土地、耕畜、农具等生产资料和收获的农产品仍归私人所有,由于换工互助在一定程度上提高了劳动生产率,因此农业互助组的产量一般高于个体农

---

① 陈吉元,陈家骥,杨勋.中国农村经济社会变迁:1949—1989[M].太原:山西经济出版社,1993:88.

户。1951年9月,中共中央制定了《关于农业生产互助合作的决议(草案)》,在该文件精神指引下,各地办起一批批农业互助组。农业互助组分季节性的临时互助组和常年互助组两种。临时互助组是最初级的也是当时最普遍的形式,其具有临时性和季节性,规模小;常年互助组除劳动互助外,还有农业和副业的互助合作。

(2) 初级农业生产合作社

初级农业生产合作社是在农业互助组的基础上,个体农民自愿组织起来的半社会主义性质的集体经济组织。它是建立在农民土地私有制基础上的半社会主义性质的农业生产合作组织,承认社员入社的土地及其他生产资料的私有权和收益权,允许社员保留一部分土地和生产资料用于家庭承包经营,但入社的土地以及牲畜、大农具等生产资料由集体统一经营。《中国共产党中央委员会关于发展农业生产合作社的决议》由中共中央于1953年12月16日通过。我国农村互助合作运动的重心开始转移,其重点放在发展初级农业生产合作社上。保留农民对土地以及其他生产资料的私有权,不仅适应了农民私有的心理要求,调动了农民的生产积极性,而且有利于合理配置土地、生产工具、劳动力等生产要素,基本上适应了当时农村生产力落后、个体农民刚刚组织起来进行集体生产的现状,促进了农业生产的发展。

(3) 高级农业生产合作社

高级农业生产合作社(简称"高级社")是个体农民在自愿互利基础上组织起来的社会主义性质的集体经济组织。高级社在土地等基本生产资料公有的基础上,实行集体统一经营、统一计划、统一核算、统一分配。1955年公布的《农业生产合作社示范章程》进一步将农业生产合作社的发展分为初级和高级两个阶段。1956年通过的《高级农业生产合作社示范章程》再次强调了高级农业生产合作社的社会主义性质,并指出高级农业生产合作社要"按照社会主义的原则,把社员私有的主要生产资料转为合作社集体所有"。① 由于土地分红被取消,生产工具实行公有化,经营管理混乱,劳动报酬实行平均主义,违背了当时生产力发展的客观实际,违背了农民自愿原则,因此造成了严重的结果。

2. 人民公社时期的集体经营

农业生产发展上的高指标和浮夸风,推动着在生产关系方面急于向所谓更高级的形式过渡,主观地认为农业生产合作社的规模越大,公有化程度越高,就越能促进生产。1958年8月,中央政治局在北戴河举行扩大会议,作出《关于在农村建立人民公社问题的决议》②,在全国发动了人民公社化运动。人民公社是一个"政社合一""三级所有,队为基础"的基层组织。人民公社的主要职能是贯彻和执行国家下达的生产计划和生产任务,完成国家规定的粮食和农副产品的征购和派购任务,同时监督、管理及协调下级单位的生产、分配等其他活动。生产大队则协助人民公社监督、管理生产队的生产活动,进一步落

---

① 农村基本经营制度:理论评价与现实选择,http://theory.people.com.cn/n/2013/1210/c40531-23800719.html。
② 第六章 探索中国自己的建设社会主义的道路,https://www.gov.cn/18da/content_2247077.htm?eqid=c3893ca80000366e0000000564633558&eqid=a794b2bd00027d460000000364857490。

实国家的各项计划和任务,并在生产队之间作责任、权利和义务的平衡与协调。生产队是人民公社组织中最基本的生产和核算单位,一般由 30～50 户农民组成,是集体生产资料的所有者、使用者,按国家制订的计划组织生产,土地由集体统一经营,社员集体劳动,按工分进行收益分配。

(三) 以家庭联产承包为基础的统分结合的双层经营

人民公社制度由于不符合农业生产的要求,压抑了广大农民发展农业生产的积极性,成为农业和农村经济发展的制约因素,使得农业和农村经济在人民公社时期长期徘徊,农村贫穷的状况没有得到根本改变。

我国农村实行经济体制改革以来,按照生产资料所有权与经营权适当分离的原则,以实行家庭联产承包责任制作为农村经济体制改革的突破口,使单一的集体经营方式转变为家庭承包经营与集体经营相结合的双层经营、承包经营、租赁经营、股份制经营、股份合作制经营和集团化经营等多种经营方式。

第二节 农业经营体系与经营模式

一、农业经营体系

2004 年,中央出台了具有里程碑意义的一号文件,该文件指出当前和今后各时期要按照统筹城乡经济社会发展的要求,坚持"多予、少取、放活"的方针,调整农业结构,扩大农民就业,加快科技进步,深化农村改革,增加农业投入,强化对农业的支持保护,力争实现农民收入较快增长,尽快扭转城乡居民收入差距不断扩大的趋势。这一时期我国农业经营体系呈现出以下特征。

① 土地公有私营的体制没有改变,但经营方式更加灵活。这一时期我国坚持土地的家庭承包经营关系不动摇,开展土地确权颁证工作,推进土地流转和土地的适度规模经营,将农民手中的土地资源变成财产性资源,增加了农民的财产性收入。

② 农民与政府、乡村与城市、农业与工业之间的关系得到调整。

- 农民与政府之间的关系:政府不仅取消了实行了 2 600 多年的农业税,直接减轻了农民的经济负担,而且出台实施了一系列支农惠农政策,如粮食直补、良种补贴、农机购置补贴等。同时,政府确立了对农村社会事业发展的促进政策,不断提高农村公共服务水平。
- 乡村与城市之间的关系:中央一号文件强调要坚持统筹城乡经济社会发展,实行城市支持农村的发展方针,并就此出台了针对性改革举措,如改革户籍制度和税费制度等,废除不合理的制度,促使二元结构向一元结构发展,实现城乡经济社会一体化发展。

- 农业与工业之间的关系:中央一号文件提出我国总体上已进入以工促农、以城带乡的发展阶段,具备了加大力度扶持发展"三农"的能力和条件;要实行工业反哺农业的方针,巩固、完善、加强支农惠农政策。

二、统分结合的双层经营

统分结合的双层经营既是我国农村经济发展的基本经济体制,也是我国基本的农业经营方式之一。它是以家庭联产承包经营为基础的集体统一经营与家庭承包经营相结合的一种经营方式。具体是指集体经济组织在实行联产承包、生产经营,建立家庭承包经营层次的同时,对一些不适合农户承包经营或农户不愿承包经营的生产项目和经济活动(如某些大型农机具的管理使用,大规模的农田基本建设活动,植保、防疫、制种、配种以及各种产前、产后的农业社会化服务,某些工副业生产等)实行统一经营和统一管理,从而建立起一个统一经营层次。

(一)家庭承包经营

家庭承包经营是指在坚持土地等主要生产资料公有制的基础上,在集体经济组织的统一管理下,将集体的土地分发承包给农户耕种,实行自主经营,包干分配。农户除了保证向国家和集体上缴税费之外,完全自主决定土地的经营方式,并且占有除了税费之外的全部收益,土地产出的收益分配原则变为:交足国家的,留够集体的,余下都是自己的。

1. 家庭承包经营的历史贡献

农村改革的实践证明,实行家庭承包经营,符合生产关系要适应生产力发展要求的规律,使农户获得了充分的经营自主权,充分调动了亿万农民的生产积极性,极大地解放和发展了农村生产力,实现了我国农业的巨大发展和农村经济的全面繁荣,使广大农民的生活由温饱迈向小康。实行家庭承包经营,符合农业生产的特点,可以使农户根据市场需求和效益原则确定农业生产的品种和结构,使农民成为独立的市场主体。家庭承包经营是集体经济组织内部的一个经营层次,是双层经营的基础。

2. 新时期家庭承包经营的局限性

(1)家庭承包经营经营规模过小,难以形成规模经济效益

我国自在农村推行家庭联产承包责任制以来,农村社会生产力迅速发展,农村面貌发生了翻天覆地的变化。但是随着市场经济在我国的深入发展,家庭联产承包责任制本身的局限性逐步显现出来。现代社会的许多生产经营活动的收益都是与规模经济密切相关的。农业的适度规模经营是指与一定的农业生产技术相适应,在保证提高土地生产率的前提下,使农户经营的耕地面积得到适度扩大,从而使从事专业化农业生产的农民取得规模经济收益,使其收入水平与其他行业同等劳动力的收入水平基本持平的一种经营模式。在我国家庭联产承包责任制中,土地按人口平均分配,各种质量的土地均匀搭配。20世

纪80年代中期,平均每户所承包的土地只有8.35亩。到了20世纪90年代中期,我国农户平均拥有的耕地下降到6亩,户均承包土地9~10块,有1/3的省、市人均耕地不足1亩。对于如此细小分散的农田结构,耕作经营十分不便,农民无法进行大规模的投入,农业技术进步的成果无法体现出来。每户的农田分散经营,给日常的经营管理造成很多麻烦,浪费了很多人力。

(2) 家庭小块田地承包经营不利于农业科技水平的提高

现代农业的发展以农业科学技术推广及应用为基础。在农业发达国家,其农业的发展大都充分考虑了科技成果在农业中的推广,它们充分利用新的科学技术,发展农村的灌溉农业,普及机械化,推广生物技术和改进耕作方法,使农业生产率大幅度提高。我国是家庭承包经营,每家每户分得的土地极其有限,农产品收益比较低。因此,一方面农民缺乏积累和扩大再生产的能力,难以进行更多的技术改造;另一方面农民也缺乏提高农业科技水平的动力。因为每家每户承包的土地有限,所以机械化水平难以提高。

(3) 家庭联产承包责任制不能适应市场经济发展的需要

市场化是农业产业化经营的基本特征之一,但家庭联产承包责任制所推行的土地经营分散化,难以克服分散农户在农业生产中的盲目性,经常会出现"跟风农业"现象,造成农户农业生产盲目跟进,生产供大于求,价格下跌,产品滞销。分散的农户个体经营使农户难以获得市场上准确的供求信息,使农业生产经营经常处于一种不稳定状态;同时,家庭承包经营的规模过小,专业化程度低,进入市场的农产品分散成交,增加了市场交易的成本。

(4) 农村土地产权不明晰

1962年9月,中共中央通过了《农村人民公社工作条例(修正草案)》,形成了"三级所有,队为基础"的集体土地所有制。三级即乡、村、组。从法律上看其界限十分清楚,但具体到实践中,却无法操作。从理论上讲,农村集体拥有法定所有权,集体应当可以行使占有、使用、经营、处分的权利,而客观事实上,我国的集体所有权是一种不完全的权利,农民集体所有权的最终处分权属于国家,且集体土地所有权的经济利益得不到保障。

(5) 权力寻租现象严重

2003年3月施行的《中华人民共和国农村土地承包法》虽然以法律的形式肯定了农民对土地的使用权、流转权和继承权,以此来保障农村土地承包关系的稳定,但当国家为了公共利益的需要必须征用农民的土地时,土地承包合同就成了一纸空文。由于土地权属不清,管理体制不健全,因此征地行为很不规范。

另外,土地实行"集体所有,分户经营"之后,国家对农村土地经营的大部分控制权下放给了农村各级基层政权,基层干部掌握着土地发包、地价调整、费用收取和宅基地分配等权力,由于缺乏有效的监督机制和能力,部分基层干部滥用权力,以权谋私;同时,作为土地转让价值的土地补偿费无法由集体成员的农民直接支配,而被各级基层政权截留,导致出现了类似于其他集体财产的所谓"人人所有,人人无权"的现象,极大地损害了农民的利益。

3. 进一步巩固和完善家庭承包经营

在我国,家庭承包经营是一种适应我国农村生产力发展要求的、能促进生产力发展的农业经营组织形式。我国农村生产力的发展不平衡,以家庭为主体的经营组织形式满足了生产力发展的多层次需要,激发了生产主体的积极性、创造性。家庭承包经营这种经营形式具有决策灵活、监督成本低、激励成本低的优势。实践证明,家庭承包经营形式具有旺盛的生命力。

家庭承包经营适合农业生产经营的机理并不会因农业规模的限制而失灵。世界农业进步的历史表明,尽管农业本身发生了从自然经济到商品经济、从传统技术到现代技术的历史性变化,但是农业生产力的巨大发展并未使农业中的以家庭为主体的家庭承包经营这一基本特征发生改变。当今世界所有国家,不论其自然及经济条件存在什么样的差别,农业中的经营形式都是以家庭承包经营为主。从农业发达国家的情况来看,家庭承包经营伴随生产手段的进步,促进了农业的商品化、社会化和现代化的发展。同时,农业生产力的不断进步为家庭承包经营持续注入了新的活力,使之经营能力日趋增强,商品化和现代化程度不断提高。

(二) 集体统一经营

集体统一经营以农村土地集体所有制为基础,是双层经营方式的重要组成部分。它主要是指对不适于家庭承包经营的以及为家庭承包经营提供产前、产中、产后服务的项目的经营,如农田水利设施,农产品加工、储运、销售,农机修理,信息服务等。

集体统一经营具有两大特点:一是共同协作劳动,统一经营核算;二是按一定形式计算劳动成果的数量和质量并以此分配劳动报酬。在这种经营方式下,生产资料的所有权、经营权及产品分配权结合在一起,集体统一筹划一切生产经营活动。

(三) 统分结合,宜统则统,宜分则分

集体统一经营和分散的家庭承包经营构成农业经营的两个层次,它们相互依存,相互补充,相互促进。双层经营方式把集体和家庭的优势有机地结合起来,把农业社会化生产同专业化管理有机地结合起来,既保留了家庭承包经营的长处,调动了农民生产、投入的积极性,又有利于在更大范围内合理配置生产资源,实行宏观决策和调控,弥补小生产的局限性;既克服了过去集体管理过分集中的缺点,又发挥了集体统一经营的优势。双层经营符合农业生产的特点,适应当前我国农业生产力的发展水平。

三、承包经营与租赁经营

(一) 承包经营

承包经营一般指经过双方协商,发包方将所要承包的项目用签订承包合同的形式承包给承包方经营的一种特定经营方式。

承包合同应明确规定发包方与承包方各自的责任和权利,以便于遵守和执行。承包方的责任包括:对承包的资产进行合理使用,保护资产安全;全面完成承包指标;合法经营。发包方的责任包括:保证承包方的经营自主权;保证承包方在完成承包合同规定的上缴任务以后的自主分配权;对承包方提供各种有效服务。承包方的基本权利主要有生产经营决策权、产品处置权、收益权、转包和转让权、优先承包权和继承权等。发包方的基本权利包括行使土地生产资料的所有权、按合同规定从承包方收取承包金、按合同规定监督承包方的生产经营活动等。

承包经营在我国农村经济中,主要表现为家庭联产承包经营、国有农场的承包经营。

1. 家庭联产承包经营

家庭联产承包经营是在坚持基本生产资料公有制的基础上,在集体经济组织的统一管理下,依据人口和劳动力的数量,将土地发包给农户耕种,实行经营包干分配,自负盈亏的一种农业经营方式。这种承包经营的基本特点是:土地等基本生产资料仍然归集体所有;在经营方式上,实行统一经营与分散经营相结合;在产品分配上,兼顾国家、集体和个人利益,把劳动者的劳动与经济利益联系起来,把经济利益与经营风险联系起来,更好地贯彻了按劳分配原则,从而更能充分调动劳动者的积极性和创造性,进一步推动了农村经济的发展。

2. 国有农场的承包经营

国有农场一般以职工家庭农场或专业组(户)为基础,实行承包经营。职工家庭农场是国有农场内部,以户为单位,实行家庭承包经营,定额上缴、独立核算、自负盈亏的经济实体。它是大农场下边的小农场,是国有农场双层经营中的一个层次,不能脱离大农场而独立存在,在行政上受大农场的领导,在经营上依靠大农场的服务,在职责上完成大农场下达的任务。

在国有农场内部兴办职工家庭农场,是改革国有农场体制、解放生产力、大力发展商品经济、搞活农垦经济、提高经济效益的重要途径。它既坚持了公有制,发挥了全民所有制农业的优越性,又充分发挥了职工家庭承包经营的积极性,使劳动者和生产资料结合得更紧密,促使职工家庭积极筹措资金,增加生产投入,提高经济效益。

(二)租赁经营

租赁经营是指在不改变财产所有权的前提下,资产所有者(出租方)将其资产出租给承租者(承租方)使用,并定期收取租金的一种经营方式。租赁经营按承租方的类型划分主要有个人租赁、合伙租赁、集体租赁、企业租赁等形式。

同承包经营相比,租赁经营具有以下特点。

① 合同的标的不同。承包经营是以经营目标为标的,承包方必须保证完成各项承包任务;租赁经营是以有偿出让资产的使用权为标的,承租方必须按期缴纳租金。

② 当事人之间的关系不同。承包经营中发包方与承包方之间一般存在着行政隶属关系,租赁经营的出租方同承租方之间则是地位平等的商品交换关系。

③ 经营自主权不同。承包经营的承包方必须按照承包合同组织生产经营活动；租赁经营的承租方在缴纳租金和不破坏生产资料的前提下，可以完全自主地组织生产经营活动，并享有产品处置权。

随着社会主义市场经济的深入发展，我国一些地方农村为了进一步盘活土地资源，大胆探索，不断深化土地制度改革，开创了一些适合我国国情的农业经营方式，其中比较典型的主要有反租倒包、科技领包、合伙承包、期限买断经营等。反租倒包是指为了引导农民发展高效种养项目，集体或政府先从农民手中租赁土地进行开发，再将开发见效的土地返包给农民。科技领包主要是指相关的农业科技实体利用所掌握的科技知识领包产业基地，向农民提供科技服务，引导农民承包技术含量较高的农业项目，以形成龙头联基地、联农户的格局。合伙承包是指多数农民由于资本积累相对不足，所以自发组织起来，联合采取"划分到户、合伙经营、限期开发、共同受益"的办法，开发"四荒"资源。期限买断经营主要是指村组集体对一些投入大、周期长、见效慢的多种经营基地的使用权实行期限内的一次性买断，让农户安心经营、大胆投入。

四、股份制经营与股份合作制经营

（一）股份制经营的含义及特点

（1）股份制经营的含义

股份制经营就是以资产入股的方式把分散的、分别属于多个所有者或占有者的经营要素集中起来，实行统一经营、统一管理，并对经营成果在货币形式上按入股比率分红的一种经营方式。

股份制是社会化大生产和商品经济发展到一定阶段的产物。随着我国经济体制改革的深入发展，股份制随之出现。党的十一届三中全会以后，商品经济快速发展。从1983年开始，乡镇企业在各地农村快速增多。这种由农民自发投资入股开办的企业已具有股份制雏形，只不过没有发放股票。随后其很快在农村和县级经济中得到发展，由沿海向内地推进，由乡镇向大中城市扩展。现在，股份制在国有企业改革方面得到蓬勃发展。

股份制经营方式的优点在于：①可以加快资金的筹集，增加融资渠道，缓解资金短缺的矛盾；②有利于促进生产要素的合理流动和横向经济的联合；③有利于实现劳动者同生产资料的紧密结合；④有利于建立自主经营、自负盈亏的新机制，使企业成为相对独立的商品生产者和经营者；⑤有利于政企分开和增强企业活力，完善企业经营机制。

（2）股份制经营的特点

股份制经营以发行股票为基础。股票是股份公司筹集资金发给投资者的凭证，代表股票持有者对股份公司资本的所有权，它的数量决定了各个股东在公司中的地位和获得的经营收入。股票持有者不能向股份公司退股，但可以把股票卖出或将其作为抵押品，即只能入股不能退股。

股份制经营是以股份公司为核心的。股份公司是经营者为了解决资金来源问题，通过发行股票来筹集资金的一种经营机构。股份公司把全部资本分成等额股份,股东就其所认购股份为限对公司负有限责任。

股份制经营以股票交易为依托。股票可以在市场上自由买卖,具有流通性,能吸引投资者购买。

(二) 股份合作制经营

农业股份合作制经营是继农业家庭联产承包责任制之后,农村经济体制改革的又一创新。它是一种具有中国特色的、新型的农业经营方式。股份合作制经营是以土地等自然资源为基础,投资者按照章程或协议,以资金、实物、技术、劳力等折股投入,自愿组织、合作经营、民主管理、自负盈亏,实行按劳分配与按股分红相结合,并以企业财产独立承担民事责任的经营方式。

农业股份合作制经营以合作制为基础,同时吸收了股份制的合理"内核",从而把股份制和合作制有机统一起来,既不同于泛指的股份制,也不同于合作制。

在联合上,股份制是资金的联合,合作制是劳动的联合,股份合作制既有资金的联合,又有劳动的联合;在分配上,股份制是按资分配,合作制是按劳分配,股份合作制实行以按劳分配为主,结合有限按资分红,体现"劳资兼顾";在股金管理上,股份制是只能入股不能退股,合作制是入股退股自由,股份合作制是死股、活股并存;在股权上,股份制实行一股一票制,合作制实行一人一票制,股份合作制实行劳资结合制。

与第二、三产业中的股份合作制经营相比,农业股份合作制经营表现出浓厚的农业特色。

① 集体资产所有权的社区性。农业生产资料中的基本要素,如土地、山林、水面、滩涂、草原等,除法律规定为国有的以外,均属社区范围内的劳动人民集体所有。农村社区的集体经济组织凭借对资源的所有权实现资源向资产的转化,并使实物形态的管理转向价值形态的管理,从而找到了在市场经济条件下,发展壮大社会主义集体经济的现实途径。

② 股权分配的平等性。从集体资产转换而成的股权一般在本社区有户口的农业人口中进行平等分配,户口迁出的人或去世的人便主动失去股权,对于这部分股权,按规定不能赠送、转让和买卖,也不能退股。股权分配的平等性有利于缩小社区内农民之间的收入差距,为逐步实现共同富裕创造了条件。

③ 投股要素的多样性。农业股份合作制除可用资金入股外,还可用土地、山林、水面、滩涂、草原等生产资源的所有权和经营权折价入股,也可用技术、劳动投入等折价入股,这为农村管好、用好、用活集体资产,发展开发型农业,走农业产业化、企业化的路子创造了条件;同时,也有利于将农民从土地中解放出来,促进剩余劳动力的流动,优化资源配置。

股份合作制经营适应了我国农村现阶段生产力的发展水平,适应市场经济和社会化大生产的客观要求,具有广泛的适应性和强大的生命力。

第三节　新型农业经营主体

一、新型农业经营主体概述

新型农业经营主体是指以家庭承包经营制度为基础,具有相对较大经营规模、与现代农业及市场经济相适应的农业经济组织[①]。新型农业经营主体主要包括专业大户、家庭农场、农民专业合作社、农业龙头企业以及经营性农业社会化服务组织。加快推动新型农业经营主体高质量发展,有利于完善基础制度、加强能力建设、深化对接服务、健全指导体系、全面推进乡村振兴、加快农业农村现代化。

新型农业经营主体的经营规模明显大于传统农户的家庭承包经营规模,新型农业经营主体专门从事农业生产,分工协作,能够实现对自身劳动力资源的充分利用,取得较好的规模经济效益。

相对于传统小规模家庭承包经营,新型农业经营主体具有较好的物质装备条件和较高的生产技术水平,具有现代经营管理意识,能够实现对资源要素的集约利用,其劳动生产率、土地产出率和资源利用率都比较高。

新型农业经营主体主动按照市场需求安排农业生产活动,绝大部分产品都要进入市场,能够和市场实现有效衔接,其商品率和经济效益明显高于传统农户。

新型农业经营主体在改善农业生产和经营方式的同时,也为农村发展提供了社会化服务,将传统农业经营体系转变为分工协作的开放型、商品化的农业经营体系。

1. 专业大户

专业大户统指种植或养殖生产规模明显大于当地传统农户的专业化农户。但由于专业大户没有严格的标准,边界较为模糊,且各地区、各行业的专业大户标准差别较大,相当一部分专业大户仅仅是经营规模大,集约化经营水平并不高,甚至带有粗放经营特征,不符合新型农业经营主体的标准,因此部分研究不把专业大户作为新型农业经营主体。

2. 家庭农场

家庭农场原是指欧美国家的大规模经营农户。2013 年中央一号文件提出,鼓励和支持承包土地向专业大户、家庭农场、农民合作社流转。家庭农场的概念首次在中央一号文件中出现。党的十七届三中全会提出在有条件的地方可以发展家庭农场,此后家庭农场逐渐成为我国新型农业经营主体的一个重要类型。

家庭农场是指以家庭成员为主要劳动力,从事农业规模化、集约化、商品化生产经营,并以农业收入为家庭主要收入来源的新型农业经营主体。和一般种养大户相比,家庭农场在集约化水平、经营管理水平、生产经营稳定性等方面都有更高的要求。专业大户和家

---

① 郭庆海. 新型农业经营主体功能定位及成长的制度供给[J]. 中国农村经济,2013(04):4-11.

庭农场仍然属于家庭承包经营。

3. 农民专业合作社

农民专业合作社是指在农村家庭承包经营基础上，农产品的生产经营者或者农业生产经营服务的提供者、利用者，自愿联合、民主管理的互助性经济组织。农民专业合作社以其成员为主要服务对象，开展以下一种或者多种业务：①农业生产资料的购买、使用；②农产品的生产、销售、加工、运输、贮藏及其他相关服务；③农村民间工艺及制品、休闲农业和乡村旅游资源的开发经营等；④与农业生产经营有关的技术、信息、设施建设运营等服务。

4. 农业龙头企业

农业龙头企业是指以农产品加工或流通为主，通过订单合同、合作等各种利益联结方式带动农户进入市场，实行产加销、农工贸一体化，在规模和经营指标上达到规定标准并经政府有关部门认定的企业。农业龙头企业包括国家级农业龙头企业、省级农业龙头企业、市级农业龙头企业、规模农业龙头企业。

5. 经营性农业社会化服务组织

经营性农业社会化服务组织指在产前、产中和产后各环节为农业生产提供专业化、市场化服务的经济组织，包括专业服务公司、专业服务队、农民经纪人等。经营性农业社会化服务组织主要为小规模农户提供农机作业、病虫害防治、技术指导、产品购销及储藏运输等服务。

二、新型农业经营主体的发展方向

（一）深化农村改革，加强政策保障

完善支持政策，加大对新型农业经营主体的扶持力度。规范农村金融体系，发展农村资金互助组织，创新农村信贷担保方式，规范规模经营主体的准入标准及条件，创新金融产品，优化金融环境，制定针对新型农业经营主体的税收优惠政策，减轻其税收负担。

（二）完善基础制度，提升规范运营水平

建立农民合作社规范管理长效机制，健全农民专业合作社财务和会计制度，建立家庭农场"一码通"管理服务机制，建立家庭农场规范运营制度，建立健全新型农业经营主体指导服务体系。

（三）加强能力建设，增强支撑产业功能

培养新型农业经营主体带头人，依托"耕耘者"振兴计划、"头雁"项目，加强内部从业人员培训，大力发展农业职业教育，组织多种形式的农业技术培训，重视外部人才引进，实施高素质农民培育计划，分级建立带头人人才库，提升经营管理水平。促进新型农业经营主体融合发展，引导各类主体加强联合合作，建立紧密的利益联结和组织机制，发挥小农户、家庭农场的生产主体作用和农民专业合作社的组织平台功能，加快构建主体多元、功

能互补、运行高效的现代农业产业组织体系。鼓励新型农业经营主体参与乡村发展和乡村建设,发展新产业新业态,农业生产由种养向产加销一体化拓展。

(四)深化社企对接,激发新型农业经营主体发展活力

扩大对接合作范围,鼓励各地引入各类优质企业,提供全产业链条的产品和服务,与新型农业经营主体资源共享,实现优势互补、合作共赢。在粮食主产省和大豆油料扩种地区,遴选社企对接重点县,跟进配套指导服务,向粮油类农民合作社和家庭农场提供产销渠道支持、寄递资费优惠、品种筛选、数字农业、烘干仓储、品控溯源等综合服务。

(五)建立健全指导服务体系,推进服务规范化、便利化

创新新型农业经营主体辅导员选聘机制。实施"千员带万社"行动,在依托基层队伍发展辅导员的基础上,鼓励各地面向乡土专家、大学生村官、企业和社会组织经营管理人员、示范社带头人、示范家庭农场主等选聘辅导员,细化辅导员工作职责,提供点对点指导服务,实行绩效评价、动态管理。组织承建新型农业经营主体服务中心,为新型农业经营主体提供政策咨询、运营指导、财税代理服务。强化试点示范引领,持续开展农民专业合作社和家庭农场典型案例征集,加大宣传推介力度,引领新型农业经营主体因地制宜地探索发展模式。

【思考题】

1. 试述我国农业经营方式的具体内容。
2. 试述新中国成立以来农业经营方式的演变过程。
3. 试述家庭承包经营形式存在的合理性。
4. 试述股份制经营与股份合作制经营的区别和联系。
5. 试述新型农业经营主体的类型。

【案例分析】

吉林市新型农业经营主体发展现状

近年来,吉林市坚持将培育新型农业经营主体作为重要手段,出台支持政策,加大资金投入,鼓励社会力量积极参与新型农业经营主体培育,加快构建以农户家庭承包经营为基础、以合作与联合为纽带、以社会化服务为支撑的立体式复合型现代农业经营体系。

各类新型农业经营主体和服务主体不断创新模式,辐射带动小农户,促进农业规模经营稳步发展,推动新品种、新技术、新装备加快应用,成为乡村振兴的重要推动力量。截至2022年,全市登记备案的家庭农场达到9 045家,示范家庭农场565家,农产品年销售额近15亿元;工商登记农民专业合作社达到6 665家;农业社会化服务组织328个,生产托管服务面积达到54.3万亩次;农产品加工企业发展到684家,产值达到583亿元以上。

新型农业经营主体加快发展,顺应了经济社会发展要求,为农业农村持续发展注入了

强劲动能。一是提高了农业经营规模化、组织化水平。各类新型农业经营主体通过土地流转和托管服务等形式进入农业,把农业生产的产前、产中、产后有效衔接起来,构建起市场牵主体、主体带基地、基地联农户的产业化运行机制,破解了"谁来种地、怎样种地、如何提高经济效益"的问题,将小农户纳入了现代农业发展轨道。全市土地流转面积达到244.4万亩,土地规模化经营率达到45%。二是助推了农业供给侧结构性改革。新型农业经营主体利用自身资金、信息和技术等优势,引进新品种,推广新技术,采用新机制等,带动周边群众发展高效农业,促进农业结构调整,加快产业转型升级。建设市级以上现代农业园区28个,培育了一批特色农业产业强镇,推动形成玉米、水稻、生猪、禽蛋、肉牛、中药材、黑木耳等优势主导产业集群。培育出舒兰大米、万昌大米、磐石灵芝、蛟河食用菌、桦甸中药材等一批"吉字号"品牌,带动全市农产品注册商标数量发展到5 776个,绿色、有机和地标农产品有效期内认证数量累计达到187个。三是促进了农民持续增收致富。各类经营主体发展壮大,有效地把市场和农业生产对接起来,使生产有方向、销售有路子、价格有保证。新型农业经营主体通过采取订单带动、保底收益、利润返还、股份合作等形式,与农户建立了紧密的利益联结机制,使农民有稳定的生产预期。相当一部分农民除获得土地流转收益外,还可以通过在农业经营主体打工获得稳定的劳务收入,通过合作社的年终分红、利润返还等获得一部分财产性收入。全市农民合作社直接带动农户20多万户,仅家庭农场和农业企业就吸纳农村劳动力6万余人,带动农民增收8亿余元。2021年全市农村常住居民年均可支配收入达到17 665元,增长9.9%。

【问题讨论】

1. 吉林市新型农业经营主体发展迅速的原因是什么?
2. 你认为吉林市新型农业经营主体的发展方向是什么?

第三章

农业经营风险与农业保险

【本章导读】

本章通过介绍农业经营风险的概念、构成要素、类型及特点，阐述农业保险的发展现状、问题与发展路径。本章的学习要求是：掌握农业经营风险的构成要素；了解我国农业保险存在的问题及发展路径。

第一节 农业经营风险概述

一、农业经营风险的概念

农业经营风险是指不确定性因素引起农业经营者蒙受风险损失或获得风险报酬的可能性。风险损失是农业风险项目收益低于无风险项目收益的损失额；风险报酬是农业风险项目收益高于无风险项目收益的额外收益。

风险损失和风险报酬是农业生产经营过程中不确定性因素（如自然灾害、市场供求状况）作用的结果。农业经营者面临着风险损失和风险报酬这两种可能性。这种不确定性表现在3个方面：一是风险是否发生的不确定性；二是风险何时发生的不确定性；三是风险损失程度大小的不确定性。

由于不确定性因素的存在，哪里有风险报酬，哪里就有风险损失；风险报酬多，风险损失往往也大。所以，农业经营管理中不确定型和风险型决策实际上是对不同方案的风险报酬和风险损失加以权衡，从中选择最佳方案。

二、农业经营风险的构成要素

构成风险的要素包括3个方面，即风险因素、风险事件和风险损失。

（一）风险因素

风险因素是指能够增加风险事件发生的概率或影响损失严重程度的因素，是事故发生的潜在条件。根据性质的不同,风险因素分为以下几种。

① 实质风险因素:增加某一标的的风险发生机会或增大损失严重程度的直接条件,如恶劣的气候、地壳异常变化等。

② 道德风险因素:个人不诚实或故意促使风险事故发生或增大风险事故损失程度的主观原因,如故意纵火以索取保险赔款等。

③ 心理风险因素:由人们主观上的疏忽或过失导致风险事件发生的机会增加或损失严重程度增大的因素,如违章作业、玩忽职守等。

(二) 风险事件

风险事件指导致损失发生的直接原因。也就是说,风险事件是促使风险有可能变为现实的事件。例如,暴风雨损害作物,暴风雨是损害作物的风险事件。又如,暴风雨引起泥石流,泥石流造成大面积田地被掩埋,这里暴风雨是风险因素,而造成损失的是泥石流,所以风险事件是泥石流。由此看来,风险事件是引起损失的直接原因。

(三) 风险损失

风险损失是指非故意的、非计划的、非预期的经济价值的损失。这一定义包含两个重要条件:一是非故意的、非计划的、非预期的;二是造成经济价值减少,即可以用货币来衡量。损失的构成一般包括3个部分。

① 实质损失:风险事故直接造成的有形物质的损失。例如,工伤事故导致工人的器官损伤,自然灾害导致人身财产的损失等。

② 费用损失:由风险事件引起的施救费用、救助费用、医疗费用、清理场地费用等。例如,2010年5月美国墨西哥湾原油泄漏事件发生后需要投入大量的人力、物力、财力来清理油污和救助海洋生物。这种由风险事件引起风险管理单位增加支付的费用即费用损失。

③ 收入损失:由风险事件引起的当事人收入减少。例如,经营中断会导致风险当事人经营收入减少,引起经营(或劳动)收入的损失。收入损失是比较严重的间接损失,对生产者的影响较大。

风险因素、风险事件、风险损失三者之间存在着一定的内在联系,表现为一定的因果关系,即风险因素是风险事件发生的潜在原因,风险因素的存在和增加引起风险事件发生,例如,暴雨天气可能引发泥石流;而风险事件一旦发生,便会导致损失,例如,泥石流导致当地居民种植的作物及其生命财产受到损失。

从风险因素和风险事件的关系来看,风险因素只是风险事件产生并造成损失的可能性,并不是导致损失的直接原因。风险因素增加到一定数量或遇到某一特殊情况,才会引发风险事件,例如,在一般情况下,普通降雨不会引起损失,只有暴雨频发和降雨量比较大才会引发泥石流,从而造成损失。因此,风险因素是产生损失的潜在原因,而风险事件是导致损失的直接原因。

第二节　农业经营风险的类型和特点

一、农业经营风险的类型

对风险类型进行划分可以揭示风险成因，为风险估计和风险处理提供科学依据。

（一）按风险的成因划分

农业经营风险按风险的成因可分为自然风险、社会风险、经济风险和技术风险。

1. 自然风险

自然风险是指因自然力的不规则变化而给人类的经济生活、物质生产和生命安全等带来损失的风险。例如，地震、洪涝、大旱、沙尘暴、风灾等都属于自然风险。一般来说，自然风险造成的损失具有影响范围广、程度大的特点。农业经营的劳动对象大都是有生命的生物机体，生产环境受自然条件的影响较大，因此农业遭受自然风险的可能性大于其他行业。农业自然风险一般可分为农业气象风险、农业地质风险和农业环境风险等类型。农业气象风险在三类风险中最为突出，干旱和洪涝是危害最大的农业气象风险。

2. 社会风险

社会风险是指由人为因素引起，即由社会条件异常引发的灾害事故造成的风险，通常包括以下几种。

① 政治风险：由政局变化、战争、罢工等造成的风险。例如，2022年的俄乌战争导致国际粮食价格有了波动。

② 行为风险：由个人或团体的行为，包括过失、行为不当或故意行为造成的风险。例如，在传统农业生产过程中，农民为了提高农业生产的产量，采取过度施肥、喷洒农药等做法。

③ 农业体制风险：由农业经营管理体制不能适应农业生产力发展需要而产生的风险。农业经营制度、农业组织制度和农业管理制度等体制要素属于生产关系和上层建筑范畴，不论具体的农业经营管理体制落后还是超前于农业生产力的发展状况，都会形成对农业生产的不利影响。例如，新中国成立后，人民公社时期的高度集体公社化造成农民生产积极性低，农业生产增速缓慢。

3. 经济风险

经济风险是指在生产和销售等经营活动中受市场供求等各种关系和经济贸易条件等因素变化的影响，或者经营决策失误，而导致经济上遭受损失的可能性，如农产品价格变动、利率调整、汇率浮动、生产资料涨价等。

4. 技术风险

技术风险表现为技术开发风险、技术推广风险、技术市场风险和技术使用风险，是指由科学技术发展的负面效应或外部性给农业生产经营者带来的风险。科技成果转化有其自身的特殊性,如具有地域性强、可控性差、转化周期长等缺点,会存在因技术条件达不到要求而失败的可能性。

(二)按风险的性质划分

农业经营风险按风险的性质可分为纯粹风险和投机风险。

纯粹风险是指只有损失机会而无获利可能的风险。例如,自然灾害、人的生老病死等都属于纯粹风险。投机风险是指那些既有损失机会,又有获利可能的风险,如期货交易等。这类风险的发生除了受不确定性因素的影响外,还受经营者决策能力的影响。

(三)按风险的表现形式划分

农业经营风险按风险的表现形式可分为投资风险、生产风险、销售风险、人事风险等。

1. 投资风险

投资风险是指对未来投资收益的不确定性,即在投资中可能会遭受收益损失甚至本金损失的风险。投资风险主要是由投资决策机制不健全造成的投资决策随意性、主观性、盲目性和独断性,缺乏风险意识,盲目追求"热门"产业等因素引起的风险。

2. 生产风险

生产风险是指生产过程中的不确定性因素,如自然灾害、技术事故、质量问题等带来的经济损失。农产品生产过程是自然再生产与经济再生产相互交织在一起的,受自然灾害、环境的影响较大,故农业生产经营者遭受生产风险的概率较大。

3. 销售风险

销售风险是指推销环境的变化给农业生产经营者的产品和服务的销售带来损失的风险。商品是用于出售的劳动产品。如果产品销售不出去,它的使用价值就不能实现,具体表现为产品积压、变质、损坏,因而产品不能转化为货币,经营者就会蒙受经济损失。农产品的生物学特性决定了其具有不易保存、储存期短等特点,故农业生产经营者易遭受销售风险。

4. 人事风险

人事风险是指由经营管理不善和制度缺陷而导致员工对经营单位或组织利益造成损害的可能性。其主要表现为经营单位高级管理人才和技术骨干的流失以及用人不当所造成的风险等。

二、农业经营风险的特点

农业的自然再生产与经济再生产相互交织的根本特点决定了农业生产经营者所面临的风险具有以下特点。

1. 客观性

人类社会发展的历史证明,无论是自然界中的地震、台风、洪水等,还是社会领域中的战争冲突等,都是不以人的意志为转移的,它们是独立于人的意识之外的客观存在。

2. 不确定性

不确定性是所有风险的基本特征，农业经营风险的不确定性尤为明显。风险是否发生，在何时、何地发生以及发生的范围和程度等都是不确定的。农业经营风险产生的不确定性是由农业经营风险形成过程的复杂性和随机性决定的，而人们对其产生不能完全了解和全面掌握。农业受自然力的控制，而自然气候变化多端，远远超出了目前人类社会的预测和控制能力。同时，农业又受到社会因素的制约，如市场、制度、政策等。这些因素都导致农业经营风险具有高度的不确定性，给农业经营管理者带来极大的挑战。

3. 普遍性

人类为了生存和发展，不得不与各种各样的风险做斗争。斗争的结果是，某些风险得到控制和抑制，同时又会产生新的风险。农业经营管理者面临的不仅有自然风险，还有市场风险、技术风险、社会风险等。

4. 区域性

我国地域辽阔，各地气候和自然资源条件差异明显，农业生产经营对象不同，人口密度和人口结构差异也较大，经济发展基础和水平各异，抗灾能力不尽相同。因此，农业经营风险呈现区域性的特征。就自然风险来说，总体上，西部地区农业面临的主要为干旱、雪灾、地震、沙尘暴、泥石流等；中部地区农业面临的主要为干旱、洪涝、地震、农业病虫害等（由于中部地处我国大江大河的中游地区，因此洪涝灾害风险最为明显）；东部沿海地区农业面临的主要为洪涝、台风等。

第三节　农业保险

农业保险作为农业经营风险管理的有效手段，在分散风险、稳定农业生产方面发挥了重要作用。我国幅员辽阔，地形地貌复杂多样，致使我国成为世界上受自然灾害影响最大的国家之一。农业自身的弱质性、农业生产过程的季节性和周期性等特点决定了农业是一个易暴露于各类自然灾害风险下的产业，加之农业生产经营对气候条件以及地质条件有很强的依赖性，导致自然灾害风险对农业生产经营以及我国粮食安全构成了严重的威胁。

一、我国农业保险的发展现状

自 1934 年我国最早有文字记录的农业保险试验以来，农业保险在相当长的一段时间内一直没有得到相关方面的足够重视。农、林、畜、渔等产业在生产过程中，受到各种自然灾害或病虫害等的影响，遭受不同程度的经济损失。我国在 2002 年修订的《中华人民共和国农业法》中提及"政策性农业保险"这一概念。自 2004 年以来，我国农业保险进入了新的试点阶段。同年，中央一号文件提出快速推动政策性农业保险的建立。农业保险制度在实施 3 年后迎来了重要转折点，我国在财政补贴上加大了对农业保险的支持，给予农民保费补贴,极大地减轻了农民负担。2007年全国农业保险保费营业收入为53.33亿元,2018年增至572.6亿元,几乎增长了11倍。2019年农业保费营业收入为672.48亿元,270余种农作物被承保,其中,1.91亿农户的风险保护费用达3.81万亿元,覆盖率达到了26.27%,农业保险向4918万户(次)农户支付560.2亿元赔款。截至2019年10月下旬,农业保险保费营业收入为737亿元,已超过2018年全年,同比增长21.8%。据全国农业保险数据信息系统初步统计,2021年我国农业保险保费规模为965.18亿元,同比增长18.4%,为1.88亿户(次)农户提供风险保障共计4.78万亿元。其中,中央财政拨付保费补贴333.45亿元,同比增长16.8%。

2012年11月12日,国务院正式公布《农业保险条例》,对农业保险活动进行监督,保障农业保险投保人的正当权益,降低农民进行农业生产的风险,同时促进农业保险朝着正规、平稳的方向发展。《农业保险条例》的颁布使我国农业保险行业进入规范化的发展阶段,但相比于美国、日本、加拿大、法国等国家,由于我国农业保险规范化建设起步较晚,农业保险体系仍不够健全。农产品的脆弱性和农业生产经营的特殊性使得农业生产过程需要中央及地方政府给予相应的财政补贴支持,农业保险的推进需要中央及地方财政、气象等多个部门协同合作。但我国农业保险的管理及监督机制并不完善,这影响农业保险制度的健康发展。

二、我国农业保险存在的问题

1. 相关法律法规不完善

目前,我国仅制定了一部《农业保险条例》和一些部门规章及文件,尚未制定和颁布成体系的保险法律法规,且《农业保险条例》对很多问题的规定只是一些原则性的规范,特别是对于地方各级政府应当承担的责任和行使的权力缺乏具体的规定和要求。例如,对于地方政府在农业保险经营中的定价和议价权力、应由哪一级地方政府招标选择经营公司、地方政府应该监督保险经营的哪些活动和行为、地方政府干预保险公司经营活动的范围、对违法违规行为应当如何处罚问责等,都没有给予明确的规定。

2. 农民投保意愿普遍较低

我国农民最普遍的问题就是受教育程度较低,且家庭年收入不稳定。农村整体恩格尔系数较高,用于投资与投入再生产的可支配资金较少。较低的受教育程度使得农民对于农业保险没有足够的了解,未能充分认识农业保险对农业风险的分散作用;较少的可支配资金使得农民不愿意花费额外的支出去投保,从而导致农民对农业保险的投保意愿较低。此外,对于大部分经济落后的地区,地方政府没有能力实行财政超赔责任分摊机制,使得农民更不愿参加农业保险。

3. 对农业保险公司支持力度不够

目前,我国对农业保险公司的补贴方式仍比较单一,只有针对地区的保费补贴,旨在减轻农民的生产压力,调动农民的生产积极性,却忽略了商业性保险公司的利益。农业生产是受自然环境条件影响最大的产业,在高风险农业生产地区,一旦发生自然灾害,单单依靠保险公司难以赔付巨额的保险金。这就使保险公司难以继续发展,导致农业保险发展速度较为缓慢。

4. 监管人员缺乏农业保险知识

农业保险和其他保险业务一样,是一种法律规范下的经济活动,有其专业的特点、独特的运作方式和专门的法律规范。监管人员如果不了解农业保险的特点,只是按照自己的理解对待和处理农业保险问题,就可能出现偏差。监管人员想要处理好农业保险事务,发展好本地的农业保险产业,还需要学习相关知识。

三、我国农业保险的发展路径

1. 完善相关法律

农业保险的执行与发展必须由法律制度保障。我国政府需要积极参考农业保险体系成熟国家的经验,制定公布农业保险法,从而明确保险经营、保险产品管理、财税帮扶、市场监管、灾害风险分散等方面的责任和行为界限。

2. 完善赔付机制

完善农业保险的赔付机制,尤其是针对农产品的保险费率。保险赔付率是农业保险的核心,也是保证农产品保险业务发展的基础。由于不同省份农产品种植地区的农产品风险与受灾害概率是不匹配的,现有的农业保险"一省一费率"不能完全包含各个地区的风险情况,可能会导致逆向选择的发生。因此,农业保险费率问题的完善应根据实际情况调整。同时,还应强化对农业保险低、中、高风险领域的探讨,公布农业保险纯风险损失率等,为保险机构协调提供建议和支持。保险费率应根据不同省份和地区的实际风险评估进行动态调整,以反映真实的农业生产风险。

3. 将强制型和自愿型投保相结合

各国的农业保险经营实践表明,完全采用自愿的模式往往会导致风险率较低的险种投保率低,且投保意愿完全由农业生产经营者自主决定,将会出现逆向选择风险。对于农户来说,出险率较高的保险业务是保证其收益的最佳选择。借鉴日本的农业保险模式,日本农业生产经营者被强制性地要求参与一定的农业投保,尤其是针对主要粮食农作物的投保。日本农业生产者生产经营达到一定的规模或在从事农业生产期间存在借贷业务等,将会被强制购买农业保险,这间接地保证了农业保险的可持续性,保障了农业保险公司的发展。

4. 加强政府补贴

政府补贴是农业保险取得成功的必要条件。由于农业本身的特殊性、脆弱性及高风险性,单纯依靠以商业性保险业务为主的保险公司是极难获得成功的。对于商业性保险公司而言,小额的农户保险赔偿来自保险公司所收取的保费,但对于大范围、高强度的自然灾害对农户造成的经济损失,保险公司和再保险公司自身难以承担,使得当下的商业性保险业务无法维持。因此,政府应该给予农业保险公司一定的农业保险经济补贴,农业银行应为农业保险公司提供必要的资金贷款,保证农业保险公司的发展,调动农业保险机构及农户参与农业保险的积极性。

【思考题】

1. 试述我国农业经营风险的概念及特点。
2. 农业经营风险的构成要素有哪些?
3. 试述我国农业保险的发展现状及问题。
4. 试述我国农业保险的发展路径。

【案例分析】

农业保险的发展

2022年,二十大报告中多次提及粮食安全问题,并指出,"全方位夯实粮食安全根基,牢牢守住十八亿亩耕地红线,确保中国人的饭碗牢牢端在自己手中。"确保粮食和重要农产品有效供给,是"三农"工作的首要任务。

作为分散农业风险、稳定农民收入的重要工具,农业保险也在农业生产中发挥了重要作用。我国农业保险提供的风险保障从2012年的0.9万亿元提高到2021年的4.78万亿元。财政部2022年10月17日公布的数据显示,截至2022年9月末,我国农业保险保费规模达1059亿元,同比增长26.7%,保持农业保险保费规模全球第一。随着保费收入的增加以及保障程度的提高,我国农业保险赔款也迅速增加,从2012年的148.2亿元增加到2021年的720.19亿元,初步发挥了农业保险对于损失补偿和恢复生产的作用。

农业保险的发展也离不开中央和地方各级财政的支持。财政部公布的数据显示,中央财政拨付农险保费补贴333.45亿元,同比增长16.8%。另据平安证券研究报告统计,当前中央和地方各级财政农险保费补贴比例基本已稳定在75%左右。

北京联合大学管理学院金融系教授杨泽云在接受《华夏时报》记者采访时指出,自我国有农业保险保费补贴政策后,农业保险有了快速发展,保险覆盖面不断扩大,承保品种不断拓展,保障水平不断提高。但产粮大县农民的主要收入是种粮收入,而种粮是靠天吃饭的,一旦发生一些自然灾害就会让农民全年都没有收入,生活陷入贫困之中。"传统的农业保险只承保直接物化成本,而完全成本保险是在物化成本之上增加了土地、劳动力等生产要素的投入,种植收入保险则更是在完全成本保险基础上对农户的收入提供了保障,防止农户因灾返贫。"杨泽云说道。

2018年,我国在内蒙古、辽宁、安徽等6个省市率先开展三大粮食作物完全成本保险和种植收入保险试点,2022年国家将三大粮食作物完全成本保险和种植收入保险开办范围直接扩大到了13个粮食主产省份的所有产粮大县。财政部披露的数据显示,2022年我国农业保险已实现三大主粮完全成本保险和种植收入保险政策13个粮食主产省份

826 个产粮大县全覆盖。

【问题讨论】

1. 发展农业保险的主要作用表现在哪些方面？
2. 农业保险推广实施中遇到的困难有哪些？应采取哪些应对措施？

第四章 农业生产要素

【本章导读】

农业生产要素是农业生产经营活动赖以存在的物质基础。同时,农业生产经营活动也会对农业生产要素的使用产生正面或负面的影响。本章将重点介绍农业生产要素中的农业劳动力资源、土地资源、农业资金、农业技术及农业信息化的特点等基本情况。本章的学习要求是:重点掌握土地资源的自然特性和经济特性;熟悉农业信息化对农业生产的重要性。

第一节 农业劳动力资源

农业劳动力资源一般是指能参加农业劳动的劳动力的数量和质量。农业劳动力的数量是指农村中达到法定劳动年龄并有劳动能力的人的数量和不到法定劳动年龄或已超过法定劳动年龄但实际参加农业劳动的人的数量。农业劳动力的质量是指农业劳动力的体力强弱,技术熟练程度,科学、文化水平的高低。农业劳动力的数量和质量因受自然、社会、经济、文化、教育等各种因素的影响而处于不断变化之中。

一、农业劳动力的特殊性与作用、农业劳动力的供给与需求、我国农业劳动力的供求特点

(一)农业劳动的特殊性与农业劳动力在农业发展中的重要作用

1. 农业劳动的特殊性

农业生产具有不同于其他生产的特殊性,因而便产生了农业劳动的特殊性。

(1)农业劳动在时间上具有极强的季节性

由于农业生产的根本特点是自然再生产与经济再生产相互交织,人们的劳动必须遵循生物的生长发育规律,生物在不同的生长发育阶段对人类劳动的需求量不同,人们要按照生物本身自然生长规律的要求在不同的阶段及时投入劳动,否则就会贻误农时,影响生

产。这就造成了不同季节的农业劳动内容、劳动量及劳动紧张程度的巨大差异,体现了农业劳动季节性的特点。

(2) 农业劳动在空间上具有较大的分散性和地域性

农业生产深受自然条件的制约,不同地域由于自然条件不同,往往只能经营适合当地自然条件的生产项目。由于适宜条件的这种地域差异及空间上的位置固定性,农业劳动不得不在广大空间上分散进行,呈现出较大的分散性和地域性。

(3) 农业劳动内容具有多样性

农业发展应走专业化生产与多种经营相结合的道路。农业生产包括众多的生产部门和项目,即使对于同一生产项目,在整个生产周期中的不同阶段,也需要采用不同的技术措施和作业方式,这使得农业劳动内容具有多样性。

(4) 农业劳动成果具有最终决定性及不稳定性

农业生产的周期比较长。每个生产周期由许多间断的劳动过程组成。各个劳动过程一般不直接形成最终产品,等整个生产周期结束以后,农业劳动的最终成果才能体现出来。各个劳动过程相互关联,上一个劳动过程的质量或效果对下一个劳动过程的质量或效果有很大的影响,甚至影响最终的生产成果。再加上农业生产对外界自然条件的依赖性很强,从而使农业劳动的最终成果或效益具有不稳定性。

农业劳动的特点将随着农业科学技术的进步及农业生产社会化程度的不断提高而发生变化。对农业劳动力资源的利用必须适应农业劳动的特点,并采取相应的措施,这样才能不断提高农业劳动力利用率和农业劳动生产率,促进农业生产的发展。

2. 农业劳动力在农业发展中的重要作用

劳动是一切社会存在和发展的最基本条件。任何社会的一切社会财富都是人们从事生产活动的结果,是人类劳动与自然界相结合的产物。没有农业劳动,就没有农业的存在与发展,也就没有整个国民经济或社会存在与发展的基础。

农业劳动力在农业中的重要作用还表现在农业劳动力具有能动性,它是在农业生产力各要素中,唯一具有主观能动性的要素。从人类产生以来,随着科学技术的发展以及人们对自然、经济规律认识的加深,农业劳动力的劳动能力有了极大的提高,正是农业劳动力劳动能力的不断提高才使农业和国民经济得到了迅速发展。

重视劳动力在农业发展中的重要作用,对我国来说具有重要的现实意义。我国农业劳动力规模巨大,劳动力既是重要的生产者,又是消费者,如果能充分合理地利用这丰富的农业劳动力,就能促进农业的更快发展;如果不能充分合理地利用,就会使富余的劳动力成为农业和整个国民经济发展的负担。因此,必须认真解决好我国农业劳动力的合理利用问题。

(二) 农业劳动力的供给

农业劳动力的供给是指在一定时间内劳动力进行农业劳动供给的数量及质量。

1. 农业劳动力供给的基本特点

农业劳动力的供给资源主要是农村人口资源。人口资源的状况是由社会、经济、文化和历史传统等综合状况决定的。农村社会的综合状况与城市相比,存在着极为鲜明的差异,因此农业劳动力的供给有其自身明显的特点。

(1) 农业劳动力供给的增加具有强劲的经济推动力

农户自身就是一个农产品再生产和农业劳动力再生产相统一的独立运行的社会经济单位。在科技水平发展较为缓慢的时期,农户为了维持生计和获得较高的经济收益,客观上需要一个较大的家庭人口规模。在传统的农业生产力水平下,农业扩大再生产主要是依靠多投入农业劳动力的数量。农户家庭多以扩大人口规模的方式增加农业劳动力的投入,扩大生产规模,以获取更高的经济收益。因此,在生产力较为落后的时期,农业劳动力供给的增加对于经济发展具有强劲的推动力。

(2) 农业劳动力的供给具有很大的弹性

农业劳动力的供给资源主要是农村人口资源。所以,农村人口资源的状况直接决定着农业劳动力供给资源的状况。在农村人口资源中,劳动力与非劳动力之间的界限并不十分明显。第一,在农村人口资源中,60岁以上的老人和16岁以下的未成年人,从法律角度和经济理论来讲,都不能划入农业劳动力供给资源,但是这两部分人无论是在农忙季节还是在农闲季节,大都积极参与农业劳动,而且这两部分人供给的劳动量是相当大的。第二,在农户中,那些长期在外从事非农业生产的劳动力在农业生产大忙时,大多回来参加农户的农业生产活动。第三,农业自然资源承受农业劳动的耐力较为强韧,不像在非农产业中,资金和设备吸纳劳动力具有明显的界限。由于农业生产收益较低,农户选择把更多的时间投入非农业生产领域中去。以上几个方面的原因使农业劳动力的供给具有很大的收缩性,或者说具有很大的弹性。

(3) 农业劳动力总供给量过大,而有效供给严重不足

在以畜力和手工工具为主的传统农业中,农业劳动力的生产劳动技能主要是从生产劳动实践中获得的,农业劳动力供给资源的总体素质偏低。随着社会经济的发展,传统农业向现代农业的过渡进程在加快,要求农业劳动力具有较高的科学及文化素质。但是,在传统农业生产方式中形成的农业劳动力供给资源却不能适应现代农业的要求,这造成了农业劳动力有效供给严重不足的社会经济现象。

2. 农业劳动力供给的决定因素

农业劳动力供给的决定因素主要有农村人口规模及其结构、农业劳动的经济收益、农业劳动力的素质状况、农业劳动时间等。

(1) 农村人口规模及其结构影响农业劳动力供给

农村人口规模直接决定着农业劳动力供给资源的规模和构成。农业劳动力供给资源基本上是由农村人口资源中适宜劳动的人口资源构成的,农村人口主要在农业部门就业。因此,农村人口的规模与农业劳动力供给资源的规模呈正相关关系。农村人口的年龄构成对于农业劳动力供给的影响更加直接,农村人口各年龄组人口数量的分布状况决定着农业劳动力的供给状况。

(2) 农业劳动经济效益的高低决定着农业劳动力的实际供给数量

劳动是人们谋生的手段。为了谋生和提高生活质量，人们在就业选择中偏爱那些劳动报酬高的产业部门，而不愿意到劳动报酬低的部门就业。因此，农业劳动所得经济收益的高低决定着农业劳动力供给的多少。

(3) 农业劳动力的素质状况决定着农业劳动力的有效供给数量

社会经济发展实践证明，最重要的社会经济资源是劳动力资源，尤其是掌握了一定文化知识和科学技术的劳动力资源。农业科学技术水平的提高及农业生产工具的升级换代要求农业劳动力供给资源的素质也要提高，以适应现代科技进步和农村市场经济发展的需要。在现实情况下，农村的经济、文化和教育水平均低于城市。因此，农业劳动力总体素质水平较低，难以适应农业市场经济发展的要求。在农业现代化的过程中，身体素质和文化素质较低的农村适龄人口就成为农业劳动力供给资源中的无效供给部分，且具有较高素质的农业劳动力有效供给不足，上述情况造成农业现代化的实现受阻。

(4) 农业劳动时间同样是影响农业劳动力供给的重要因素

农业劳动时间供给有两个来源：一是单位劳动力每天参与农业劳动的时间和全年参与农业劳动的时间；二是非农业劳动力在农忙季节参与农业劳动的时间。农业劳动力的工作时长受气候条件、农业劳动对象、劳动手段等因素的限制。而从事非农产业劳动的农村人口在农忙季节参与农业劳动，是传统农业向现代农业转变进程中的正常经济现象，也是农村劳动力资源充分利用和经济发展的协调过程。

（三）农业劳动力的需求

农业劳动力的需求包括对农业劳动力的数量需求和质量需求两个方面。农业劳动力的数量需求是指农业部门维持再生产对农业劳动力的数量要求；农业劳动力的质量需求是指农业部门维持再生产对农业劳动力的文化水平、技能水平及健康状况等的要求。农业劳动力需求的形式包括对农业劳动力的微观需求和宏观需求。农业劳动力的微观需求是指农业生产经营单位为了维持农业生产的顺利进行和再生产，对农业劳动力的需求量；农业劳动力的宏观需求是指在现存的农业自然资源状况和生产力水平条件下，为了满足经济发展和社会对农产品日益增长的需要，整个社会对农业劳动力数量和质量的整体需求量。

1. 农业劳动力需求的基本特点

(1) 农业劳动力需求具有季节性特点

农业生产的根本特点是自然再生产和经济再生产交织在一起。在农业生产的整个过程中，不同的生产季节或不同的生产时期对农业劳动力数量和劳动时间的需求不同。在农作物播种或收获季节，农业生产对农业劳动力数量和劳动时间的需求大，因而对时间的限制相当严格；而在农业生产的日常管理期间，对农业劳动力的数量和劳动时间的需求较小。农业劳动力需求的季节性特点在很大程度上决定了农业劳动力的基本利用形式。

(2) 农业劳动力需求具有技能上的复杂性

农业内部各行业对农业劳动力生产技能的要求极不相同,而且即使在一种行业内部,不同品种或同一品种的不同生产时期,对农业劳动力生产技能的要求也存在极大的差异。因此,农业部门对农业劳动力的需求具有技能上的复杂性。这一特点决定了要提高农业劳动力的整体素质,需要加强对农户生产内容的多样化培训,以满足农业部门对劳动力的不同需求。

2. 农业劳动力需求的决定因素

(1) 农业自然资源的状况决定着农业劳动力潜在需求的大小

在社会对农产品需求相对稳定且农业生产力水平一般的条件下,农业自然资源的数量与农业劳动力需求的数量成正比。而农业自然资源的质量与农业劳动力需求的数量成反比。农业自然资源质量越高,如土地肥沃、气候适宜,农业劳动力的需求数量就越少;反之,农业自然资源质量越低,如土地贫瘠、灾害性天气频繁,农业劳动力的需求数量也就越多。然而,有限的农业自然资源对农业劳动力的吸纳也是有限的。因此,无论社会对农产品需求状况如何,在客观自然规律的支配下,农业自然资源的数量和质量状况决定着农业劳动力的需求数量和质量。

(2) 人口状况和社会经济状况决定着农业劳动力的需求状况

① 人口状况是决定农业劳动力需求的基本因素。首先,总人口的规模越大,社会对农产品的需求数量也就越多,相应地对农业劳动力的需求数量也就越多,反之越少。其次,人们对食物需求的构成对农业劳动力的需求也存在着明显的影响。食物种类的多样化会促进农业劳动力的需求多样化。

② 社会经济状况是决定农业劳动力宏观需求的根本因素。社会的产业结构不同决定了社会对农业劳动力的需求量也不同。以纺织、食品、造纸工业为主的工业部门的发展必然使农产品的需求量增多,则农业劳动力的需求量也相应增多;如果社会非农产业构成中,以汽车、钢铁和电子工业为主的工业部门不以农产品为原料,则农业劳动力的需求量就少。社会经济发展水平高,意味着科学、教育、非农产业部门发达,工业劳动生产率高,农业劳动力的需求量就少;反之就多。

(3) 政府的政策决定着农业劳动力的需求状况

① 政府的人口政策对于农业劳动力需求状况的影响。如果一个国家的人口增长速度比较缓慢,政府就可能采取鼓励人口增长的政策,人口资源的规模就会逐渐扩大,社会对农产品的需求就会增加,对农业劳动力的需求也就会随之扩大;如果一个国家的人口增长速度过快,政府便可以采取限制生育的政策,人口的增长速度就会减缓,社会对农业劳动力需求的增长速度也就会随之减缓。

② 政府的教育政策对于农业劳动力需求状况的影响。如果政府重视教育事业,全社会的科学文化素质水平较高,社会对于农业劳动力的需求也就会在合理的环境中适宜变动。同时,提高农业人口的文化素质,会使社会减少对文化素质低的农业劳动力的需求,以更高的物质技术装备代替劳动力。

(四) 我国农业劳动力的供求特点

1. 农业劳动力数量多,质量低

我国人口众多,劳动力数量充足,但其质量却并不令人乐观,尤其是农村劳动力素质普遍较低,这必将成为农村经济发展的障碍。美国著名经济学家、人力资本理论创始人西奥多·舒尔茨通过对美国半个世纪经济增长的研究指出:物质资源投资增加 4.5 倍,收益增加了 3.5 倍;人力资本投资增加 3.5 倍,收益却增加了 17.5 倍。这说明了人力资本对经济增长和社会发展的重要作用。随着我国乡村振兴战略目标的确立,自然资源作为生产要素的贡献率不断下降,而人力资源的贡献率却逐渐上升;农业经济发展的推动力量不再是土地、劳动力数量和资本存量的增加,而是人的能力和技术水平的提高。

2. 农业劳动力供求矛盾十分突出

当前,我国农业劳动力的供求矛盾更多地体现在,农业生产对懂技术、会经营的新型高素质农业劳动力的需求与农村中传统农业劳动力的供给不匹配。同时,农村农业生产者主要以大量老龄化农业劳动力为主,而青壮年劳动力更多地选择外出打工从事非农产业生产活动,导致农业生产对高素质农业劳动力的需求与实际老龄化农业劳动力供给不匹配的问题。

3. 农业劳动力供求状况在不同地区之间存在着较大差异

如果某一时期在一个地区人口聚集过多,单位农业劳动力可利用的土地资源过少,就会出现农业劳动力供给过剩;反之,如果某一时期在某一地区人口聚集过少,单位农业劳动力可利用的土地等自然资源过多,就会造成农业劳动力供给不足,不能高效利用土地等自然资源。我国各地人口密度悬殊,由此导致了我国农业劳动力供求状况在不同地区间存在较大的差异。我国南部地区,尤其是珠江、长江三角洲人口密度较大,劳动力平均负担耕地二三亩,农村劳动力供过于求的矛盾十分突出,而西北地区人烟稀少,农村劳动力相对不足,影响了自然资源的充分合理利用。

二、农业劳动生产率

(一) 农业劳动生产率的概念与指标的计算

1. 农业劳动生产率的概念

农业劳动生产率指农业劳动力在单位劳动时间内生产的农产品数量,或者生产单位农产品所消耗的劳动时间。提高农业劳动生产率,就意味着在单位劳动时间内生产出更多的农产品,或者单位农产品所包含的劳动量减少。

2. 农业劳动生产率指标的计算

根据农业劳动生产率的概念,可得出其理论公式为

$$农业劳动生产率 = \frac{农产品数量}{劳动时间}$$

式中"农产品数量"的实质是劳动成果,它可具体化为总产量、商品产量等实物量,也

可具体化为总产值、净产值、利润等价值量,还可具体化为作业量,如机耕队等单位完成的耕地、耙地、播种等各项作业的数量。

"劳动时间"在理论上应该是生产单位农产品所花费的物化劳动时间和活劳动时间的总和,此外,还应包括许多为农业生产活动服务的、间接参加农业生产的劳动力的劳动,如育种、农药、化肥、农机工作者的劳动时间。在实践中,只按直接花费的劳动时间来计算劳动时间。对于劳动时间,一般采用"人/年"(即每个劳动力一年)、"人/日"(即每个劳动力一天)、"人/时"(即每个劳动力一小时)等单位来计算。

由于计算"农产品数量"和"劳动时间"的具体标准很多,因此就形成了许多不同的农业劳动生产率指标。衡量农业劳动生产率水平的指标可分为直接指标与间接指标。

① 直接指标。按照计算"农产品数量"的标准不同,直接指标可分为实物指标和价值指标。衡量农业劳动生产率的实物指标主要有3个。第一,平均每个劳动力在一年生产的农产品量,简称"人年"农业劳动生产率。第二,平均每个劳动力每个工日生产的农产品量,简称"人日"农业劳动生产率。第三,平均每个劳动力每个小时生产的农产品量,简称"人时"农业劳动生产率。后边两个指标能准确反映出农业劳动生产率的情况,但因农业生产周期长,不容易取得准确的资料。一般说来,考察单项农产品的农业劳动生产率时常用实物指标。

衡量农业劳动生产率的价值指标主要有3个。第一,平均每个劳动力全年(或一天、一小时)创造的产值。第二,平均每个劳动力全年(或一天、一小时)创造的净产值。第三,平均每个劳动力全年(或一天、一小时)创造的利润。一般说来,在综合考察一个部门、地区或企业的农业劳动生产率时常用价值指标。

② 间接指标。间接衡量农业劳动生产率水平的指标主要有两个。第一,农业劳动效率,即单位农业劳动时间完成的农业工作量。由于农业生产周期比较长,因此通常要在生产过程终了时才能取得农产品。一般说来,在符合一定质量的要求下,劳动效率越高,则单位产品所包含的劳动量越少,单位劳动时间内生产的产品就越多。采用这一指标可及时了解劳动生产率的变化趋势。第二,每一个农业劳动力负担的人口数和耕地数。

总之,农业劳动生产率的不同计算方法具有不同的作用与意义,应根据不同的目的,选择使用不同的指标,以便更好地指导农业生产。

(二) 提高农业劳动生产率的重要意义

农业劳动生产率的不断提高是历史发展的必然。资源的限制和社会经济的发展要求人们提高农业劳动生产率,而科学技术的发展为农业劳动生产率的提高奠定了基础。一个社会发展水平的高低最终表现为劳动生产率的高低。具体来讲,提高农业劳动生产率具有以下重要意义。

1. 发展农业生产的根本途径

通过提高农业劳动生产率,可以在使用较少的农业劳动力的条件下生产出较多的农产品;在增加活劳动和物化劳动的条件下,可使农业劳动力付出的劳动产生更好的效果。

增加农产品数量的基本途径有：①增加劳动者的数量和工作时间，即增加社会劳动时间；②提高劳动生产率，节约单位产品上所消耗的劳动时间。前者会受到劳动力供给数量和人的生理因素的制约；而后者可以更大程度地高效发挥劳动力的能力。

2. 提高农民物质文化生活水平的决定条件

只有提高农业劳动生产率，才能降低单位农产品的成本，为农民物质文化生活水平的提高奠定基础，使广大农民群众有更多的时间参加科技、文化、体育、娱乐等活动，从而提高广大农民的整体科技文化素质水平。

3. 衡量农业现代化水平的根本指标

衡量农业现代化水平的指标有许多，其根本指标是农业劳动生产率。农业劳动生产率越高，意味着农业科学技术水平、农业机械化、水利化、农业经营管理水平以及农民的科技文化素质就越高，农业现代化的程度就越高。

4. 加快国民经济发展的重要保证

提高农业劳动生产率，一方面可以使农业劳动力提供更多的剩余农产品，更好地满足国民经济其他部门的发展需要；另一方面可以从农业中解放出大量劳动力，满足国民经济其他部门对劳动力的需求。

（三）农业劳动生产率的影响因素

在《资本论》中，马克思指出："劳动生产力是由多种情况决定的，其中包括：工人的平均熟练程度，科学的发展水平和它在工艺上应用的程度，生产过程的社会结合，生产资料的规模和效能，以及自然条件。"根据马克思的这一论述，结合农业生产的特点，影响农业劳动生产率的因素可归纳为以下几个方面。

1. 自然因素

自然因素包括土地、水利、气候、生物等。这些条件越优越，就可以用同样的劳动时间生产越多的农产品，农业劳动生产率就越高；这些条件越差，农业劳动生产率就越低。

2. 经济因素

经济因素包括经济关系、经济形势、生产规模、劳动组织、劳动报酬、劳动态度、劳动者素质及农民收入水平等。改善经济条件，可以极大地调动农业劳动力各方面的积极性，发掘人的潜力，提高人力资源水平和农业现代化水平，最终提高农业劳动生产率。

3. 技术因素

技术因素主要指科学技术状况、劳动的物质技术装备以及现代管理手段等。这实际上就是指农业的现代化发展程度，因为现代农业比传统农业有更高的劳动生产率。

4. 社会条件

社会条件包括人口的增长速度、农业劳动力向非农部门转移的速度以及非农部门对农业的影响力等。例如，人口的增长速度放慢，农业劳动力向非农部门转移的速度加快，那么每个劳动力所拥有的耕地面积就会相对增加，农业劳动生产率就会相对提高。

(四)提高农业劳动生产率的途径

根据农业劳动生产率的影响因素,结合我国目前的实际情况,应从以下几个方面来提高我国农业劳动生产率。

1. 采取正确的政策措施,调动农民的劳动积极性

农民是农业生产的主体,只有调动农民的劳动积极性,才能不断提高农业劳动生产率,加快农业的发展。因此,必须深化农村经济体制改革,以劳动所得为主和按生产要素分配相结合的分配原则,不断完善和落实各项农业保护政策,进一步调动农民的劳动积极性。

2. 不断改进农业劳动者的物质技术装备

在农业中,采用现代化的机器、设备及化肥、农药、薄膜等现代化生产要素,提高农业劳动者的物质技术装备水平,可以大大节约劳动力投入,有效地提高农业劳动生产率。当然,由于我国大部分地区存在人多地少的情况,使用机器设备,必须在地区和作业项目上有所选择,力求物化在机器设备中的劳动量低于它所能替代的活劳动量中的必要劳动部分,并使被替代的劳动力也能得到合理安排。

3. 合理利用和逐步改善自然条件

正确认识和利用自然规律,开展农业基本建设,改善生态环境,保持生态平衡,充分合理地利用各种自然条件,可以通过人的劳动进一步改善自然条件,从而使农业劳动生产率得到提高。

4. 不断提高农业劳动者的科学技术水平和劳动熟练程度

科学技术对提高农业劳动生产率发挥着越来越明显的作用。一切先进的农业科技,只有真正武装了农业劳动者,才能成为现实的生产力。我国农民受教育程度普遍偏低,整体素质不高,必须加强农民的智力开发,提高农民的文化水平、操作技能水平和技术熟练程度。

5. 提高农业生产的组织化程度

实行农业家庭承包经营虽然有利于充分调动农民的生产积极性,提高农业劳动生产率,但由于家庭承包经营规模小,不可避免地同时存在着某些生产要素不足和闲置的情况,通过公司加农户、合作社加农户等形式,提高农业的社会化服务程度,使不足的生产要素得到补充,闲置的生产要素得到开发利用,从而有助于提高整个社会的农业劳动生产率。

第二节 土地资源

土地资源是农业经营中的重要资源。土地资源管理对于农业的发展起着至关重要的作用。土地资源管理包括土地的数量管理和质量管理、土地权属及其流转管理、土地开发和利用管理等。本节主要介绍土地管理的原则、土地的权属管理及土地资源的合理开发利用问题。

一、土地资源的特征与土地管理的原则

（一）土地资源的特征

1. 土地资源供给的稀缺性

土地资源供给的稀缺性不仅指土地总量的有限性，还包括不同地区、不同用途土地数量的有限性。由于土地数量有限，因而会出现供求矛盾，导致一系列的经济问题。

2. 土地利用方式的相对分散性

由于土地位置的固定性，对于土地只能就地分别加以利用，因而土地利用的方式是相对分散的。这一特征要求人们利用土地时，要进行区位选择，并注意地区间的交通运输便利性，以提高土地利用的综合效益。

3. 土地利用方向变更的困难性

土地有多种用途，当土地一经投入某项用途后，欲改变其利用方向一般是比较困难的。这一特性要求人们在确定土地利用方向时一定要详细勘察，做好周密的规划。

4. 土地报酬递减的可能性

在既定条件下，土地的使用超过一定的限度，便产生报酬递减的现象。这一特性要求人们在对土地增加投入时，必须寻找投入的适合度。

5. 土地利用后果的社会性

由于土地是一个自然综合治理整体，其利用的结果不仅影响本地区内的自然生态环境和经济效益，而且可能影响邻近区域甚至整个国家和社会的生态环境和经济效益。

（二）土地管理的原则

农业的土地管理工作应遵循以下原则。

1. 维护社会主义土地公有制

维护社会主义土地公有制即维护土地的全民所有制和劳动群众集体所有制不受侵犯。在土地所有权或使用权变更时，必须遵守国家法规。国家为了公共利益或建设需要，可以依法对集体所有的土地实行征用，但必须严格按照《中华人民共和国土地管理法》办理征用手续，并给被征地的单位适当补偿。被征地的单位应当服从国家需要，不得阻挠。对于国家建设使用国有荒山、荒地，以及其他单位使用国有土地的情况，应按照国家建设征用土地的程序进行审批，审批通过后才能划拨。土地使用权有偿出让或转让，也应按照有关法规办理。

2. 坚持农业用地优先

在进行土地分配和调整时，要把质量最好的土地优先用于农业，优先保证农业生产所需要的土地数量和质量。农业生产与工业生产不同，土地是农业生产中不可缺少的最基本的生产资料，农业生产的发展在很大程度上为土地的数量和质量所制约，发展农业生产要有一定面积质量优良的土地作为基础。特别是在我国，人口多耕地少，坚持农业用地优

先的原则更有必要。

3. 坚持节约用地

由于土地面积有限,我国人多地少的矛盾十分突出,节约用地的原则更有其特殊重要性。为此,国家建设必须节约使用土地,严格按照国家规定的审批程序履行征地审批手续,严防多征、早征,以免浪费土地。农村居民住宅建设、乡镇村企业建设等也都应严格执行审批手续,制定乡镇建设用地控制指标,严格控制用地面积。

4. 坚持合理用地

合理利用、改良土地是提高土地生产力、改善土地生态环境的关键。为此,从宏观方面来说,国家要对土地加强统一规划管理,严禁盲目毁林毁草和陡坡开荒。同时,要调整工业的不合理布局,综合利用"三废",进行化害为利的技术治理,做到经济效益、社会效益和生态效益的统一。从农业生产单位来说,要采取有效措施,调动农民合理利用、保护、改良土地的积极性,增加对土地的投入,加强对土地的经营管理,避免掠夺式经营,防止土地资源退化。

二、土地的权属管理

(一) 土地经营权的获得

土地资源是农业进行生产经营活动最基本的生产资料,在目前的技术水平条件下是一种不可替代的生产资料。在资本主义制度下,土地资源基本上是私有的,可以作为商品来进行买卖。在社会主义制度下,实行土地公有制,不允许任何单位或个人以任何方式买卖土地。在我国农村实行以家庭为主的联产承包责任制后,农业生产经营者可以通过承包、租赁、股份经营或转包等形式,获得对土地资源的经营权,从而实现土地使用权与经营权的分离。

1. 土地承包经营

(1) 土地承包经营的形式

我国现阶段土地承包经营仍以家庭承包经营为主体,同时存在多种形式的承包经营。

① 两田制:在坚持土地集体所有和家庭承包经营的前提下,将农户承包的土地划分为两部分,一部分为口粮田,另一部分为责任田。口粮田按人口平均分配,体现福利原则。责任田按劳承包或按人承包,要承担一定的承包费。"两田制"虽能调动农民种田的积极性,但不利于农业用地向种田能手集中和农业规模化经营发展。

② 投标承包:把竞争机制引进土地承包,先由集体定出底标,再公开招标、投标,由中标者承包经营。投标承包具体分为两种类型,一种是现金投标承包,另一种是实物投标承包,均按合同规定年终完成上交集体租金的任务。

③ 抵押承包:确定承包期若干年,逐年缴纳抵押金。

④ 双向承包:在家庭承包经营的基础上,实行双向承包责任制,围绕农业生产的各个环节,在县、乡、村、户之间,层层明确目标责任,签订合同,自上而下承包农业生产资料供

应和技术、资金服务,自上而下承包农业产量、定购任务和其他经济指标,并制定奖惩制度,按时兑现。

(2) 土地承包合同管理

土地承包合同管理主要应做好以下几方面工作。

第一,加强土地承包合同相关的法制教育,进一步普及合同管理知识。各级承包合同管理部门要认真宣传家庭联产承包责任制和有关合同法等方面的知识,通过举办培训班等形式,使农村干部和群众掌握土地承包合同方面的政策、法规,增强集体经济组织和农户依法签订、执行承包合同的意识。

第二,加强土地承包合同的规范化,建立健全合同档案。凡是新签订或重新修订的合同,都必须使用统一印制的标准合同文本。合同要做到条款齐全,目的明确,内容完整,文字清楚。合同签订要一式三份,签约后应将合同送到上级合同管理部门备案,分别建立乡、村两级土地承包合同档案,做到合同管理档案化。

第三,加强土地承包合同纠纷的调解和仲裁工作,使承包合同得到法律保障。各乡镇土地承包合同纠纷的调解和仲裁工作使承包合同得到法律保障。

第四,加强管理队伍建设,强化合同管理职能。各级农村经济管理部门要采取措施,配齐人员,保证经费,加强土地承包合同管理工作。同时,要加强对合同管理人员的政治、业务培训,不断增强土地承包合同管理队伍的素质,保证土地承包合同管理队伍的素质,保证土地承包合同管理工作的顺利开展。

2. 土地租赁经营

土地租赁是指按照有偿使用的原则,取得合法土地使用权的经营者将土地出租给承租方经营,由承租方向出租方支付租金。承租方可以是社区内农户,也可以是社会法人或自然人,承租方缴纳租赁费后,即可取得合法的土地使用权。租赁经营能把土地所有权和使用权分离,使产权关系明晰化。而且土地租赁经营是以竞争的形式开展的,能够促进耕地与其他生产要素的优化组合。土地租赁经营主要包括以下两种形式。

(1) 招标出租

招标出租即集体经济组织将一定规模的土地,实行公开租赁招标,用竞争的方式分配土地资源。具体做法是:将村辖全部土地按照肥沃程度、距离村屯远近、农田设施等条件划分为具体的等级,确定每级土地的地租数额并落实到具体地块。群众按照自己的意愿择地投标,按最高额中标。中标者当场与村集体经济组织签订租赁合同,租期一般为5～10年或更长,由公正单位公证。中标者在按期足额缴纳租赁费后,享有充分的经营自主权,自主安排生产计划。

(2) "四荒"的租赁经营

"四荒"是指荒山、荒地、荒滩、荒水,大力开发利用"四荒"资源是加快农业和农村经济发展的一项战略措施。"四荒"使用权租赁涉及农民切身利益,因此,必须坚持以下几项原则:"四荒"集体所有的原则、因地制宜地尊重群众意愿的原则、土地价格适中的原则、经营规模适度的原则、公平竞争的原则。

3. 土地股份经营

股份制是社会化生产和商品经济发展的产物,因而以股份形式明晰土地产权关系,应视为土地制度深入改革的一种趋势。所谓土地股份经营是指以土地入股方式组成土地股份有限公司,在不改变土地公有制的前提下,把承包户的土地使用权折合成股份作为入股条件,由公司委托擅长种田又善于经营者为公司经理,负责土地经营事宜。土地股份经营的步骤包括以下4个。

(1) 设立土地股份有限公司

根据目前农村土地的使用和管理状况,在村一级设立土地股份有限公司,土地股份有限公司负责所辖社区土地资源的经营管理,在业务和政策上接受国家土地管理部门的监督管理,是一种具有法人地位的经济实体。

(2) 进行地产评估,确定公司所属土地的价格

为了防止地产估值过高或过低,这一工作应由国家土地管理部门负责进行。

(3) 地产折股,确定集体股和成员股的比例

土地股份有限公司分为集体股和成员股两部分。为了保证国家能调节农村土地使用的权利,集体股的比例应占大头。

(4) 进行股权分配

集体股属农村社区"三级所有",由农村基层政府代管,主要用于社区公共福利和基础设施建设;成员股按照现行土地承包方法分配到农户。农户拥有的土地股份可以继承、买卖和转让,但不得退兑。死亡和迁出人口的地产股权永远有效,新生和迁入人口不再分得土地股份。土地股份有限公司地产经营的纯收益一部分用于地产投资,进行农田基本建设;另一部分按股分红,使股东的土地所有权在经济上得以实现。

(二) 土地经营权的变更

在我国农村现阶段土地承包经营的情况下,土地经营权的变更主要表现为土地转包。

1. 土地转包的对象

土地转包中的转出者有以下几类:一是长期或经常外出从事非农经济活动,家中无劳动力耕种的农户;二是农村中的一些能工巧匠,各有专长、不善种地的农户;三是熟识市场行情,从事商业活动,不愿种田的农户;四是机关干部和国有企业职工在农村的家属、无时间和能力种田的农户;五是家中缺乏劳动力、资金、技术,无法种田的农户。转入者大多是转出者的亲戚、朋友或种田能手,有的是重点农户或专业农户,也有经济联合体。

2. 土地转包的管理

(1) 明确指导思想

在社会主义市场经济条件下,耕地作为农业生产的基本生产资料,同资金及其他实物形态的生产资料一样,必然要受到经济规律的支配。应按经济规律管理土地,建立耕地的有偿转包制度,允许农民的耕地使用权流通公开化,促进耕地合理流动,逐步实现农业的适度规模经营。

（2）坚持经济补偿原则

土地转包应充分注意经济有偿性，转入者除承担转入耕地的一切负担外，还应向转出者交付一定的耕地补偿费，补偿金额由双方协商自定。为促进耕地合理流转，还可跨村转包。

（3）实行合同管理原则

耕地有偿转包必须在双方自愿的条件下签订合同。农户与农户之间转包由村集体经济组织见证；超越村范围的，由上一级部门见证。农户转出、转入耕地时，村集体经济组织要对地力状况做出评定，将其作为转入者对转出者补偿的凭据，并将转入耕地的面积、位置、等级和转包期限载入耕地档案。转包合同签订后，任何一方不得擅自更改合同内容。对不履行合同或违反合同规定的，由签证单位协调解决。若改变合同，则首先双方自愿协商，然后签证单位重新予以认可。

（4）坚持优先转让原则

优先转让必须以具有较强的土地经营能力者为主，村集体经济组织要对转入者的经营能力进行充分审查，对符合条件者加以鼓励，避免耕地的再分割。

三、土地资源的合理利用

（一）土地数量管理

1. 农用土地分类

土地按其经济用途可分为以下几类。

① 农业用地：直接用于农业生产的土地，包括耕地、园地、林地、牧地、养殖水面和可垦荒地等。

② 工矿用地：工矿企业占用的土地。

③ 建筑用地：用于修建固定性建筑设施的用地，包括修建温室、仓库、畜舍的占地，即生产性建筑用地；用于修建住宅、医院、学校、文化娱乐场所的占地，即非生产性建筑用地。

④ 交通用地：包括铁路、公路、农村道路、机场、护林路等用地。

⑤ 水域：用于人工养殖的水域，包括河流、湖泊、水库、坑塘、苇地、沟渠、滩涂等。

2. 农用土地登记

土地登记是指农业生产者对土地数量、质量、权属状况及其变动所进行的系统记载。

（1）土地档案

土地档案指农业生产者在对其所拥有土地进行全面清查、测量的基础上，对土地及土地利用情况进行分类逐块登记归档，主要记载土地状况、作物种植情况、土地改良措施等。

（2）土地台账

土地台账是指系统地整理和积累土地资料及其变动的账簿。建立土地台账，是把土地档案中间断的零散资料系统化、条理化，形成完整的统计资料，为土地资源的利用与管理提供可靠的依据。

（二）土地质量管理

1. 土地质量管理的含义

土地质量管理是研究土地质量特征，保护和提高土地质量的各项工作的总称。土地质量具有以下特点。

（1）综合性特点

土地质量是自然特性与经济特性的综合，它既取决于各种自然资源，又涉及人类活动的相关因素。

（2）再生性特点

土地质量会随着自然和人为因素的变动而不断地变化。

2. 土地质量的经济评价

（1）影响因素

土地质量的经济评价应考虑以下因素。

① 地理位置。在市场规律的作用下，土地作为提供商品的资源，服从距离递减规律，即土地收益随其与市场或城市中心距离的增加以及交通便利程度的降低而递减。

② 自然肥力。土地自然肥力越高，土地的经济价值越大；反之，则越小。土地自然肥力制约着土地的现实与潜在的生产能力。

③ 市场供求。一个农业生产单位所拥有的土地数量是有限的，土地位置是固定的，随着经营规模扩大，其对土地的需求量不断增加，土地的经济价值随之提高。土地自然供给是无弹性的，但土地的经济供给是有弹性的，受土地价格因素的影响。

（2）评价指标

土地质量的衡量指标主要是土地生产率。土地生产率的主要指标有以下3个。

① 单位土地面积总产值＝总产值÷土地利用总面积。

② 单位土地面积总收入＝总收入÷土地利用总面积。

③ 单位土地面积产投比＝总产值÷物化劳动消耗。

（三）土地集约经营

农业对土地的利用有粗放经营和集约经营两种不同的经营方式。粗放经营是对土地资源的广度开发，指在一定的土地面积上，投入较少的生产资料和劳动力，实行浅耕粗作、广种薄收的经营。因而，粗放经营会对土地重用轻养，造成土地肥力下降，生产率低下。集约经营是对土地资源的深度开发，指在一定的土地面积上，投入较多的生产资料和劳动力，对土地精耕细作、科学种植的经营。因而，集约经营以不断提高土地肥力来提高土地单位面积产量，增加农产品总量。

1. 土地集约经营的意义

集约经营的基本标志是高投入、高成本、高产量、高收益，用较少的土地和较高水平的技术，生产出更多的农产品。对土地实行集约经营是社会经济发展的客观要求，对我国具有重要的意义。

① 实行土地集约经营可以提高土地生产率，弥补耕地的不足，生产出更多的农产品，满足人民生活和国家经济建设的需要，促进社会主义经济的发展。

② 实行土地集约经营，对土地投入先进的农用机械和农用工业品，可以提高农业抵抗自然灾害的能力，较好地促进生物因素与环境因素的统一，做到高产稳产，增产增收。

③ 实行土地集约经营，提高单位面积产量，可以缓和粮食作物与经济作物以及多种经营之间相互争地的矛盾，既有利于优化农业生产结构，促进我国农业朝着农、林、牧、渔各业全面发展，农、工、商综合经营的方向前进，逐步实现农业生产的区域化、专业化、商品化，提高社会化水平，又有利于建立环境良好、生产平衡和农业生产相互促进的经济运行体系。

④ 实行土地集约经营，有利于发挥我国农村劳动力资源优势，继承和发扬精耕细作的传统，克服资金相对不足的劣势，因地制宜地发展农业生产。

2. 土地集约经营的类型

（1）劳动集约型

劳动集约即在单位面积的土地上投入更多的活劳动从而获得较高的产量和收入的集约经营形式。劳动集约又分为积累性劳动集约和流动性劳动集约。

积累性劳动集约主要是将追加到土地中的活劳动用作农田基本建设，以形成农业固定资产并使其附属于土地上，如兴修农田水利、改良土壤、平整土地、修造梯田、修筑田间道路、打井、修坝、挖塘、建水库等。追加到土地中的这些活劳动将长时期地对农业生产发挥作用，劳动价值也将慢慢地、多次地转移到农产品中去。流动性劳动集约主要是将活劳动追加到日常的农业生产过程中，使其作为流动形态的生产力要素在当年生产中被消耗掉，如精耕细作、精细管理、增加耕锄次数等。

（2）技术集约型

技术集约即通过采用较多的先进技术，在单位面积土地上获得较高的产量和收入的集约经营形式。根据投入技术的内容不同，技术集约又可分为基础技术集约、应用技术集约和管理技术集约。

基础技术集约主要是通过加强对农业技术理论的研究、试验，为集约经营创造物质技术条件。例如，遗传工程的研究、杂交水稻制种技术的研制成功，对于提高土地生产率起着重大的基础作用。应用技术集约主要是在土地经营过程中较多地采用先进的应用技术，如在农业生产中引进优良品种、新型肥料，进行科学施肥和灌溉，采用新型的工具设备、科学的农作方式等。管理技术集约主要是通过采用先进的生产方式来提高土地经营效益。总之，在土地经营中实行技术集约能获得投工少、成本低、效益显著的效果。

（3）资金集约型

资金集约即通过在单位面积土地上投入更多的资金，使用更多的能量、动力、化肥、农药等物化劳动来提高土地生产率的集约经营方式。这种方式要求经营者有较雄厚的资金和物质基础,适用于劳动力资源相对缺乏、资金比较充裕的地区和企业。

虽然劳动集约、技术集约和资金集约这三者在投入内容上各有侧重,互相有别,但它们又是相互联系的,特别是后两者,有时难以截然区分开来,因为新技术的采用一般都伴随资金投入的增加。

3. 土地质量的保护与治理

(1) 生态治理

生态治理即利用生物措施进行土地保护与治理,例如:植树种草,改造荒山荒地;营造农田防护林带,建设绿色长城;实行秸秆还田,用地养地相结合。

(2) 工程治理

工程治理即通过工程措施进行土地保护与治理,例如:进行灌溉工程的治理,针对农业生产排水和灌水进行工程性的治理;进行造田改土工程的治理,防止水土流失,改良土壤等。

(3) 技术治理

技术治理主要是运用农业技术改良土地。

① 科学耕作。运用科学的耕作方法,改良土壤的透水透气和扎根能力。

② 轮作种植。采用轮作休闲、粮豆轮作、草粮轮作等合理的轮作种植方式,提高土地生产率。

③ 施肥改土。使土壤内部物质的封闭性循环变成开放性循环,提高土地质量水平。

④ 科学灌溉。可采用如喷灌法、滴灌法、沟灌法、浇灌法等。

第三节 农业资金

资金是农业生产服务的基本要素之一,是农业生产发展的"第一推动力和持续的动力"。农业资金和农业生产之间存在着不可分割的内在联系,农业生产规模大小的变化及其结构的调整在价值形态上总受制于资金规模及结构的变化。特别是在市场经济条件下,现代农业的发展更是离不开资金的稳定增长。因此,加强农业资金问题研究,揭示农业资金运行规律,拓宽农业资金渠道,增加农业投入,成为农业生产中迫切需要解决的重要问题。

一、农业资金的概念和属性

(一) 农业资金的概念

农业资金的概念有广义和狭义之分。广义的农业资金是指国家和社会其他部门及农业经营主体投入农业领域的各种货币资金、实物资本、无形资产以及在农业生产经营过程中形成的各种流动资产、固定资产和其他资产的总和。在所有的资金形式中,最为重要的是货币资金。在市场经济中,货币资金高流动性的特点可以使其很容易地转化为任何其他形式的资金,因此货币资金成为农业资金研究的重点。这也就引出了农业资金的狭义概念,狭义的农业资金是指社会各投资主体投入农业的各种货币资金。广义的农业资金实际上已经涉及农业管理的全过程,而目前制约农业发展的最关键的资金问题是狭义农业资金的投入。

(二) 农业资金的属性

1. 垫支性

垫支性强调的是资金投入后可以再收回,即资金的占有者把一定数量的资金投入农业再生产过程,绝不是想花掉它,而是垫支,最后这部分资金必须再重新返回占有者手中。这种垫支性和预付性是资金区别于货币的一个重要特征。例如:农业专业户手中的货币,如果是垫支于农业再生产过程中,则是农业资金;如果是用于日常生活的开销,则是一般的货币而不是资金,它被花掉后不再返回。

2. 周转性

周转性是指资金具有不断地运动或不断地循环和周转的属性。凡是具有周转性的价值就是资金;凡不具有周转性的价值则不是资金。例如:乡镇企业的厂房、机器设备的价值能周转,因此是资金;行政事业单位的办公楼、各种设备的价值不能周转,因此不是资金。商店中一切商品的价值都能周转,因此是资金,而其中的消费品到了消费者手中后,其价值不能再周转,因此就失去了资金的性质。

3. 补偿性

补偿性是指资金在循环周转过程中,必然会发生价值的转移和耗费,这部分资金必须如数地得到补偿,以维持资金的正常周转。

4. 增值性

增值性是指资金具有增值性,这是资金最本质的属性。资金的垫支、周转、补偿不仅是为了保存自己的价值,也是为了增加自己的价值从而盈利,进一步增加社会的财富。

二、农业资金的运动

(一) 农业资金的运动规律

农业资金是整个社会资金的组成部分。农业资金只有不断运动才能保存和增加自己的价值,创造出新的社会财富。农业资金一旦停止运动,就会变成沉没成本。农业资金的循环运动规律就是:农业资金依次经过购买过程、生产过程和流通过程3个阶段,相继采取货币资金、生产资金、商品资金3种职能形式,最后又回到了原来的出发点,实现价值增值。农业资金循环的3个阶段是购买和支付阶段、生产阶段和销售阶段。

1. 第一阶段:购买过程中的购买和支付阶段

农业资金循环的第一阶段包括两个方面的内容:一是以货币资金的形式购买生产资料;二是以货币资金的形式支付农业劳动者的报酬。在这个阶段中,农业劳动者(包括联合劳动者和个体劳动者)通过垫付货币资金购买生产资料,使生产资料同劳动力实现了结合,农业资金的循环就从货币资金的形式变为生产资金的形式。

2. 第二阶段:生产过程中的生产阶段

生产阶段就是农业劳动者同生产资料相结合,从事农村的生产,即从事农产品加工、农机维修、农村建筑建设、农村运输等生产活动的阶段。在这一阶段中,农业劳动者不仅通过他们的具体劳动创造出各种使用价值,而且通过他们的抽象劳动创造出新的价值,即除为劳动者创造了用于补偿劳动报酬的价值外,还创造了新增加的价值部分,为社会增加了财富。农业资金就由生产资金的形式变成了商品资金的形式。

3. 第三阶段:流通过程中的销售阶段

在销售阶段中,农业劳动者把生产出来的各种商品销售出去,商品资金转化为货币资金。

(二) 农业资金的运动特点

1. 季节性强

农业生产过程和生产时间都要受农时季节的制约。在我国,一般的农作物都是春天播种、秋天收获。在当前条件下,农业生产周期是由农时季节决定的,农业生产不能违背农时季节而进行。此外,同农业生产有关的部门及为农业生产服务的产前、产中、产后部门的生产和再生产也都要与农时季节相吻合,从而这方面的资金运动都具有相应的季节性。按照农时季节的要求,农业资金的各种循环相互衔接、相互交叉,形成各自的旺季和淡季。

2. 周转慢

一般来说,工业部门的资金周转快于农业部门,城市的资金周转快于农村。在农业内部,资金周转也有差别,如农产品加工业快于畜牧业,畜牧业快于谷物种植业,谷物种植业又快于林业等。农业的资金周转比工业慢的原因为:①生产技术比工业的生产技术落后,劳动生产率低,造成生产周期长;②生产受农时季节的制约,在生产时间内,借助于自然力单独作用的时间长,也造成生产周期延长;③农村交通落后,商业不发达,造成农村供销条件差,使种子、化肥、农闲材料和燃料储备增加,农产品、农村工业产品销售困难,造成产品在产地积压和局部地区过剩。这一切都使农业流动资金垫支和占用时间过长、周转不灵,资金使用效率较低。

3. 不稳定

农业生产受自然环境因素的影响很大,容易遭受自然灾害,致使农业生产的成果不稳定,这种不稳定性在资金的运动上表现得十分明显。风调雨顺的年份对资金的需求量相对要小;而灾害频繁的年份对资金的需求量则相对要大。在丰收的年份,积累增长的幅度大,用于扩大再生产的资金就多;反之,在歉收的年份,积累增长的幅度小,用于扩大再生产的资金就少。这一特点要求农业资金留有储备,以应付自然灾害的发生,保证农业生产的顺利进行。

4. 不完全流通

农产品既是农业生产过程的最终产品,又是重新加入再生产过程的生产资料,具有生活资料和生产资料的双重用途。在我国农业处于自给半自给经济向市场经济转型的阶段,农业生产资料的一部分由农业企业自身提供,而无须购买。同时,农产品成品的一部分留作农业企业自身消费,而不经过流通转化为货币。在农业资金运动中,货币资金不全部通过流通过程。

三、农业财政资金

农业财政资金是指国家财政从预算中列支的、用于发展农业经济的各项支出。农业财政资金既包括中央财政预算的农业资金,也包括地方财政预算的农业资金。

在内容上,农业财政资金既包括国家在农业项目上投入的农业资金,也包括用于农业的各种补贴、事业费等支出。从目前我国财政统计的概念来说,农业财政资金大致包括:①支援农林生产支出;②农林水气等部门的事业费;③农业综合开发支出;④农业基本建设支出;⑤农业科技三项费用;⑥农村救济费;⑦其他农业财政支出。在统计年鉴中,把支援农林生产的支出、农林水气等部门的事业费和农业综合开发支出合计为"支农支出"。

四、农业信贷资金与农业金融

(一) 农业信贷资金

农业信贷资金是一种金融资本,是现代农业发展必需的一种生产要素。伴随着传统农业向现代农业的转变和农业生产的社会化、专业化、市场化,农业技术的改造,机械设备、温室、良种、农药等现代农业生产要素的投资,现代农业气象、通信、交通等公共设施和公共服务等农业公共产品的投资等都要依赖大量的资金,这些资金一般依靠农户自身的积累很难完成。除了国家财政对农业公共产品的投资以外,大量的投资主要依赖信贷市场的融资。因此,农业信贷资金已经与现代农业的发展密不可分。

1. 农业信贷资金为不可分割的农业技术进步提供可能

传统农业向现代农业转变最典型的特征是大量农业新技术的采用和农业技术的不断进步。现代农业技术是可分割的:一是可以独立于大规模的资本投资而存在;二是这种技术本身具有可分割性。例如,先进的耕作方式、新品种采用的高产技术等可以独立于大规模的资本投资,并且该技术本身是可以分割的,可以进行分散的投资。这种可分割的农业技术的进步不完全依赖农业信贷。除此之外,其他的农业技术一般是内含在一定的资本投资当中,并且是不可分割的。例如,农业的机械技术、温室技术、水利灌溉技术、自动化管理技术等都是内含在一定的大规模投资当中的,并且这种技术具有整体性和不可分割性,一旦投资没有达到规定的最低限额就不能实现技术的功能。例如,投资一个温室一般需要几万元到几十万元,这已经超出一般农户的自我资本积累能力。在这种情况下,农业信贷资金成为农业技术进步的必要条件之一。农业信贷资金可以使农业生产者在较短的时间内完成资本积累,进行大规模投资而获取现代农业技术,从而降低生产成本,获取超额利润。因此,农业信贷资金与农业技术进步的联系在于农业信贷资金为农业技术进步提供可能,促进农业技术革新,推动农业发展的现代化。

2. 农业公共投资也需要农业信贷资金

在农业生产当中,除了农业生产者进行的私人投资外,还需要大量的农业公共产品。由于农业公共产品具有非排他性、外部性和投资的不可分割性,并且一般的农业公共产品投资规模比较大,因此这些农业公共产品非农户个人的投资能够完成。例如,在农业生产中必需的交通设施、水利排灌设施、气象预报、通信、农业技术推广、病虫害防治等公共产品和服务都需要大规模的投资。除了纯公共产品在政府财力范围内由政府财政投资来完成外,多数区域性、社区性公共投资,或者准公共产品的投资,或者在发展中国家由于贫困的财政状况而无力完成的公共投资均需要信贷资金的支持。

3. 农业大规模私人投资离不开农业信贷资金

农业生产的专业化、规模化、市场化是现代农业的典型特征。农户进行农业生产的目的不再是实现自给自足的传统小农经济,而是利用土地、人力等自然资源与现代农业技术的结合,以市场需求为导向,选择适当的农业生产种类进行农业生产分工,进行规模化投资和经营,以获取经济利益。在我国这样的土地相对稀缺的国家,农业现代化主要是以土地节约型为技术路线,而人力投资一定,土地的经营又有技术系数的上限,因此农业产出的增加主要依赖资本投资。现代农业生产总是伴随着大规模的资本需求。对于一个开展现代农业经营的理性农户来说:①其进行大规模的农业投资可能已经超出了农户自有资金的积累能力;②其总是寻求更多成本更低的资金来进行投资。农业信贷资金正好可以满足农户对大规模、低成本的农业投资资金的需求,对农业规模化、专业化、市场化经营具有促进作用。

(二)农业金融

经过多年的农村金融体制改革,迄今为止形成了包括商业性、政策性、合作性金融机构在内的,以正规金融机构为主导、以农村信用合作社为核心的农村金融体系。可以把受到中央货币当局或者金融市场当局监管的那部分金融组织或者活动称为正规金融组织或者活动。我国农村正规金融体系主要包括以下几个组成部分。

1. 中国农业银行

中国农业银行于1979年重建,是当时我国四大国有商业银行之一,也是四大行中分支机构数量最多的一个银行,其分支机构几乎遍布我国所有的乡镇。中国农业银行重建的初衷是支持农产品的生产和销售,但事实上中国农业银行的业务基本与农业、农户无直接关系,其贷款的绝大部分都投入了国有农业经营机构(如粮食局和供销社)和乡镇工业企业。自20世纪90年代从中国农业发展银行分设、与信用社脱钩、实行商业化经营以来,中国农业银行调整经营结构,发展城市业务,提升支农层次,撤并了部分农村网点,找到了适合自身的盈利模式,经营效益明显改善。从其贷款结构来看,贷款范围逐渐扩大,涉农贷款比重逐渐降低。中国农业银行的业务经营范围与其他国有商业银行基本无异，其长期保持的在农村金融市场上的重要地位大大弱化。

2. 中国农业发展银行

中国农业发展银行是直属国务院领导的政策性金融机构，其职能范围的调整大致经历了两个阶段。第一个阶段是1994年11月到1998年3月，中国农业发展银行的主要任务是按照国家法律法规和方针政策，以国家信用为基础，办理农业政策性金融业务，代理财政支农资金的拨付，为农业和农村经济发展服务。第二个阶段是1998年4月至2004年，为满足粮食流通体制改革的需要，中国农业发展银行的主要业务是对粮、棉、油等主要农产品的收购，资金实行封闭管理。中国农业发展银行的建立是农村金融体制改革中为实现农村政策性金融与商业性金融相分离而采取的重大措施。中国农业发展银行的业务也不直接涉及农业、农户，它的主要任务是落实国家粮、棉、油购销政策，区别于商业性金融业务，调控金融资源配置，贯彻政府农业发展政策，引导资金流向农业、综合开发和扶贫。随着农村市场化改革的不断深入，中国农业发展银行的作用越来越有限。

3. 农村信用合作社

农村信用合作社是分支机构最多的农村正规金融机构，其分支机构遍及几乎所有的乡镇甚至农村，也是农村正规金融机构中心与农业、农户具有直接业务往来的金融机构，是农村正规金融机构中向农村和农业经济提供金融服务的核心力量。1979年以前的农村信用合作社具有典型的合作制性质；1979—1996年，农村信用合作社由中国农业银行进行管理，是中国农业银行的"基层机构"；1997—2002年，农村信用合作社由中国人民银行托管，初步转变了经营机制，并进行了一系列的改革整顿和规范管理。2001年以来，农村股份制、合作制商业银行的试点工作取得了明显进展。农村信用合作社、农村股份制商业银行与农村合作制商业银行共同形成了农村信用合作社系统。

4. 农村邮政储蓄

1986年，在邮政储蓄复办之初，政策性质明显，具有以下政策定位：①吸收居民存款，提供国家急需的大量建设资金；②配合中国人民银行的宏观调控，回笼基础货币；③借鉴我国早期邮政、国外邮政开办储蓄业务的经验，利用邮政网点遍布全国城乡的资源，弥补银行网点覆盖的不足，与商业银行优势互补；④为广大的城乡居民服务，与邮政普遍服务高度结合，为城乡居民提供一定的公益性金融服务。

第四节 农业技术

农业技术是农业发展的第一推动力。农业技术是通过创新技术在农业中的应用，提高生产效率、产量和盈利能力的手段。农业技术可以是源自农业的产品、服务或应用，可以改进各种投入、产出过程。新中国成立以来特别是改革开放以来，我国农业取得了长足的发展，其中农业技术发挥了巨大作用：加强农业技术推广工作，促使农业科研成果和实用技术尽快应用于农业生产,保障农业的发展,实现农业现代化。

一、常规技术

常规技术是经常、长期、普遍应用的技术,在任何农业发展阶段都是提高生产力的主体。

(一) 育种和良种繁育技术

育种指的是选育动植物新品种的过程。其做法是利用原有品种中的自然变异,或先应用杂交或人工诱变等方法创造新类型,再通过选择、繁殖、比较试验,选育出符合生产需要的新品种。良种繁育是利用新创造的动植物良种大量繁育种子、种苗、种畜的过程,以便在生产中推广应用。

(二) 作物种植制度

作物种植制度是一个单位内作物生产的总体安排,包括作物结构、布局、复种和种植方式(间套作或单作、轮作或连作)等。这是一个复杂的技术系统,对农业生产影响甚大。我国盛行以间套作复种为中心的多熟制,这有利于充分利用时间与空间,体现了我国种植制度的特色与亮点。

(三) 作物栽培技术

作物栽培技术是在作物生命活动期间,根据作物的生长发育规律所采取的各种田间管理措施的总称,包括在品种选用、农机配置、种子处理、整地、播种、合理密植、水肥管理、病虫害防治、收获等中采取的各种措施。良好的作物栽培技术在农作物增产中起着重要作用。

(四) 平衡施肥技术

据联合国粮食及农业组织(Food and Agriculture Organization of the United Nations,FAO)研究,在作物增产中,化肥的贡献达50%以上。所谓平衡施肥,一是施肥数量上的平衡,以产定肥(包括化肥和有机肥),即根据土壤肥力的测定状况和作物产量的要求来施肥,作物需要多少养分就给多少肥料;二是养分种类上的平衡,氮、磷、钾及微量元素等要按比例配合,避免畸轻畸重。

有机肥和化肥都无毒无害,它们在应用机理上也基本是一致的,其区别是有机肥所含养分种类比较多,而化肥多数品种由一两种元素组成,因此在施肥技术上要讲究元素的配合。

(五) 灌溉与节水技术

水利是农业的命脉,灌溉(或排水)加施肥可使产量成倍地增加。要根据不同作物的需要以及天气、土壤、水源等条件,适时、适量进行灌溉。要推广节水灌溉技术,杜绝大水漫灌现象,推广沟灌、畦灌、管灌以及喷灌、滴灌、渗灌等节水工艺。

（六）植物保护技术

对病虫草害应采取"以防为主,防治结合"的方针,以病虫的测报为基础,运用农艺、生物、化学、物理等综合防治措施;选用抗病虫草害的优良品种,这是最为经济有效的办法;化学防治仍是综合防治技术中最有效的关键技术;轮作对防治某些土传性病虫害和杂草有一定的效果;采取土壤耕作措施,例如,深翻是防治病虫草害的有效手段;生物防治也是一种可能采取的防治手段,例如,用寄生蜂类防治棉铃虫。

（七）畜禽饲养与防疫技术

现代饲养技术是以饲养标准为依据,以配方饲料为中心的标准饲养。要以满足畜禽营养需要为前提,进行饲料的合理搭配和高效利用,使饲料的各种营养物质和能量指标具体化。同时,要采取专业化、集约化、规模化的现代养殖方法。

畜禽疫病（如禽流感）是影响畜牧业生产的重要问题之一,要贯彻"预防为主,综合防治"的方针。

（八）农产品储藏、保鲜、加工技术

根据农产品的特性和生理生化指标,决定采收的最佳时期,采取预冷措施后,在储藏期内通过调整温度、乙烯含量等措施防止腐烂,并利用防腐剂和新陈代谢抑制剂,达到储藏保鲜的目的。农产品加工是农业生产经营的延续和升值升级,也是乡镇企业工作的重要内容之一。

（九）农业机械和工程技术

农业机械设计和制造工艺为现代拖拉机和农机具的设计与制造奠定了基础,而农业机械是农业现代化的先锋和重要工具,它能大幅度提高劳动生产率和经济效益。

农业工程技术包括农田基本建设、农田水利、水土保持、设施园艺、畜禽建筑等方面的技术,是提高农业生产力不可缺少的技术。

二、高新技术

高新技术是技术上某个领域中某些项目的新的突破或进展,是促进农业生产的生长点,是对农业技术领域的补充、发展和完善,并逐步成为常规技术的重要组成部分。

（一）生物技术

农业生物技术涉及育种、种植和养殖、施肥和灌溉、植保和防疫等技术,它不是某种一般性高技术,而是农业科技的源头性和战略性高技术。当前,有些转基因产品已进入商业化阶段。在转基因作物中,主要是耐除草剂的大豆和油菜,其次是抗虫玉米和棉花。

1996—2002年,全球转基因作物种植面积增长了40倍,达到5 870万公顷;全球1/4的大豆、玉米、棉花和油菜,美国2/3的大豆和棉花以及1/3的玉米都是转基因作物;减少抗虫棉用药70%～80%,降低防治成本60%～80%,少用农药12万吨,减少棉农开支

84亿元,其播种面积占全国植棉面积的一半。微生物基因重组技术正在掀起农用生物制剂产业的一场革命。

转基因作物的安全性引起了人们的争论。反对者担心转基因产品可能产生不利于环境或人类的消极影响。例如:基因漂移,因而产生抗除草剂的超级杂草;对生物多样性产生影响;可能含毒素或致癌物质,对人类不利。1996年在罗马召开的世界粮食峰会上,联合国粮食及农业组织的结论是:"这是争议性很大的问题,20年后,发展中国家将看到它的益处。"

(二)信息技术

农业信息技术是研究信息的产生、采集、存储、交换、传递、处理过程及其利用的一个新兴领域。

农业信息技术主要包括数据库技术(database technology)、专家系统(Expert System,ES)、决策支持系统(Decision Support System,DSS)、模拟系统(Simulation System,SS)、遥感系统(Remote Sensing System,RSS)、全球定位系统(Global Positioning System,GPS)、地理信息系统(Geographical Information System,GIS)、多媒体技术(multimedia technology)、网络技术(network technology)。

三、农业技术推广

(一)农业技术推广的涵义与功能

农业技术推广是应用农业科学及行为科学原理,采取教育、咨询、开发、服务等形式,通过示范、培训、技术指导等方法,将农业生产过程中各方面的新技术、新技能、新知识与信息扩散、普及、应用到农村、农业、农民中的一种实用性、社会性、公益性的农业活动过程。其具有提高农民素质、发展农业生产与经济、发展农业科技等功能。

(二)农业技术推广的渠道

农业技术推广的渠道一般以非营利性的渠道为主,辅之以其他渠道。

1. 公益性政府渠道或政府资助的渠道

这是农业技术推广的主要渠道。在一些国家(如中国、印度等)由政府建立全国性分级的农业技术推广网,负责向农民进行农业新技术的示范、宣传、培训、指导、普及。在另一些国家(如美国等)则由政府资助的大学或农业研究机构负责农业技术推广。

2. 群众性自助渠道

群众性自助渠道主要是通过各种群众性合作组织推广、交流新技术,如当前我国兴起的专业协会、技术协会等。

3. 企业性营利渠道

与农民合作的公司、股份合作社、商贸机构等,在产品生产、收购、储藏加工的同时,进行该企业推广项目的技术指导与监督,这是农业技术推广的企业性营利渠道。

第五节 农业信息化

一、农业信息化的定义和特征

（一）农业信息化的定义

农业信息化是指在农业领域全面地发展和应用现代信息技术，使之渗透到农业生产、市场、消费以及农村社会、经济、技术等各个具体环节的全过程。农业信息化主要包括农业生产过程信息化、农产品流通信息化、农业管理过程信息化、农村社会服务信息化。

（二）农业信息化的特征

1. 网络化

各种形式的局域网和以信息高速公路为基础的广域网用户增长迅速，计算机及网络技术越来越普及，借助于先进的计算机通信网络，农业生产者可以更为及时、准确、完整地获取市场信息，这有效地减少了农业经营的生产风险。

2. 综合化

农业信息化既有多项信息技术的结合（包括数据库技术、网络技术、多媒体技术、实时处理与控制技术等的结合），又有信息技术和现代科技，尤其是农业科技的结合。而多项重要信息技术的结合使农业的生产过程和生产方式大大改进，农业现代化经营水平不断提高。

3. 全程化

信息技术应用不再局限于某一独立的农业生产过程，或单一的经营环节，或某一有限的区域，而是横向和纵向拓展。这些技术全面地改善了农业生产和经营中的薄弱环节，不仅使农业的原有优势得到更充分的发挥，而且使农业原有的劣势逐步改善以至消失，农业的竞争力得到了极大的增强。

二、农业信息服务技术和农业信息化发展建议

（一）农业信息服务技术

国际上有关农业信息服务技术的研究主要集中在农业遥感技术、农业信息资源与增值服务技术、农业专用软件系统、农村综合服务平台和农业移动服务信息终端等方面。

（1）农业遥感技术

作物遥感估产主要包括作物种植面积调查、长势监测和最后产量的估测。农业灾害的遥感监测和损失评估是目前农业遥感领域中一个很重要的研究和应用方向，也是今后一个关键的发展方向。遥感信息技术和各个农业应用领域的结合正在向更深层次发展。遥感数据源被应用于农业管理、生产、灾害应急等方面。遥感数据的解析不再仅限于运用

一些简单的经验统计模型,而是朝着运用机理模型、过程模型和进行多源数据(包括农情、气象数据)整合、链接等方向发展。

(2) 农业信息资源与增值服务技术

随着全球农业信息化建设进程的不断深入,数据库、信息管理、信息集成等技术的进步,全球农业信息资源与增值服务不断取得新成功。截至2020年,国内外已建成1 000多个农业信息数据库。农业信息资源与增值服务向高效处理和个性化服务发展。面对全球不断激增的农业信息数据库,如何存储海量的涉农数据并从中挖掘出有用的信息,实现涉农数据集成、精细的农业个性化主动信息推荐等增值服务正成为当前农业信息化建设面临的重大挑战。在个性化主动信息推荐研究领域,从数据挖掘发展而来的 Web 挖掘技术正成为新的研究热点。

(二) 农业信息化发展建议

1. 加快农业信息技术创新

建议进一步加大力度支持农业信息化学科体系建设,制定农业农村信息化科研计划,立足于自主可控原则,加强农业物联网、云计算、移动互联、精准作业装备、机器人、决策模型等的核心技术研发,加快农业适用信息技术、产品和装备研发及示范推广,加强农业科技创新队伍培养;支持鼓励科研院所及涉农企业加快研发功能简单、操作容易、价格低廉、稳定性高、维护方便的农业信息技术产品和设备;积极支持农业信息技术在科研过程中的应用,实现农业科研手段和方法的智能化。

2. 成立重大工程专项

建议各级财政每年安排一定数量的资金,将其作为农业农村信息化发展的引导资金,把它重点用于示范性项目建设,选择信息化水平高、专业化水平高、产业特色突出的大型农业龙头企业、农业科技园区、国有农场、基层供销社、农民专业合作社等,让其开展物联网、云计算、移动互联等现代信息技术在农业中的示范应用,以点带面促进我国农业农村信息化跨越式发展。

3. 实施农业信息补贴

目前我国已进入"工业反哺农业,城市支持农村"的阶段,农机具补贴、良种补贴、家电下乡等补贴政策的实施对刺激农村经济发展、促进农民增收的效果显著,开展农业信息补贴必将大大推进农业信息化,建议国家开展农业信息补贴试点,率先在农业信息化示范基地实施信息补贴。

【思考题】

1. 什么是农业劳动力供给?我国农业劳动力的供求特点有哪些?
2. 土地资源使用的原则是什么?
3. 试述我国农业资金的运动规律。
4. 农业信息化的主要特点有哪些?试结合自己家乡的实际情况,谈谈如何促进农村信息化的发展。

【案例分析】

成都"世界现代田园城市"建设中农业信息化的应用

从全球经济和社会发展的角度来看,信息化的发展已经成为世界加速发展的重要推动力。提高信息化水平已成为解决当今社会和经济发展中遇到的诸多问题的有效手段,而一个国家或区域信息化发展的水平也成为衡量其经济发展水平的一项重要指标。在成都市建设"世界现代田园城市"的过程中,如何利用信息化手段促进城市与乡村共同繁荣发展,促进基础设施现代化、智能化及城乡贯通、配置均衡、功能完善,将是今后成都农业信息化研究的重要课题。成都市在实施统筹城乡一体化发展战略建设过程中,通过建立城乡一体化的信息化服务体系,努力解决困扰"三农"发展的各种难题,取得了显著成效。例如,信息基础设施建设不断完善,信息服务水平不断提高,信息服务手段不断多元化,信息化标准建立和信息人才的培养也在不断得到优化,基本完成了成都市农业信息化服务体系初步建设。当前在建设世界现代田园城市的发展契机面前,成都市农业信息化建设更要充分了解自身的优势和不足,结合成都农业发展的实际情况深入研究,努力探索出一条农业信息化服务的发展道路。

虽然成都农业信息化建设在实践中已经取得了很大的成效,在提高农业资源利用率、农业生产经营管理水平、农业市场流通效率,以及农村就业结构转变等方面都取得了一定成效,但受到人员素质、信息资源、信息技术和信息设施等多种因素的制约和影响,城乡信息化不同步发展的情况也在逐步增多,随着城市信息化的高速发展,城市信息资源和服务不能很好地向农村延伸,信息资源无法实现完全共享,这也是成都农业信息化发展面临的难题。成都市农业信息化的互动和协调发展水平还不能满足现代农业发展和建设"世界现代田园城市"的需要,其主要表现在区域农业信息化横向发展水平不均衡、纵向发展水平差距大、城市和乡村发展速度不协调等。

目前在全面建成小康社会的大背景下,成都农业要走出一条科技含量高、经济效益好、资源消耗少、环境污染轻、人力资源优势得到充分发挥的新路子,实现成都农业跨越式发展,就要坚持以信息化带动农业化,以农业化促进信息化,充分发挥信息推动农业发展的先导作用,使农业发展在统筹城乡发展和建设"世界现代田园城市"中发挥积极作用,促进城乡共同繁荣发展。

【问题讨论】

1. 成都市是如何将信息化技术应用到"世界现代田园城市"建设中的?
2. 当前农业信息化技术应用存在哪些问题?

第五章

农业集约经营、农业规模经营与农业专业化

【本章导读】

农业集约经营、农业规模经营及农业专业化是实现农业现代化的重要途径。本章的学习要求是:了解农业集约经营、农业规模经营及农业专业化的内涵;理解土地规模化经营和农业规模化经营的区别与联系;掌握农业适度规模经营的概念;结合我国农业生产的实际情况,理解农业适度规模经营的适用条件。

第一节 农业集约经营

一、农业集约经营的内涵和类型

农业生产经营从形式上可以分为两种,即粗放经营和集约经营。粗放经营是在技术水平较低的条件下所采用的一种广种薄收的经营方式,其特点是将一定量的生产资料和活劳动分散地投放在较大面积的土地上,更多地依靠自然力和扩大农田面积来增加农产品产量。集约经营与粗放经营相对应,是指在一定面积的土地上投入较多的生产资料和活劳动,采用先进的技术装备和技术措施,依靠提高单位面积产量来增加农产品总量的经营方式。

按照农业生产中投入生产要素的种类不同,农业集约经营可以分为劳动集约、技术集约和资金集约3种类型。劳动集约是以活劳动的集中投放为主的经营方式,它具有劳动直接创造价值、所需货币成本低、易实行等特点,比较适合像我国这样的农业劳动力较多的国家。技术集约是通过采用较多的先进技术,依靠技术进步达到增产目的的经营方式,根据实际情况又可以分为基础技术集约、应用技术集约和管理技术集约等,这种方式一般对农民素质有较高的要求。资金集约是通过更多地使用生产资料和物化劳动来达到增加产量目的的经营方式,它一般对经济发展水平有较高的要求,伴随着巨额资金的投入。

在实际经济生活中,劳动集约、技术集约和资金集约往往是相互结合起来使用的。但在不同的时期,不同的经济发展水平、资源和社会条件下,农业集约经营的方式应该有所侧重。此外,农业集约经营不仅仅局限于传统的资金、技术、劳动力等要素的集约,还应该

包括组织资源、信息资源等现代市场经济中不可缺少的要素的集约。农业集约经营也不是对生产要素的简单堆积,而是对所有生产要素进行有效整合,以获取最大的经济效益。

二、农业集约经营中土地报酬的变化趋势

农业集约经营是依靠不断增加农业中的投入来实现的,但如果技术水平不变,对一定面积的土地追加投入就会存在一个限度。实践表明,当其他条件不变,某一可变要素投入不断追加到另一(一些)固定数量的投入(如一定面积的土地)上时,该可变要素投入逐渐由稀缺到充裕,最终会使后一单位的可变要素投入所增加的产出比前一单位低,也就是出现土地报酬递减的规律。根据这一规律,在一定技术条件下,对一定面积的土地连续追加投资所带来的报酬变化一般分为3个阶段:在第一个阶段,随着可变要素投入的增加,可变要素投入与固定要素投入(土地)的配合比例逐渐合理,总产量和平均产量同时递增,直至平均产量达到最大;在第二个阶段,平均产量递减,同时边际产量递减至零,总产量不断增加直至达到最高点;在第三个阶段,可变要素投入过多,要素投入比例不再合理,总产量开始递减。西方经济学把集约经营中追加生产要素投入的程度称作集约度,集约度的最低限度是土地集约利用的粗放边际,而集约度的最高限度是集约边际。在土地报酬变化的上述3个阶段中,第一个阶段没有达到土地集约利用的粗放边际,实际上是一种类似粗放经营的形式;而第三个阶段的可变要素投入过多,超越了集约边际,从而使集约经营不合理;只有第二个阶段才是合理的投入阶段。

因此,农业集约经营要重视和研究投入的适合度。除了考虑上述阶段的变化以外,农业集约经营的投入还要考虑农业经营的目标。如果经营目标是获取最大利润,则根据边际平衡原理,一般认为边际收益等于边际成本(也即边际产量等于资源价格与产品价格的比率)时的可变要素投入量就是最经济合理的要素投入量;如果经营目标是获得更多的物质产品,并且拥有充足和廉价的投入,则应以边际报酬等于零这一点为最佳投入点。

总体来讲,我们开展农业集约经营必须遵循以下原则。

① 经济效益最大原则。应尽量选用耗费最小、收益最大、技术可行的生产要素投入方案。

② 稀缺要素报酬最高原则。稀缺要素是生产过程中所需要的数量相对最少的生产要素。只有生产过程中各生产要素的投入保持合理的组合比例,才能满足作物生长发育的需要,而在生产要素的组合中,各种生产要素发挥作用的程度要受稀缺要素的制约。为了充分发挥稀缺要素的作用,在分配生产要素时,应将稀缺要素重点投向那些增产潜力大的地区和生产项目,以求获得最大的土地报酬。

③ 生产要素替代原则。在功效相同时,用低价要素代替高价要素;在价格相同时,用高效要素代替低效要素,以达到低耗高效的目的。

三、我国农业集约经营的实现途径

随着社会生产力的发展,劳动集约的比重将逐步下降,资金集约和技术集约的比重则

不断上升,这是农业集约经营模式转换的一般规律。根据我国国情,现阶段首先要充分利用农业劳动力资源丰富的优势,实行以劳动集约为主的模式。但要从根本上提高我国农业生产力水平,必须逐步提高资金集约和技术集约的比重。根据我国实际,提高农业集约化水平主要有以下几种途径。

① 加大资金投入力度,提高农业技术装备水平,改善农业生产条件。一是要加强农业基础设施建设和对农业资源的综合开发,逐步增强农业抵御自然灾害的能力,并合理利用土地资源;二是要在有条件的地方逐步推行农业机械化、电气化,并用其他先进技术装备武装农业,同时提高经营管理水平;三是要健全农业科研、推广体系,增加科技在农业发展中的含量,不断提高土地产出水平。

② 加大对农民教育培训的力度,全面提高农民素质。实行农业集约经营,必须要有具有较高素质的劳动者。要通过多形式、多渠道对农民进行教育培训,培养其市场意识,并逐步提高农业劳动力利用率和利用效率。

③ 加强农业社会化服务,伴随着农业集约经营水平的提高,农业生产经营活动对相关的社会化服务的需求增加,这就要求有相应的社会化服务体系为农业生产经营各个环节(产前、产中和产后)提供必要和有利的物质和社会条件,以保证农业生产经营活动顺利进行。例如,根据农业发展需要提供各种必需的农用物质,提供产后的农产品储藏、运销、加工服务,提供农业生产经营过程中的各种实用技术服务等。

④ 广泛应用农业科学技术,并在此基础上适当提高复种指数和单位土地面积的产出水平。可以通过提高良种率,增加有机肥的使用和投入,不断提高肥料的质量;用现代技术防治病虫害和杂草,改良耕作方法和耕作制度。此外,因地制宜地创造条件,适当地扩大复种面积,变一年一熟制为两年三熟制、三年五熟制,提高同一块耕地的使用率和使用效率。

⑤ 调整农业生产结构和生产布局,因地制宜地安排农业生产,充分发挥各类土地资源的增产潜力,重点是要改变以种植业为主的农业生产结构,逐步提高畜牧业、林业、渔业的比重;不断提高需要投入较多的劳动、技术、资金等生产要素的经济作物种植业、畜牧业和农产品加工业在农业生产结构中的比重;逐步实现农业的区域化种植和专业化生产,充分发挥各类土地资源的增产潜力。

第二节 农业规模经营

一、农业规模经营的内涵

农业规模经营是指在一定生产力水平和经营条件下,为获得最佳产出规模而投入适量生产要素,并使生产要素合理组合、充分利用,以获取最佳经济效益。农业规模经营的目的是实现规模经济。所谓规模经济是指生产规模适度扩大,使生产要素得到更合理地利用,引起长期平均成本下降,从而获得更高的经济效益。规模不经济是指生产规模过大或过小,生产要素不能被合理利用,造成经济效益损失。因此,农业规模经营的关键在于对已有的生产要素进行合理配置和选择适度的规模,生产要素的合理组合和效益最大化是其核心内容。

值得注意的是,农业规模经营并不等于土地规模经营,但土地利用规模在很大程度上决定着农业经营规模的大小。农业规模经营也并不否定家庭承包经营,而是要在家庭承包经营的基础上使规模适当扩大,形成规模经济。在我国地少人多的具体国情条件下,在坚持家庭联产承包制长期不变的前提下,少数地区可以通过适当集中土地,实行土地规模经营。全国绝大多数地区要在农户承包土地不变的前提下,主要通过采取农户生产要素的合理化配置和专业化的生产经营、把进行专业化生产经营的农户纳入社会化的分工与协作体系之中的方法来实现规模经营。

农业适度规模经营是指农业生产经营单位拥有与耕地资源条件、社会经济条件、物质技术装备条件及管理水平相适应的合理数量的土地规模,或生产经营单位突破土地规模小的制约,通过主要生产环节的合作服务,实现农业生产布局区域化、生产专业化和服务社会化,从而获得良好的经济和社会效益。农业适度规模经营具有以下主要优点:一是能提高农业机械利用率,促进生产要素的合理组合并降低农业生产成本;二是有利于农田水利设施建设,增强农业抵御自然灾害的能力;三是可以提高土地产出率、商品率和劳动生产率;四是有利于促进农业专业化、社会化和产业化发展,增强农业竞争力。

二、农业规模经营的条件

在市场经济国家,农业经营规模的扩大一般是随着工业化和城市化进程进行的。在工业化和城市化进程中,开展农业规模经营需要具备以下条件。

① 农业劳动力素质普遍得到提高,农业劳动力顺利转移。这是农业规模经营的前提条件。只有转移劳动力并使其获得相对稳定的职业和工作,农业劳动力人均负担的耕地面积才能增加,扩大农业经营规模才有可能;只有农业生产经营者的知识水平、管理能力等得到提高,农业规模经营的效益才能得到保证。

② 有完善的土地流转机制和农户之间的利益协调机制。这是农业规模经营的首要条件。农业规模经营往往以土地利用规模为主要的衡量标准,而在家庭承包经营的基础上,只有通过建立相应的土地流转机制才能实现土地的流转和集中。

③ 使农民逐步改变依恋土地的传统观念,为农民建立起必要的社会保障制度。在我国,土地是农民的基本生活资料,具有社会保障的功能。一般来说,农村社会保障体系越完善,农民对土地的依恋程度越低,实行农业规模经营的可能性就越大。

④ 有较为完善的农业机械工业体系和物质技术装备体系,能够为农业规模经营提供必要的物质技术条件。农业物质装备水平提高,一方面通过扩大规模经营来提高其利用效率,另一方面使以少量的家庭劳动力从事规模经营成为可能。

⑤ 有较为完善的社会化服务体系,能为从事规模经营的单位和农户提供所必需的物质技术条件和产前、产中、产后一系列的服务。一般来说,较大规模经营能否成功,在相当程度上取决于农业产前、产中、产后的社会化服务状况。这种服务项目越多,质量越高,实现农业适度规模经营的可能性就越大。

三、我国农业规模经营的模式

从目前我国农业生产实践来看,农业规模经营所采取的模式主要有以下几种。

1. 土地集中型

这种模式的主要特点是:把土地集中起来,由一个独立的主体(集体组织、合作组织、股份制组织或农业大户)进行生产和经营决策。该模式一般在经济比较发达或土地资源比较丰富的地区具有较好的效果。目前实行土地集中型规模经营的主要有土地股份合作经营、承包大户经营和产业化基础经营 3 种类型,其中以承包大户经营为主体。

2. 契约型或订单型

这种模式的主要特点是:某一经营主体(龙头企业)与许多小农户签订契约,进行分工合作,一般由龙头企业负责产前生产要素供应与产中技术支持以及产后农产品(加工)经营,小农户负责产中生产管理。龙头企业一般是具有较强的经济、技术和市场开拓能力的企业,小农户(在龙头企业的支持下)具有较强的产中生产管理能力;龙头企业和小农户之间的利益分配可以采取多种形式。这种模式也被称为订单农业模式。从总体上看,这种模式普遍具有较好的效果,尤其适合我国中西部地区,适合劳动密集型与技术密集型农产品的生产与经营。

3. 市场激励型或集聚型

这种模式的主要特点是:同一地区的许多小规模农业生产者(小农户)根据市场需求,各自决定共同生产一种或一类农产品,在市场上将收获的农产品按市场价格销售给当地一些有实力的经营主体(龙头企业),由这些龙头企业统一对外进行销售,获取规模经营利润。该模式适合基础设施与市场体系较发达、农民知识与技能水平较高、经济实力较强的地区。

由上可以看出,农业规模经营的各种形式各有其侧重和相应的条件。由于我国各个地区的条件不相同,因此各地区应该结合自己的经济发展状况、自然条件、产业结构及其调整方向、市场发育程度、社会传统等实际情况,选择适合自己的规模经营模式。

四、我国农业规模经营的实现途径

根据世界农业发展的规律和我国农业发展的实践,农业规模经营是农业现代化发展的必然趋势和客观要求。在我国,农业规模经营的实现途径主要有以下几个。

① 在稳定家庭承包经营的基础上,规范农地产权,建立和完善"自愿、依法、有偿"的

土地流转机制。家庭承包经营是我国农村经济体制的基础,具有广泛的适应力和旺盛的生命力,所以我们要在稳定家庭承包经营的基础上,逐步加大市场机制在土地资源配置中的基础性作用。建立相应的土地流转制度,并允许土地依法、自愿、有偿流转。

② 推进农业产业化经营,扩大现代农业的经营规模。农业产业化经营的内容包括农业生产资料供给、农业技术服务、农产品销售加工、农业服务体系的社会化和规模化等。在我国,不可能通过土地的大规模集中来实现规模经营。因此,发展农业产业化经营,依靠龙头企业和市场中介组织的带动,通过分户生产、联合加工和销售的途径,可以使一个产品、一个产业在一个区域内形成专业化分工的社会化大规模生产。这是在小规模家庭承包经营基础上提高农业整体效益的现实途径,是符合我国国情的发展农业规模经营的有效途径。

③ 全方位提高农民的科技文化素质和市场意识,完善农业劳动力转移机制和规模经营模式。发展规模经营,要着力发展农村非农产业和促进城镇化,为农业劳动力稳定转移出农业和农村创造条件。此外,农业规模经营是一种现代农业的经营方式,对农业劳动力的生产经营能力和管理水平有较高的要求,为此要加强对农业劳动力的培训,以适应现代农业发展的要求。

④ 建立健全农村社会保障体系,减少农民的"恋土"情绪。在我国,土地是农民最基本的生产资料,是农民最重要的依托和最可靠的社会保障,随着农村经济的发展,应稳步推进农村社会保障制度建设,使从事农业和非农产业的农业劳动力都无后顾之忧。为此,必须尽早建立健全适合城乡的社会保障制度,以农村最低生活保障制度建设为突破口,提供多种形式的农村社会福利,专门为农村的特殊居民或群体提供除社会救济和社会保险以外的保障措施,重点推进农村社会养老保险制度建设,全面开展农村合作医疗事业。

⑤ 重视扩大生产项目的经营规模,并适度向某些优势生产项目集中。要本着充分发挥当地优势的原则,调整农业生产结构与布局,推进农业生产基地的建设。在此基础上,通过专业合作经济组织或以"公司+基地+农户"等形式,扩大某些农业生产项目的经营规模,以获取更大的规模效益。

第三节 农业专业化

一、农业专业化的内涵

农业专业化是指一个地区、一个农业生产单位由经营多种农业生产类型或多种农业生产项目转变为专门或主要经营少数农业生产类型或少数农业生产项目。

二、农业专业化的意义

发展农业专业化,不仅有利于促进农产品生产的商品化,还有利于更充分地发挥各个农业区域、各个农业企业的自然条件和经济条件的优势,以便增加农产品产量和降低农产品成本。发展农业专业化,还有利于在农业生产中广泛运用新技术和新工艺,在实践中采用科学技术进步的最新成果。换句话说,只有在生产的集中化和专业化达到相当高的水平的条件下,现代科学技术成就才有可能被付诸实现,也才是有显著经济效益的。农业专业化的重大意义主要有:①有利于发挥各地区、各农业生产单位在自然资源和经济资源方面所拥有的优势;②有利于采用先进的生产工具和农业技术;③有利于提高农业劳动者的技术熟练程度和技术水平;④有利于节约投资和提高投资效益;⑤有利于提高经营管理水平;⑥有利于提高土地生产率和劳动生产率,降低农产品成本,改善产品质量,增加经济收入。

三、农业专业化的形式

农业专业化的形式是多种多样的。其划分标准取决于不同的划分角度。农业专业化可以按专业化客体来划分,也可以按工艺特征来划分。

1. 按专业化客体来划分

按专业化客体来划分,农业专业化可以分为地区专业化、企业专业化和企业内部专业化。

地区专业化是指某一地区专门生产某一种或某几种农产品。如果某地区土壤、气候等自然条件适宜种植某种作物,就要充分利用其自然条件,以获得较高的经济效益。

企业专业化是把农业企业的资源集中于生产某些具有良好条件的产品。一般来说,企业专业化是各个地带的农业生产布局、农业生产专业化的继续和发展。企业专业化集中地反映了地区专业化,但它不是简单地仿效地区专业化,而是发展和加深这种专业化。因为在一个大的地带范围内,甚至在一个行政区域范围内,自然经济条件也有很大的差别。而企业专业化所要反映的就是这些客观存在的差别。如果一个大的地带的一整套产品几乎都是机械地在各个行政区域间进行分配,而各个行政区域内的产品生产又是机械地在各个农业企业间进行分配,那么农业集中化程度就不会很高,因为每一种产品的生产实质上是分散在所有的农业企业间进行的。当前我国农村许多地区都不同程度地存在这种状况。

企业内部专业化(也叫作业专业化)是指农业(企业)生产过程中各项生产作业项目分别进行专业化生产,以提高生产效率和劳动者的技术熟练程度。

2. 按专业化程度来划分

按专业化程度来划分,农业专业化分为两类。

① 混合专业化:一个农业企业或一个地区有两个以上的专业化生产项目。

② 狭窄专业化:一个农业企业或一个地区只有一个专业化生产项目。

四、实行农业专业化的条件

1. 发展农业专业化,必须大力巩固和发展我国现有的各种农业商品生产基地

专业化生产地区的形成总是以一定的自然、历史、经济、技术条件为基础的。尤其是农业生产,它与自然因素的关系十分密切,一种作物集中产区的形成往往具有明显的地域特点。在现有商品生产基地的基础上,逐步提高农业专业化水平。

2. 发展我国的农业专业化,必须从我国现有的社会生产力水平出发

社会生产力发展水平制约着农业专业化的发展程度。因此,农业专业化生产的发展不能不考虑粮食的生产水平、工业条件及交通运输条件等。我国整个工业水平不高,在短期内用先进的技术装备武装农业很难达到很高的水平,我国也不能对各个农业集中产区提供更多的加工工业设施;我国不少地方的交通运输条件还较差,因此无论是运入生产资料、生活资料,还是运出商品农产品,都还相当困难。在这些情况下,发展专业化生产会受到很大的限制。因此,我国应结合现有的社会生产力状况,借鉴社会生产力水平较高国家的农业专业化生产经验,发展农业专业化。

3. 发展我国的农业专业化,必须考虑我国广大农村人多地少、居民密集这一具体状况

人多地少、居民密集意味着在农村需要大量的各种各样的生活资料。原来,粮食、柴火、建材等生活资料大都是通过农业的自给性生产来解决的。发展农业专业化以后,商品性生产的比重越来越大,自给性生产的比重越来越小,那些原来就地生产的生活资料势必越来越多地要由外地来供应。因此,如何解决农村广大群众的大量生活资料供应问题,就成为发展农业专业化所必须认真考虑的问题。如果机械搬用外国农业专业化的做法,就可能会引起供需脱节,或者由于大量运输造成经济上的浪费,从而阻碍农业专业化的发展。

4. 发展我国的农业专业化,还必须注意到我国土地自然条件复杂多样这个特点

农业专业化生产必须是因地制宜地生产。各种作物如何分布受到土地自然条件的很大影响。我国土地自然条件复杂,特别是在南方,即使在一个县、一个公社范围内,也往往同时有山地、丘陵、平原、水田、旱地、沙丘,甚至土壤状况都有区别。从因地制宜的原则出发,在我国的许多地方,如果只种植一种作物,就很难做到充分合理地利用土地资源。我们应该从我国广大农村的具体土地自然条件出发,尽量发展最适宜的专业化生产项目,同时发展其他作物。当然,土地自然条件不是完全不能改变的,作物的品种也可以进行改良。随着科学技术的进步以及经济发展的需要,一个地区的专业化水平是需要而且也是有可能进一步提高的。因地制宜,适当集中,是按照我国实际情况发展农业专业化的正确方针,它反映着我国农业专业化在现阶段的客观发展进程。

【思考题】

1. 什么是农业集约经营？农业集约经营的类型有哪些？
2. 什么是农业规模经营？试述我国农业规模经营的实现途径。
3. 什么是农业专业化？实现农业专业化要注意哪些问题？

【案例分析】

<h3 style="text-align:center">江苏农民土地股份制改革</h3>

关于允许以多种形式流转土地承包经营权，江苏各地都开始了一些尝试。2008年以来，扬州市表现突出：土地股份合作社组建个数和入股土地面积均居全省第一，农民合作经济组织发展迅速，农村土地股份合作制改革取得了初步成效，也体现出当前农业适度规模经营的一些发展趋势。

扬州市农工办的调查数字显示，全市从2004年开始农村土地股份合作制改革试点，当年组建合作社2个，入社农户有422户，入股土地面积为1574亩；截至2008年9月底，共组建土地股份合作社521个，入社农户有8.9万户，入股土地面积为36.1万亩，组织个数和入股面积均居全省第一。2009年，有23个土地股份合作社被评为"市级示范农村合作经济组织"。从总体上看，土地股份合作制改革主要表现在以下方面。

经营覆盖面不断拓宽。从经营项目来看，以粮、棉、油种植为主的合作社有167个，入股土地面积为8.9万亩；以蔬菜种植为主的有52个，入股土地面积为3.3万亩；以花卉苗木种植为主的有73个，入股土地面积为2.6万亩；以林业为主的有39个，入股土地面积为4.4万亩；以水产养殖为主的有108个，入股土地面积为8.7万亩；从事畜牧生产以及茶叶、草莓及其他项目的有35个，入股土地面积为2.9万亩。

牵头主体日益多元化。随着农村土地股份合作制改革的推进，工商企业、科研机构、涉农事业单位、城镇居民等纷纷下乡进村，扬州市通过流转土地开发农业农村。2009年，在全市实施土地股份合作制改革的30.8万亩农村土地中，高效农业企业牵头的占11%。随着农业招商引资力度的加大和高效农业规模化的推进，这种趋势更加明显。

农村土地流转速度加快。在土地股份合作制改革的推动下，扬州农村土地流转速度明显加快。据统计，截至2007年年底，自两轮承包以来，全市流转土地面积为62.4万亩，占土地承包总面积的19.3%，比2006年净增加17.9%，增长40%，比2005年净增加19.6万亩，比2004年净增加24.9万亩，呈现出逐年递增的态势。截至2007年年底，经营权入股占流转总面积的23.1%，呈现出大幅度增长的态势。

土地股份合作制改革在一定程度上实现了集体福利目标和土地利用效率目标的统一。扬州市农工办周爱军表示，农村土地股份合作制改革是当前创新农村土地经营机制的重要途径，也是发展高效规模农业、促进农业增效、农民增收的有效制度保障，在实践中也已取得初步成效。

【问题讨论】

1. 江苏扬州土地股份合作制经营获得成功的原因是什么？
2. 江苏扬州土地股份合作制经营给我们的启示有哪些？

第六章 农产品供求平衡

【本章导读】

本章通过对农产品供给和需求的概念、定理相关知识的论述,阐释影响农产品供求及弹性的主要因素,分析农产品供求平衡的形成过程,并对农产品供求平衡的蛛网理论进行探讨。本章的学习要求是:理解并掌握农产品供求平衡的形成过程及影响因素;熟悉农产品供求平衡的相关定理及概念。

第一节 农产品供给

一、农产品供给的概念

从经济学的角度来看,供给是指生产者在某一特定时期内,在每一价格水平下愿意且能够提供的商品数量。有效的供给是供给愿望与供给能力的统一,缺一不可。因此,农产品的供给是指在一定时期内,在每一价格水平下农产品生产经营者愿意并能够提供出售的农产品数量。其形成也必须同时满足以下两个条件:一是农产品生产经营者有出售产品的愿望;二是农产品生产经营者有供给的能力。缺少任何一个条件,都不能形成农产品的有效供给。

农产品供给源自生产,但供给量不等于生产量,在一般情况下,供给量要小于生产量,主要原因是农产品生产经营者生产出来的农产品可以用于自己消费或暂时贮存。当然农产品的供给量除了本期生产的产品之外,还应包括过去的存货和加工品。

二、农产品供给的影响因素、农产品供给函数、供给定理、农产品供给的特殊性

(一) 影响农产品供给的因素

影响农产品供给的因素主要有以下几种。

1. 农产品自身的价格

在一般情况下,农产品价格直接影响农民的收入,从而影响农民生产的积极性,使农

民增加或减少农产品供给量。也就是说,若农产品价格下降,农户就减少生产,减少农产品供给量;若农产品价格上升,农民就增加生产,增加农产品供给量。值得注意的是,由于农产品生产具有较强的季节性,所以农产品生产对价格波动的反应相对滞后,这种滞后使农产品供给产生一定的波动性。

2. 其他相关农产品的价格

农产品之间的关系主要表现为竞争关系和连带关系。若两种农产品之间是竞争(替代)关系,其中一种农产品的价格不变,另一种农产品的价格发生变化,则会使前一种农产品的供给量发生相反方向的变化。若两种农产品之间是连带关系,一种农产品的价格不变,另一种农产品的价格发生变化,则会使前一种农产品的供给量发生相同方向的变化。例如,牛肉与牛皮之间是连带关系,在一般情况下,当牛肉价格上涨时,农户就会多养牛,增加牛肉的供给量,牛皮的供给量自然也会增加。

3. 农产品生产者的情况

农产品生产者数量与农产品供给量呈同方向变化关系。在其他条件不变的情况下,农产品生产者越多,农产品供给量就越多;反之,则农产品供给量越少。农业劳动力数量对农产品供给量的影响不但表现在农产品供给的绝对数量上,还表现在农产品供给的相对结构上。

4. 农产品生产要素的价格

农产品生产要素的价格上涨意味着农产品生产成本增加,在农产品价格不变的情况下,利润减少,供给量减少;相反,农产品生产要素的价格下降意味着农产品生产成本降低,在农产品价格不变的条件下,利润增加,供给量增加。因此,如何降低农产品生产要素的价格是农户不得不考虑的重要问题之一。

5. 农产品生产者对未来价格的预期

农产品生产者的不同预期将直接影响农产品供给的数量。一般来说,若预期未来的价格上涨,农产品生产者就会减少本期农产品的供给量以备价格提高后出售,赚取更多的利润。相反,如果预期未来的价格下降,那么农产品生产者一般会增加现期的供给,减少贮存量。

6. 自然资源条件与农业科技水平

农业资源从基础条件上决定了农产品生产的可能性,自然资源条件的优与劣决定了农产品生产的多与少。如果要增加农产品供给量,可以通过劳动集约或土地集约等来实现,若要进一步增加农产品数量,则需要发挥科技的力量。科技含量提高,产量和质量都有可能随之提高。当前的趋势是通过增加农产品的科技含量,提高农产品的质量,从而提高农产品的价格。

农产品供给的影响因素除了以上几种外,还包括经营管理水平、经济政策、交通和社会经济环境等,上述因素需要综合考虑。

(二) 农产品供给函数与供给定理

1. 农产品供给函数

如果把影响农产品供给的因素作为自变量,把供给量作为因变量,则可以用函数来表示它们之间的关系,这种关系称为供给函数。这里我们用 S 表示供给,用 X 表示影响供给量的因素,则供给函数为

$$S = F(X)$$

如果我们只考虑农产品本身价格这一因素,用 P 表示价格,不考虑其他影响因素,则供给函数可以表示为

$$S = F(P)$$

依据经济学原理与对以上影响因素的分析,我们得知,在一般情况下,农产品价格(P)越高,农产品供给量(S)就越多,反之,也成立。

2. 农产品供给定理

农产品供给定理又称农产品供给规律,即在其他条件不变的情况下,某种农产品的供给量与其价格呈同方向变化。也就是说,在一般情况下,农产品供给量随其价格的上升而增加,随其价格的下降而减少。

农产品供给量与价格呈同方向变化主要是由以下原因引起的:当农产品价格上升时,将带来新的生产者,即在原来价格水平上不能盈利的生产者变得可以盈利,从而变成实际的生产者,生产者人数增多,使生产和出售的农产品数量增加。农产品价格上升可使原来的生产者增加产量,提高农产品的供给量。

农产品市场价格与农产品供给量之间的这种同方向变化规律,为农产品市场开发提供了一个基本的指导理论,即提高农产品的价格,有利于增加农产品的生产量和供给量,扩大农产品的供给能力。因此,保持一个适当的农产品价格水平,对于调动农业生产者的生产积极性,增加农产品供给量,满足社会对农产品的需求是非常重要的。

农产品供给定理也有例外的情况。当农产品的价格上升时,其供给量反而减少,当农产品的价格降低时,其供给量却增加,如吉芬商品。产生此类现象的原因主要有以下几点。

一是农业资源的专用性较强,其生产用途范围狭窄,不能顺利实现转移和流动。当农业生产者所生产的农产品价格下跌后,其为了维持正常的收入水平,反而会努力增加产量,形成现时供给。

二是农业生产者对商品性农产品价格的预期不确定,当预计未来某种农产品价格上升时,即使当前价格较高,其为了将来获得高额收益,也会减少该农产品的供给量;相反,在某种农产品价格下跌时,若农业生产者预计未来该农产品价格会继续下跌,则其会把库存全部抛出,从而增加现时的供给量。

(三) 农产品供给的特殊性

农产品供给的特殊性主要表现在以下几个方面。

① 土地对农产品生产具有不可替代的作用,但土地本身的供给是有限的,因此在一定区域和技术条件下,农产品供给的总量也是有限的,不会因为价格的不断上涨而出现无限增长的趋势。

② 农产品供给受自然环境影响比较大。主要是因为:第一,农产品生产周期比一般商品的生产周期长;第二,农产品生产是有生命的动植物的再生产过程,与之相关的因素有许多,如土地、温度、光照、降水量等都直接影响农产品的再生产过程,使得农产品生产具有更大的风险性与不确定性。这对农业生产尤其是现代农业生产提出更高的要求。

③ 农产品供给受政府的调控程度较大。农业是基础性产业,农产品生产对一个国家或地区的影响很大。农民是弱势群体,基于此种考虑,大部分国家政府对农产品调控较多,使得农户有比较稳定的收益,使农业得以可持续发展。

三、农产品供给价格弹性

(一) 农产品供给价格弹性的概念

农产品供给价格弹性是指某种农产品的市场供给量对其价格变动的反应程度,即农产品供给量变动的比率对价格变动率的反应,可以用供给价格弹性系数表示。其公式为

$$E_s = (\Delta Q/Q)/(\Delta P/P)$$

其中,E_s 为供给价格弹性系数,Q 为农产品供给量,ΔQ 为农产品供给变化量,P 为农产品价格,ΔP 为农产品价格变化量。

(二) 农产品供给价格弹性的性质与种类

价格弹性一般属于无量纲的量,农产品供给价格弹性也是如此,具有广泛的可比性。同时,农产品供给价格弹性一般为正值。由农产品供给定理可知,农产品供给量与其价格是同方向变化的,因此其弹性系数一般也是正值。当然也有例外,某些易腐而不易保存的农产品(如新疆的蟠桃等)的供给量,在一个农业周期内,随着价格的上升而减少,则此时农产品供给价格弹性可能为负值。一般而言,农产品供给价格弹性与农产品品种关系密切,随着生产周期的延长而减小。

根据农产品供给价格弹性系数的大小,可以将供给价格弹性分成以下几种情况。

① 当 $E_s = 0$ 时,称为供给价格无弹性,价格无论如何变化,供给量始终不变。

② 当 $E_s \to \infty$ 时,称为完全有弹性,当价格既定时,供给量是无限的。

③ 当 $E_s = 1$ 时,称为单位弹性,表明农产品供给量变动的幅度正好等于价格变动的幅度。在此种情况下,农产品生产经营者提价或降价对其收益都没有意义。

④ 当 $E_s > 1$ 时,称为供给价格富有弹性,表明供给量的变动幅度大于价格的变动幅度。

⑤ 当 $0 < E_s < 1$ 时,称为供给价格缺乏弹性,供给量的变动幅度小于价格变动幅度。

(三) 影响农产品供给价格弹性的因素

① 农产品生产周期的长短。在一般情况下,生产周期越长,供给价格弹性越小,反之

则越大。

② 农产品生产规模变化的难易度。在一般情况下,农产品的生产规模越容易改变,供给弹性越大;反之,则供给价格弹性越小。例如,资金密集型或技术密集型农产品相比于劳动密集型农产品而言,其供给价格弹性小是因为前者生产规模发生变化比较困难。

③ 农产品价格变动影响期的长短。若农产品价格变动的影响期长,生产者能及时作出生产调整,改变供给量,则供给价格弹性大;若农产品价格变动的影响期短,生产者来不及作出生产调整,则供给价格弹性小。对于某些鲜活、易腐的农产品来说,其供给价格弹性几乎等于零。

④ 随着农产品产量的增加,其成本增加的程度。如果农产品产量增加的幅度大于成本增加的幅度,则供给价格弹性大;反之,则供给价格弹性小。一般来说,由于土地报酬递减规律的存在,随着农业生产规模的扩大,生产成本增加得较快,因此与工业产品相比,农产品供给价格弹性较小。

总之,农产品的供给受自然条件的影响大,其生产周期一般比较长,而且多为鲜活产品,不易储存,加之受土地面积的限制和农业生产本身特点的约束,不可能迅速或无限扩大生产,形成有效供给,因此农产品供给价格弹性一般较小。

第二节 农产品需求

一、农产品需求的概念

从经济学的角度来看,需求是指消费者在某一特定时期内,在每一种价格水平上愿意而且能够购买的商品量。在这里需求与需要是不一样的,需要是人们的一种心理感觉,是指人们对某种物品的欲望和要求,而需求则是一种具有支付能力的欲望和要求。只有消费者同时具有购买的欲望与购买的能力,有效需求才能构成。

对农产品需求按照不同的标准进行分类,可以得到不同的结果,例如,农产品需求可以分为个别消费者需求与社会市场总需求、生活消费需求与生产消费需求等。我们研究农产品需求时必须考虑到以上不同种类的需求,在开发农产品市场时必须研究消费者对农产品的购买能力。

二、农产品需求的影响因素、农产品需求函数、需求定理、替代效应与收入效应

(一) 影响农产品需求的因素

1. 消费者的收入水平

在一般情况下,收入水平越高,消费者对一定价格下的某种商品的需求量就越大;相反,收入水平越低,消费者对一定价格下的某种商品的需求量就越小。而低档或劣质农产

品的需求量与收入水平呈负相关。

2. 中间需求的变化

农产品中间需求是指农业、工业以及相关产业将农产品用作生产资料的市场需求。食品加工业、纺织业、化工业、商业等的农产品需求将日益增加。

3. 农产品本身的价格

在一般情况下,农产品的价格越低,其需求量越大;反之,农产品的价格越高,其需求量越小。

4. 相关农产品的价格

农产品之间的关系主要有两种:替代关系和互补关系。如果两种农产品之间是替代关系,其中一种农产品的价格不变,另一种农产品的价格上升或下降,就会使前一种农产品的需求量与后一种农产品的价格向同方向变化。例如,牛肉与羊肉之间是替代关系,若羊肉的价格上涨,而牛肉的价格保持不变,那么消费者对牛肉的需求量将增加。若两种农产品之间是互补关系,其中一种农产品的价格不变,另一种农产品的价格上涨或下降,则会使前一种农产品的需求量与后一种农产品的价格向反方向变化。例如,香烟与烟叶之间是互补关系,若烟叶的价格上涨,则消费者对香烟的需求量将减少。

5. 消费者对农产品未来价格的预期

在一般情况下,若消费者认为农产品在未来会涨价,则他会增加现期的现实需求;若消费者认为农产品在未来会降价,则他会减少现实需求。

6. 人口的数量与结构

人口数量的多少直接关系到农产品的需求量,二者之间是正比关系。此外,人口结构也影响农产品的需求量,人口结构主要体现在人口的职业结构、年龄结构、性别结构等上。例如,女人与男人对化妆品与香烟的需求就有很大的区别。

7. 消费者的偏好

例如:有的消费者喜爱吃肉,而不喜爱吃奶制品或鸡蛋;有的消费者喜爱吃素菜,而不喜爱吃荤菜;有的消费者喜爱吃瘦肉而不喜爱吃肥肉等。在经济学中,用无差异曲线描述消费者偏好。消费者对某种农产品的偏好性越强,则对其需求量越大,例如,有些女生喜欢吃西红柿,因此不管西红柿的价格如何,她们的购买量都偏大,而有些女生觉得西红柿的味道不是她们喜欢的,因此不管西红柿价格如何,她们都很少购买。

8. 文化习俗与地域差异

不同地区、不同民族有不同的文化与习俗。例如,南方人习惯吃大米,北方人则吃面食较多。再如,不同民族的饮食习惯也大多不同。因此,我们必须考虑消费者的文化习俗与地域差异。

另外,还有政府的消费政策等因素也在影响农产品的需求量,通常是几种因素共同作用决定了农产品的需求量。

（二）农产品需求函数、需求定理、替代效应与收入效应

1. 农产品需求函数

如果把影响农产品供给的因素作为自变量，把供给量作为因变量，则可以用函数来表示它们之间的关系，这种关系称为需求函数。这里我们用 D 表示供给，用 X 表示影响需求量的因素，则需求函数为

$$D=F(X)$$

如果我们只考虑农产品本身价格这一因素，用 P 表示价格，不考虑其他影响因素，则需求函数可以表示为

$$D=F(P)$$

依据经济学原理与对以上影响因素的分析可知，在一般情况下，农产品价格（P）越高，农产品需求量（D）就越大，反之，也成立。

2. 农产品需求定理

农产品需求定理又称农产品需求规律，即在其他条件不变的情况下，某种农产品的需求量与其价格呈反方向变动。也就是说，在一般情况下，农产品需求量随其价格的上升而减少，随其价格的下降而增加。在理解农产品需求定理时要注意以下几点。

第一，其他条件不变是指影响需求的其他因素不变，离开了这一前提，农产品需求定理就无法成立。例如，如果消费者收入增加，农产品本身的价格与需求量就不一定呈反方向变动。

第二，农产品需求定理指的是一般农产品的规律，但这一定理也有例外，如炫耀性农产品与吉芬农产品。

第三，农产品需求定理反映了农产品价格与其需求量之间的反方向变动关系，这种变动关系是由收入效应和替代效应共同作用形成的。

3. 替代效应与收入效应

需求量与价格呈反方向变动可以用替代效应和收入效应来解释。就农产品而言，替代效应是指在农产品消费者实际收入不变的情况下，某种农产品价格的变化对需求量的影响。例如，某消费者要购买大米与面粉两种产品，若大米的价格上涨了，对于该消费者而言，虽然面粉的价格并没有发生变化，但面粉相比于大米变得便宜了，该消费者就会增加对面粉的购买量，而减少对大米的购买量。这种由某种农产品价格变动引起的其他农产品价格的相对变动，进而由相对价格变动引起的农产品需求量的变动就是替代效应。

收入效应指由农产品的价格变动引起的实际收入水平变动，进而由实际收入水平变动引起的农产品需求量的变动。它表示消费者的效用水平发生变化。农产品的收入效应是指在农产品消费者货币收入不变的情况下，农产品价格下降使消费者实际收入水平提高，消费者改变了农产品的购买量，从而达到更高的效用水平。仍然以大米与面粉为例，某消费者要购买大米与面粉两种产品，若大米的价格下降了，对于消费者而言，虽然货币

收入没有发生变化,但其现实购买力却增强了,这说明消费者的实际收入水平提高了。实际收入水平的提高使得消费者可以购买到更多数量的农产品,从而达到更高的效用水平,这就是收入效应。

综上所述,我们在研究农产品需求定理的时候,要考虑价格变动所带来的综合性反应,需求量与价格呈反方向变动本质上是替代效应与收入效应共同作用的结果。

三、农产品需求价格弹性

(一)农产品需求价格弹性概述

农产品需求价格弹性是指农产品市场上农产品的需求量对其价格变化的反应的灵敏程度,即农产品需求量变动的百分率与其价格变动的百分率的比率。其公式为

$$E_p=(\Delta Q/Q)/(\Delta P/P)$$

其中,E_p 为需求价格弹性系数,Q 为农产品需求量,ΔQ 为农产品需求变化量,P 为农产品价格,ΔP 为农产品价格变化量。

(二)农产品需求价格弹性的性质与种类

E_p 可能为正数、负数、0,其值的正负取决于有关的两个变量是呈同方向变化还是呈反方向变化的。E_p 为正或为负,所表示的仅仅是有关变量变化的方向性关系,而 E_p 的绝对值大小则表示了变化程度的大小。通常用绝对值的大小来表示价格变动对需求量变动的影响程度。我们说某产品的需求价格弹性大,即指其绝对值大。

农产品需求价格弹性主要有以下几种情况。

① 当 $E_p=1$ 时,称为单位需求价格弹性,说明需求量变动幅度与价格变动幅度相同,即价格每提高 1%,需求量相应地降低 1%,反之亦然。需求曲线是等轴双曲线或正双曲线。

② 当 $1<E_p<\infty$ 时,称为需求价格富有弹性,说明需求量变动幅度大于价格变动幅度,即价格每变动 1%,需求量的变动大于 1%。需求曲线比较平坦。

③ 当 $0<E_p<1$ 时,称为需求价格缺乏弹性,说明需求量变动幅度小于价格变动幅度,即价格每变动 1%,需求量的变动小于 1%。需求曲线较陡。

④ 当 $E_p\to 0$ 时,称为需求价格完全无弹性。此时,意味着 $\Delta Q/Q=0$。在这种情况下,需求状况具有如下特点:需求量不随价格的变动而变动。需求函数为 $Q=K$(任意既定常数)。在二维空间上,需求曲线是一条垂直于横坐标的直线,在横坐标上截距等于 $K(=Q_0)$。这表示不管价格怎样变动,需求量总是固定不变,即不管 ΔP 的数值如何,ΔQ 的值总是为零。这种情况是罕见的。

⑤ 当 $E_p\to\infty$ 时,称为需求价格完全有弹性。此时,$\Delta P/P\to 0$。在这种情况下,需求状况具有如下特点:在既定价格之下,需求量可以任意变动。需求函数为 $P=K$(常数)。

这种情况也是罕见的。在现实生活中,自由市场上某些同质的产品,由于竞争的结果,都按同一价格出售,基本属于这类情况。

(三) 影响农产品需求价格弹性的因素

"谷贱伤农"是经济学的一个经典问题。粮食收割后到底能卖多少钱取决于两个因素:产量和粮价。但这两个变量并不是独立的,而是相互关联的,其关联性由一条向下倾斜的需求线来决定。也就是说,价格越低,需求量越大;价格越高,需求量越小。另外还要注意的是,粮食需求线缺少弹性,也就是说,需求量对价格的变化不是很敏感。当粮价下跌时,粮食的需求量会增加,但增加得不是很多。其基本的道理在于,粮食是一种必需品,对粮食的需求最主要的是由对粮食的生理需求决定的。此外,对大部分人来说,粮食方面的花费在全部花费中所占比例已变得很小,并且还会越来越小,这也导致人们对粮价的变化反应不敏感。

认识到粮食市场的这一特性后,就不难理解下面的现象:当粮食大幅增产后,农民为了卖掉手中的粮食,只能竞相降价。但是由于粮食需求缺少弹性,只有在农民大幅降低粮价后才能将手中的粮食卖出,这就意味着,在粮食丰收时粮价往往要大幅下跌。粮价下跌的百分比超过粮食增产的百分比,就会导致增产不增收甚至减收的状况,这就是"谷贱伤农"。

由于粮食是最基本的生活资料,绝大多数国家重视本国粮食生产,尤其是具有一定人口规模的国家,采取了各种保证粮食安全、保护农民利益的干预粮食市场的支农政策。但总体说来,效果并不理想。一是费用很高,要维持粮价,政府就要按保护价收购在市场上卖不掉的粮食,为此纳税人要支付相当大的粮食库存费用。二是由于对农民的补贴是按产量来进行的,结果大农场主得到的补贴最多,但他们并不是农村中的穷人,而真正需要补贴的小农场主因产量低反而得到的补贴少。三是放慢了农业生产的调整步伐,使得投入农业的劳动力和其他生产要素没有及时按价格信号转移到其他部门。

影响农产品需求价格弹性的因素如下。

1. 消费者对某种农产品的购买欲望

购买欲望强,意味着消费者对该农产品的满意程度高,这类农产品的需求价格弹性大;反之,购买欲望弱,意味着消费者对该农产品的满意程度低,这类农产品的需求价格弹性小。

2. 某种农产品的可替代程度

一种农产品的替代品数目越多,替代品差别越小,则该农产品的需求价格弹性越大;反之,一种农产品的替代品数目越少,替代品差别越大,则该农产品的需求价格弹性越小。

3. 某种农产品用途的广泛性

如果一种农产品的用途较多,则该产品的需求弹性价格较大;反之,如果一种农产品的用途较少,则该农产品的需求价格弹性较小。因为该农产品降价后也不可能有其他用途,故其需求量不会增加很多。

4. 农产品在消费者预算中所占比重的大小

某种农产品在消费者预算中所占的比重越大,则其需求价格弹性越大,所占的比重越小,则其需求价格弹性越小。

第三节 农产品供求平衡

一、农产品供求平衡概述

(一) 农产品供求平衡的含义

农产品供求平衡是指在某种价格条件下,市场上某种农产品的供给量和需求量恰好相等,如图 7-1 所示。这个价格一般称作均衡价格,这时的交易量称作均衡交易量。

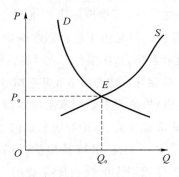

图 7-1 农产品供求平衡

图 7-1 中的横轴表示农产品的数量 Q,纵轴表示农产品价格 P;D 曲线为农产品需求曲线;S 曲线为农产品供给曲线,供需两条曲线的相交点 E 即平衡点,此时所对应的 P_0 为均衡价格,Q_0 为均衡数量。

(二) 供求定理

如果供给量不变,需求量增加使需求曲线向右上方移动,均衡价格上升,均衡数量增加;需求量减少使需求曲线向左下方移动,均衡价格下降,均衡数量减少。

如果需求量不变,供给量增加使供给曲线向右下方移动,均衡价格下降,均衡数量增加;供给量减少使供给曲线向左上方移动,均衡价格上升,均衡数量减少。

可以归纳为,需求量的变动引起均衡价格与均衡数量同方向变动;供给量的变动引起均衡价格反方向变动,均衡数量同方向变动。值得注意的是,供求定理不是供给定理和需求定理的加总。

供求定理反映的是供求变动对均衡的影响;而供给定理和需求定理反映的是商品价格变化对其供给量和需求量的影响。

(三) 农产品均衡价格的形成

在市场经济条件下,农产品的供求平衡主要是价格机制作用的结果,是由供给与需求之间的相互作用实现的。在图 7-1 中,当某种农产品的市场价格高于 P_0 时,由于其价格较高,农产品生产者有利可图,就会开始大量生产,从而使该农产品出现供大于求的情况,形成农产品过剩。此时,会有部分农产品生产者开始退出该农产品的生产,使得该农产品的供给量下降,并一直降到图 7-1 中 Q_0,从而使供给与需求基本上达到均衡的状态。

(四)农产品供求平衡的变动

供求平衡理论的前提是其他条件不变,由农产品本身的价格发生变化而引起供求的变化,并达到价格平衡和供求平衡。如果其他条件发生变化,整个供求曲线也将随之移动,形成新的平衡价格,达到新的平衡,如图 7-2 所示。

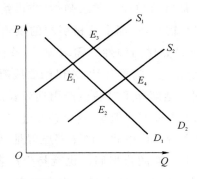

图 7-2 农产品供求的变动

在图 7-2 中,若供给曲线 S_1 发生变动,向右下方移动到 S_2,需求曲线不发生变动,依然是 D_1,则形成新的均衡价格 E_2;比较 E_1 和 E_2,我们发现,均衡价格下降了,均衡数量却上升了。若供给曲线不变,为 S_1,需求曲线由 D_1 移动到 D_2,则 S_1 和 D_2 有新的交点 E_3,与 E_1 比较,均衡价格和均衡数量都上涨了。若 S_1 和 D_1 都发生了变动,则 S_2 和 D_2 相交于新的均衡点 E_4,我们发现,均衡价格下降了,而均衡数量增加了。以上解释与西方经济学中关于供求曲线的移动实质是一样的,具体变动的理由参见西方经济学的相关知识。

二、蛛网模型

蛛网理论是指随着市场价格的变化,农产品的供给量和需求量围绕均衡点呈蛛网状波动的理论,是在考虑时间因素与动态条件下,研究农产品价格、农产品供给、农产品需求的循环变动,以及由此产生的均衡变动的理论。这是 1934 年由英国经济学家 N. 卡尔多命名的。

蛛网理论说明了在市场经济条件下,农产品价格与产量发生周期性波动的原因。要运用市场机制来克服这种波动,就要利用期货市场来确定未来价格,以指导生产,减少波动。

蛛网模型的基本假定是:农产品的本期产量 Q_t^s 决定于前一期的价格 P_{t-1},即供给函

数为 $Q_t^s = f(P_{t-1})$，农产品的本期需求量 Q_t^d 决定于本期的价格 P_t，即需求函数为 $Q_t^d = f(P_t)$。根据以上的假设条件，蛛网模型可以用以下 3 个联立的方程式来表示：

$$\begin{cases} Q_t^d = \alpha - \beta P_t \\ Q_t^s = -\delta + \gamma P_{t-1} \\ Q_t^d = Q_t^s \end{cases}$$

其中，α、β、δ 和 γ 均为常数且均大于零。

蛛网模型有 3 种类型：收敛型蛛网、发散型蛛网、稳定型蛛网。它们适用的分析对象是有生产周期的农产品。

其中，收敛型蛛网的条件是供给弹性＜需求弹性，或供给曲线斜率＞需求曲线斜率。需求弹性大，表明价格变化相对较小，进而由价格引起的供给变化小，由供给引起的价格变化则更小。发散型蛛网的条件是供给弹性＞需求弹性，或供给曲线斜率＜需求曲线斜率。稳定型蛛网的条件是供给弹性＝需求弹性，或供给曲线斜率＝需求曲线斜率。

西方经济学家认为，蛛网模型解释了某些生产周期较长的农产品的产量和价格的波动情况，是一个有意义的动态分析模型。但是，这个模型还是一个很简单的和有缺陷的模型。由该模型分析可知，造成产量和价格波动的主要原因是：生产者总是根据上一期的价格来决定下一期的产量，这样上一期的价格同时也就是生产者对下一期的预期价格。而事实上，在每一期，生产者只能按照本期的市场价格来出售农产品，所售出的农产品数量是由预期价格所决定的。这种实际价格和预期价格的不吻合造成了产量和价格的波动。但这种解释是不全面的。因为生产者会从自己的经验中逐步修正自己的预期价格，使预期价格接近实际价格，从而使实际产量接近市场的实际需求量。

三、如何保障农产品长期供求平衡

保障农产品长期供求平衡，主要从以下几个方面着手。

① 实行更严格的 18 亿亩耕地的红线。建议加快改革征地和农村集体建设用地制度，形成集约、节约用地的新机制。

② 明确重要农产品的核心产区和后备产区，加快研究相应的扶持政策。例如，加快完善粮食主产区的利益补偿机制，包括中央财政对主产区的奖补制度以及相关的产业政策倾斜。

③ 加大对农业水利设施建设和改造中低产田的投入力度。尤其对中小型农田水利建设，要尽快采取措施，明确中央与地方的责任，形成多渠道筹集建设资金的途径。

④ 加快农业科技进步，在良种培育、适用技术推广、重大病虫害防治等 3 个环节实现新突破，以科技进步促进农业发展。当前的关键是要加快对农业科研、技术推广和农民培训的性质的明确定位。

⑤ 要积极实施农业走出去战略。要统筹利用国内、国外两种农业资源、两个农产品市场，通过多种途径建立互利稳定的农产品出口国货源基地，努力把握农产品的定价权。

【思考题】

1. 影响农产品需求的因素主要有哪些?
2. 试解释"谷贱伤农"的经济学含义。
3. 该如何实现农产品供需的长期有效平衡?
4. 试解释蛛网模型的经济学含义。

【案例分析】

保证农产品有效供给 促进农民持续增收

2008年12月27日至28日,中央农村工作会议在北京举行。会议讨论了《中共中央、国务院关于2009年促进农业稳定发展农民持续增收的若干意见(讨论稿)》。对此,我们认为有两个核心问题需要大家关注:保证我国主要农产品有效供给,《中共中央、国务院关于2009年促进农业稳定发展农民持续增收的若干意见(讨论稿)》中用了两个"千方百计"说明本次会议的两个核心问题:一是保证我国主要农产品供给,二是促进农民收入增长。尽管我国农业连续5年增收,但我国也曾经历过从1999年以后连续4年粮食产量下降的历史。因此,国家十分重视粮食安全,特别指出:"强化农业基础,稳定农业生产。要毫不放松抓好粮食生产,决不能因某些品种和局部地区供求关系的变化而出现认识上的反复,决不能因年度的丰歉而出现工作上的摇摆。"这表达了在粮食种植方面国家一贯连续的态度。同时,会议还指出:"要进一步落实各地区的粮食安全责任,调动主产区和种粮农民积极性,加强粮食战略工程建设。积极推进农业结构战略性调整,推动大宗作物区域化布局,启动长江流域和黄淮海地区棉花生产基地建设,重点支持东北地区优质大豆、长江流域'双低'油菜、适宜地区木本油料生产,扶持优势产区发展糖料、马铃薯、天然橡胶等生产。推动园艺产品集约化生产,推动畜牧水产规模化养殖,推动农业产业化经营。"这再次表达了因地制宜和规模化生产的指导思想。

促进农民持续增收。农民的收入增长不仅关系到农村社会的稳定和农村消费市场的启动,也关系到粮食有效供给和国家粮食安全。目前,农民农业生产的比较收益仍然处于低水平。2009年国家将从两个方面提高农业种植方面的收益。一是继续提高粮食最低收购价格,增加主要农产品储备等。国家发改委2009年10月公布,2009年生产的小麦最低收购价水平为每50公斤白小麦(三等,下同)、红小麦、混合麦最低收购价格分别提高到87元、83元、83元,比2008年分别提高10元、11元、11元,稻谷的收购价格也将提高。二是加大农业补贴力度,粮食直补、良种补贴、农机具购置补贴、农资综合补贴都要继续增加,并逐步完善补贴办法。这些措施将有助于保护农民的生产积极性。会议还对目前的农民工返乡问题给予了高度重视,指出要"扩大农业产业链、农村基础设施建设以及农村二、三产业的就业容量"。除此以外,会议指出要"发展公共事业,改善农村民生"。就土地承包和流转,会议指出要严格执行土地承包经营权流转的各项要求,尊重农民的主体地位,建立健全土地承包经营权流转市场。抓紧制定落实最严格的耕地保护制度和最严格的节约用地制度的具体办法,从严控制城乡建设用地总规模,坚决守住18亿亩耕地红线。

【问题讨论】

1. 2009年中央农村工作会议中关于保证农产品有效供给是如何实现的?
2. 中央农村工作会议提出关于农民增收的议题,这对于农产品供销平衡有何意义?

第七章

农产品营销

【本章导读】

本章主要通过对市场环境的分析,介绍农产品市场、农产品定价及分销渠道、农产品品牌、农村电子商务等。本章的学习要求是:理解目标市场选择,掌握农产品市场细分、农产品目标市场确定等;学会运用农产品市场营销策略,熟悉产品、定价和分销渠道;掌握农产品品牌建设的主要内容。

第一节　农产品市场

一、农产品市场概述

(一)农产品市场的概念与形成

1. 农产品市场的概念

市场的概念有狭义和广义之分:狭义的市场是指从事物品买卖的交易场所或接洽点;广义的市场是指物品买卖双方相互作用并得以决定物品交易价格和交易数量的一种组织形式或制度安排,包括有形的市场与无形的市场。市场的概念无论对于工业品市场还是农产品市场都是适用的,其中农产品市场是指农产品交易的场所或农产品商品交易活动的总和。

2. 农产品市场的特点

农产品市场作为一个国家统一市场的重要组成部分,与工业品市场相比,具有以下特征。

第一,农产品市场是多种商业形式并存的市场。我国农产品市场是国有商业、集体商业、个体商业、联营商业、农民自销、中外合资商业等多种商业形式并存的市场,参加交易的主体有国有企业、集体企业、联合企业、城镇居民和农民等,参加交易的商品主要由农民和各类农业企业生产和提供。交易的目的是满足各种消费或生产的需要,从而产生相应的利润,它体现了国家、集体、个人之间的经济联系。

第二,在农产品市场中,农村市场是最广阔的。农业是国民经济的基础,农村市场是国内农产品市场的主体。农村的改革不仅使农业生产由传统农业日益向现代农业转变,而且使农民的生活也开始由温饱水平转向小康水平,农业商品的快速发展使得农产品市场日益扩大,满足了城乡居民的各种需求。

第三,农产品市场是一个独立但又开放的市场。相对于工业品市场而言,农产品市场相对独立,区域性很强,主要是因为农产品具有易腐性、不易保存的特点,要求人们就地尽快消费这些农产品。但随着经济的发展与国内外经济联系的增强,农产品市场具有越来越开放的特点,主要是因为各地之间的交通基础设施逐渐完善、地区互补性增强等。

(二) 农产品市场的分类

基于不同的角度,可以把农产品市场划分为不同类型的市场,比较常见的划分方法有如下4种。

1. 按农产品的流通环节划分

① 零售市场。所谓零售市场是指从批发商或生产商那里购进商品、能直接满足人民需要的商品交易场所。从经营的商品来看,零售市场可以分为粮食、肉类、水产品、蔬菜等商店;从服务方式来看,有些零售市场是固定的商业网点,有些零售市场却是流动的商业网点。

② 批发市场。所谓批发市场是指向销售者、产业和事业用户销售商品和服务的商业市场。所谓再销售者是指二级及以下的批发商和零售商,是一种专门从事批发贸易而位于生产者和生产者之间、生产者和零售商之间的中间商,其职能在于通过买卖,把商品从生产者手中收购进来,然后再将其转卖给其他生产者或零售商。

③ 采购市场。农产品的生产是分散进行的,所以一般要先把农产品集中在农村产地采购市场,然后批发、调拨供应集中市场。

2. 按农产品的使用价值划分

① 生活消费市场。该市场是以满足居民个人及其家庭所需要的生活资料为对象的市场。

② 生产消费市场。该市场是以满足生产单位或个人进行再生产所需要的生产资料为对象的市场。

有些农产品既可以作为生产资料,也可以作为生活资料。因此,这些农产品既可以进入生活消费市场,也可以进入生产消费市场,如棉花、油料、粮食等农产品,若要严格区分它们,则主要看其经济用途。

3. 按农业的多功能性划分

① 基本农产品市场。基本农产品市场又可按其基本属性划分为粮食市场、畜产品市场、水产品市场、蔬菜水果市场、油料市场、纤维品市场等。

② 景观农产品市场。该市场是近年来随着居民生活水平的提高,厌倦了喧嚣繁华的

都市生活的人群转向渴求宁静自然的农家生活,从而兴起的休闲旅游观光市场。

4. 按农产品的加工程度划分

① 初级农产品市场。初级农产品市场以生鲜食品等为主要营销对象,初级农产品流通要求时效性强,且一般要求具备冷链设备等。

② 加工农产品市场。加工农产品市场以农产品为原材料,通过加工增加其附加值,具有延长产业链条的特性,是现代农业发展的趋势之一。

(三) 农产品市场的特性

农产品市场的特性来源于农产品的特性。从农产品买者的角度来看,农产品市场的特性主要包括以下内容。

1. 农产品市场是关系到国计民生的重要市场

这一属性决定了企业面对的农产品市场是受到国家密切关注的市场之一,"米袋子"与"菜篮子"分别由省长和市长直接负责。农产品运输者及从事农产品营销的企业因此可以享受一些优惠政策。

2. 景观农产品市场是与旅游服务业相联系的新农产品市场

农业的多功能性正在受到各国政府的广泛认可,在这一背景之下,景观农业的发展无疑为农产品营销者提供了新的市场机会。从潜在城市消费者群体的偏好来考虑,景观农产品市场是一种独特的旅游市场定位。

3. 初级农产品市场中的生鲜农产品市场具有广阔的市场前景

生鲜农产品中的水果、蔬菜和肉蛋等在我国居民生活中占据越来越重要的地位。尤其是在人们对生鲜食品的基本需求得到满足的情况下,随着人们生活水平的提高,其对生鲜农产品的档次和质量的要求越来越高,较高质量的生鲜农产品具有潜在的市场需求。我国加入 WTO 后,生鲜农产品的安全问题成了备受关注的焦点,这关系到我国生鲜农产品市场的国际竞争力。

(四) 农产品消费市场的特性

如何更好地满足消费者需求是市场营销学的核心问题。为此,从消费者的角度研究农产品市场的特性,是农产品市场营销的出发点,也是制订营销计划和营销策略的基石。

农产品消费市场中的买者主要是个人和家庭,其购买的目的是满足生活消费需求。农产品消费市场的特征主要表现在以下几个方面。

① 多样性。消费者众多,所处的地理位置各不相同,社会文化背景各异,构成了衣食需求的多样性。

② 动态性。随着经济的发展,人均收入水平不断提高,居民食物支出在消费支出中所占的比例越来越低,但是居民的饮食消费在质量上呈现出不断提升的趋势。同时人均收入水平的提高使得人们对农产品市场中作为精神需求的景观农产品的需求增多。

③ 弹性。从整体来说,农产品需求收入弹性不断降低。但基本农产品需求价格弹性较小,无论人均收入水平怎样变化,衣食所需依然是消费者的第一需要。正是由于农产品

需求价格弹性较小,在收入一定的条件下,农产品价格变化对其他消费品需求量的影响比对其自身需求量的影响更大。无论是基本农产品还是景观农产品,与其他产业部门的商品比较,都具有较小的需求价格弹性。

④ 消费者可诱导性。由于农产品的替代性小,需求弹性小,因此与其他产品消费者相比较,农产品消费者具有较小的可诱导性。而农产品消费者又属于非专家型购买者,对农产品的质量安全信息的了解少于卖者,因此在一定程度上会受到广告、品牌及农产品特性介绍等卖方营销策略的影响。

⑤ 季节性。农产品生产的季节性决定了农产品消费的季节性,也产生了卖方错季、反季供给的市场空间。

(五) 农产品产业市场的特性

产业市场又称生产者市场,是组织市场中最重要的部分。农产品产业市场是由以农产品为原料的加工业、制造业和以景观农产品作为服务产品的服务业组成的。农产品产业市场具有以下特点。

① 购买者数量少。农产品不仅可以作为生活资料直接用于消费,也可以作为生产资料为轻工业生产提供原料。轻工业生产者只是整个社会产业体系中的一部分,其数量远少于把农产品作为消费资料的消费者。

② 购买量大。产业市场是规模化市场,只有具有一定规模才能实现盈利目标。产业市场的这一特点在中国农产品市场中具有独特的意义。尤其在农产品加工与制造业中,在作为中间购买者的农产品产业市场中,由于其规模化的特点,人们都是批量购买农产品,虽然购买者少,但购买量大。农产品产业市场作为农业产业链中的重要环节受到政策的鼓励与支持。

③ 地域性强。该特性是由农产品生产的地域性衍生的特性。以利润最大化为目标的农产品产业市场的主体分布于农产品主产区或主销区,不同地域特殊的自然资源特征使不同地域形成了不同农产品的主产区。农产品主产区的产业带动形成了具有地域性特征的农产品产业市场。

④ 派生需求。农产品产业市场的需求是由消费者对农产品的最终需求派生而来的。消费者的需求变化通过产业链条传导至农产品产业市场。卖方要准确判断产业市场的发展趋势,更重要的是正确判断消费者需求的发展,充分了解市场竞争中相互作用的各种力量派生的需求。

⑤ 需求缺乏弹性。与消费者对基本农产品的需求缺乏弹性不同,农产品产业市场需求缺乏弹性主要源于农产品的特性与派生需求。一些农产品产业市场是农业次级产品市场,如畜产品产业市场以初级农产品作为饲料。这时的农产品产业市场中的产品是具有特定生产周期的生物有机体,饲料费用在产品生产成本中可占到70%左右,而饲料价格上涨时,受消费者需求及各种市场竞争力量的制约,产品价格往往并不能同比例增长,畜产品产业市场对作为生产资料的饲料的需求在一个生产周期中就难以减少。

二、农产品市场细分

按照市场细分原理,农产品市场细分就是以农产品消费者需要与欲望的差异性及其影响因素为依据,将整体农产品市场划分为 2 个或 2 个以上消费者群体的过程。需要与欲望相同的消费者群体就是一个细分市场。总体来看,农产品能够满足人们的基本生存需要,且同一功能不同品种的农产品间的替代弹性较大;同时,与其他市场相比,农产品市场的同质性强,差异化程度低,因此,农产品市场可细分的程度较低。

1. 农产品消费者市场细分依据

① 地理细分:按照消费者所处的地理位置、自然环境所做的细分。具体的地理细分变量包括国家、地区、城市、乡村、城市规模、人口密度、气候带、地形地貌等。

② 人口细分:按照人口统计因素所做的市场细分。具体的人口细分变量包括年龄、性别、职业、受教育的程度、收入、民族、宗教等。人口细分变量是农产品市场细分的主要变量。在农产品加工市场中,所有的人口变量都存在,可按照年龄、性别等来细分市场。农产品初级市场中,年龄与性别变量的影响较小。收入与教育水平等诸多变量会对消费者农产品购买行为产生较为明显的差异性影响。在其他条件不变的情况下,收入与教育水平越高,消费者越注重营养、农产品质量与安全,可据此构成质量与价格相匹配的差异性细分市场。例如,"有机农产品""生态农产品"适宜于收入高并偏好于优质产品的消费者群体,但由于它们的生产成本高,产量低,往往价格高,细分市场规模小,因此通常会采用会员制的市场销售方式来售卖它们。

③ 心理细分:按照消费者心理特征所做的细分。消费者心理特征很复杂,一般心理细分变量包括生活方式、个性、购买动机、对产品供求趋势及销售方式的感应程度等。一般而言,因为消费者需求具有可诱导性的特点,心理细分变量中影响较大的是购买动机和销售方式,在既定的宏观和微观营销环境之中,存在着不同的刺激因素,其可以激发消费者的购买动机,非常强烈的购买动机就会产生相应的购买行为。

④ 行为细分:按照消费者不同的消费行为所做的细分。具体的行为细分变量有消费者进入市场的程度、购买或使用产品的时机、消费者的数量规模、对品牌的忠诚程度等。行为细分变量中对农产品消费者影响最大的是对品牌的忠诚程度。

2. 农产品产业市场细分依据

一般而言,由于农产品产业市场的特点不同于农产品消费者市场,因此农产品产业市场细分在以下两个方面不同于农产品消费者市场细分:一是用户规模;二是用户地点。尽管如此,农产品产业市场仍然可以依据用户规模与用户地点 2 个变量进行一定程度的细分。由于农产品本身可以作为生产资料,如种子、种苗、种畜等,因此可针对消费者的派生需求及农产品产业市场的购买需求,还可以按农产品生产规模与地理位置进行农产品产业市场细分。

三、农产品市场风险

农业在我国国民经济中举足轻重,农业的发展影响社会的安定,农产品市场风险是农业生产者面临的主要问题。

(一) 农产品市场风险存在的原因

农产品市场风险主要由农产品价格决定,农产品价格波动导致农产品出现市场风险。除了农产品的供求关系会引起农产品价格的波动外,还有很多其他因素也会造成农产品价格发生变化,从而引起农产品市场风险。

1. 农业弱质性的产业特征必然会引起农产品市场风险

无论是传统农业,还是现代农业,都表现出对自然的高度依赖性,而且农业很容易受自然风险和市场风险的双重影响,且其基础薄弱,这些都决定了农业具有天生的弱质性。农业弱质性可体现在其近乎完全竞争型的市场结构特征上。大宗农产品差异性较小,进入壁垒很低,生产者众多且分布得比较分散,为此供给弹性较大,而其作为一种生活必需品时需求弹性却较小。供给弹性大、需求弹性小的市场特点使得在买方市场条件下很容易形成过度竞争的不利局面。

2. 蛛网效应明显,影响农民对农产品市场供求关系的判断

作为一种经济体制,市场经济并不是十全十美的,其调节经济的自发性和滞后性就是它的内在缺陷。也就是说,上期的价格会对本期的农产品生产造成影响,同理,本期的价格也会对下期的农产品生产带来影响。这样的相互循环影响使得农产品的生产很难处于一种供求平衡的状态,农产品的价格总是不稳定。与发达国家农产品市场相比,蛛网效应在我国农产品市场中是非常明显的。其主要原因是在我国农产品市场中信息不对称,有效信息缺乏,农民整体素质偏低、对市场的判断力较弱。目前,我国虽有很多个农业信息网站,但这些网站中的大多数信息类同,准确性较低,尤其是缺少具有预测性、指导性的农业信息。

3. 小规模的农业生产让农民失去了对农产品的定价权

长期以来,我国的农业生产一直都是"一家一户"的小规模生产状态。改革开放后,我国开始实施家庭联产承包责任制,这充分调动了农民生产的积极性。但由于种种原因,如土地流转机制的不完善等,家庭式的小规模农业生产状态未得到明显改观,我国农产品市场仍处于一种"小生产、大市场"的状态。在农产品市场上,农产品的价格掌握在少数的农产品经销者手中,广大农民只能被动地接受。

(二) 农产品市场风险的特点

在农业和农村经济发展进入一个新阶段后,农产品的市场风险主要具有以下的特点。

① 长期性。我国经济体制改革的目标是建立社会主义市场经济体制,这就决定了农产品的市场风险将伴随着市场经济体制条件下买方市场的存在而长期存在。但在不同的时期农产品市场风险所影响的农产品种类不同,其受影响的程度也不同。

② 阶段性。在现阶段,从国内的情况来看,随着城乡居民生活水平的日益提高,其对农产品的品种数和质量提出了更高的要求。从全球情况来看,随着经济全球化进程的加快,我国以分散的小规模家庭承包经营为主的农业与一些发达国家用现代技术装备起来

的集约经营农业开展全方位的竞争已是不容回避的现实。在市场竞争的焦点由以价格为中心转向以质量为中心的情况下,国际贸易中限价不限质的规则在现阶段对我国这样一个发展中国家来说带来的市场风险无疑将会更大。

③ 连锁性。自然灾害的风险一旦发生一般来说是局部性的,而农产品的市场风险一旦发生往往是全局性的。由于农产品卖难,因此农产品价格持续低迷的结果是投入与产出倒挂,农民不愿投入新的生产要素和生产资料扩大生产,甚至将土地闲置起来,这样将引起一系列的连锁反应。

四、提高农产品抵御市场风险能力的对策

在当前市场供求格局发生历史性变化的条件下,为了提高农产品抵御市场风险的能力,必须从以下两个大的方面做出积极的努力。

第一,大力推进农产品"供给侧"的战略性调整,即调整农业内部种养业之间、种植业内部粮食作物种植与经济作物种植之间、养殖业内部传统养殖业与特种养殖业之间、农产品的总体构成中初级产品与加工产品之间的结构。

① 以市场需求为导向。农业产业结构调整必须坚持以市场为导向,把握市场需求的总体走势,这样农产品才有抵御市场风险的基础。

② 依照比较优势的原则进行调整。众所周知,由于各地的资源状况、产业结构、位置条件不同,其优势也不同,这就要求各地在结构调整的过程中找准自己在市场中的位置,选择具有较强市场竞争力的产业作为本地的主导产业。所以,应该因地制宜地调整农业结构,依照比较优势,提高农产品抵御市场风险的能力。

③ 培育农业生产经营的主体。政府的主要作用应该是培育典型引导农民,并提供与之相关的信息、技术、政策等方面的服务,提高农民的素质和生产积极性。当越来越多的农民真正成为农业生产经营的主体时,农业产业结构调整才能上规模、出效益,农产品抵御市场风险的能力才能进一步得到提高。

④ 依靠科技进步进行调整。在生产鲜活农产品的种养业中要大力引进推广优质高产品种和能降低成本的新技术,提升农民的科技应用能力。在发展农产品加工中,人们对绿色食品、有机食品、功能性食品、休闲食品的需求量将随着生活水平的提高不断增加。应引进开发和运用现代最新的科技成果,提高农产品的科技含量和市场竞争力。

第二,优化农业发展的政策环境,完善社会主义市场经济体制,及时地调整和落实好有关扶持农产品生产流通的政策,提高农产品的市场竞争力。

① 进一步完善农产品的价格保护政策。农产品的市场供给问题不仅是经济问题,也是政治问题。目前,国家对粮食实行的按保护价敞开收购的政策,实质上是为降低粮食的市场风险提供需求和价格双重保障的政策措施。同时,地方政府要参照国家对粮食实行按保护价敞开收购的办法,从农业税的减免、农业特产税的返还,以及以工代赈、农业综合开发、农林水部门的支农资金中筹集一定的农产品市场风险保障金,支持农业产业结构的

调整。要为按照一乡一品或一县一品的格局发展起来的地区,以及对地方财政收入有重大影响的主导产业,制定相应的价格保护政策。

② 加快转换投入机制,加大对农业投入的力度。在农业投入结构体系中,资金作为生产要素之一,贯穿于农产品的生产和再生产的全过程。在当前的情况下,一方面要切实提高财政支农资金在财政总支出中的比例,并将其以法律的形式确定下来;另一方面为缓解财政投入的压力,要随着市场经济体制的不断完善,加快农业投入机制转换的步伐。要在非政府投入主体动力明晰化的基础上,使投入主体多元化,各投入主体的行为整合化。当前加大农业投入力度的重点是解决农产品品质差、科技含量低的问题。

③ 改革农村税费制度,着重解决直接影响农民实际收入的"三乱"问题。改革农村税费制度势在必行,从制度来看应杜绝农村的"三乱"现象,即乱摊派、乱收费、乱集资,切实把农民负担减下来,让农民休养生息。从一定意义来说,减负就是增收,增收就能提高农民的生产积极性,提高农产品抵御市场风险的能力。

第二节 农产品定价及分销渠道

一、市场营销学中农产品相关概念

(一) 市场营销学中农产品的概念

市场营销学中的农产品概念是从产品整体的角度考虑的。农产品是农业生产者提供给市场、用于满足消费者多层次的食物营养需求与独特的精神文化需求,以及农产品产业市场的相关产品与原材料需求的农业产出物。

它包括3个层次。一是核心产品。这个层次是指农产品的功能。农产品作为食物,可以提供人体所需的能量与各种营养物质;作为初级产品形式的原料,可以提供产业市场中加工业和制造业所需的相应生产资料和原料;作为景观农产品,可以满足人们独特的精神文化情趣的需要。二是有形产品。这个层次是指农产品的外观,包括农产品的颜色、形态、包装等,是核心产品所展示的全部外部特征。三是附加服务与利益。

(二) 农产品开发的含义

狭义的农产品开发是指对原有农产品的改良、换代以及创新,旨在满足市场需求变化,提高农产品的竞争力,主要包括以下3方面。

① 创新农产品。

② 改良农产品:对原有的农产品进行改良与换代。通过育种等手段可改变农作物性状,进而改变农产品品质,如新疆彩棉、转基因大豆等。

③ 仿制农产品:引种、引进他人创新或改良的农产品,如中国从国外引进樱桃番茄等。

农产品开发是产品策略的重要组成部分,农产品开发在一定程度上拓展了农产品的基本效用与利益,在很大程度上是对农产品的更新和改进,以吸引顾客、拓展市场为最终目的。

(三)农产品开发策略

农产品开发策略主要分为个别农产品策略、农产品组合策略两个方面。

1. 个别农产品策略

个别农产品开发与营销策略包括规定农产品属性、建立农产品品牌、确定农产品包装、提供扶持农产品的服务等4个方面。

① 规定农产品属性。它指规定农产品所能提供的利益。这些利益可以通过3个属性提供给顾客,即农产品质量、农产品特色、农产品设计。

② 建立农产品品牌。农产品品牌策略主要包括品牌化策略和品牌归属策略。品牌化策略就是企业产品是否使用品牌的决策。一般而言,由于农产品的基本效用与利益具有同质性强的特点,因此农产品的品牌化策略运用少于其他产品。随着经济的发展、人均收入的提高,人们的安全、健康意识不断增强,农产品更新换代日益迅速,差别化农产品不断涌现,这些都为农产品品牌化提供了市场机会。强化品牌意识,是标志农产品属性的有效方式。中国的农产品品种繁多,有不少名、优、特产品,使用品牌后可以吸引顾客,保护自身利益,便于订货与市场管理等。品牌归属策略即确定品牌归谁所有、由谁负责。农业生产者可以拥有自己的品牌,可以使用中间商的品牌,也可以两者兼用。

③ 确定农产品包装。农产品包装可以保护农产品、使农产品便于运输、美化农产品和促进销售。农产品包装可以分为运输包装、销售包装,前者便于装卸和运输,后者便于销售。

④ 提供扶持农产品的服务。产品服务属于产品概念的最外层,在营销观念发展到20世纪50年代才出现。农产品生产的特点决定了农产品市场营销观的产生晚于其他产品,目前扶持农产品的服务在农产品市场中还比较少见。

2. 农产品组合策略

农产品组合是指农产品各种品种的组合,包括农产品大类以及农产品项目。组合策略涉及市场营销中产品策略的广度、深度与关联性的调整。增加农产品大类数量可以开辟新的财源,增加农产品大类中的农产品项目数量可以较为牢固地占有市场,增加农产品的关联性可以降低营销费用或生产成本。

(四)农产品分级标准和安全卫生标准

无论是对于以食用为主的农产品,还是对于以作为工业原料为主的农产品,其分级标准和安全卫生标准都是个别产品开发的重要内容。农产品分级标准与安全卫生标准是农业标准的重要组成部分。目前农业标准包括基础标准、品种标准、产品标准、质量标准、分级标准、包装标准、试验标准、方法标准、安全标准、卫生标准等。

① 农产品分级标准。农产品分级标准是衡量农产品品质的尺度,包括食用品质、商

业价值等,可采用具体的质量指标来衡量农产品的等级。质量指标包括感观指标、理化指标、生化指标以及安全指标等。中国现已制定了种植业、畜牧业、水产业、林业等相关产品(包括粮、棉、油、菜、茶、肉、蛋、奶等众多农产品)的分级标准。农产品分级标准可以客观和统一地说明农产品的品质,便于买卖、提高市场交易和定价效率,优质优价,这样可对农产品生产者提供激励。

② 农产品安全卫生标准。农产品安全卫生事关消费者的身心健康,受到消费者、企业、政府、国际组织等的高度重视,各国政府和有关国际组织制定了有关的管理标准和法律条文。我国相继颁布了无公害农产品生产标准与绿色食品生产标准。无公害农产品生产对产地环境、生产过程和产品质量等做出了分门别类的要求,产品标准、环境标准和生产资料使用准则为国家或行业强制性标准,生产操作过程标准为行业推荐性标准。

二、农产品价格相关概念及定价方法

1. 农产品价格

农产品价格形成与变动的基础是农产品价值;货币的价值、市场供求关系、市场竞争、国家政治与经济政策、人们的消费偏好等是农产品价格形成与变动的重要条件。

在我国,农产品价格按管理形式划分,可分为国家定价、国家指导价和市场调节价;按流转过程的环节划分,可分为农产品收购价格、农产品批发价格、农产品调拨价格、农产品零售价格等。

农产品的价格同其他商品的价格一样,由生产中消耗的生产资料的价值、劳动者的必要劳动所创造的价值和劳动者的剩余劳动所创造的价值 3 个部分构成。但农业中由于优等地和中等地的数量有限,因此不得不将劣等地也纳入生产,农产品的社会价格是由生产资料和劳动报酬费用较高的劣等地的农产品价值决定的。同时,农产品价格实际上还受供求关系的影响。农产品价格不仅影响农业生产的发展、农产品的流通和农民的收入水平,而且影响工业品的成本和价格,影响国家同农民之间、城乡居民之间以及农民内部的物质利益关系,对整个社会经济生活的安定也关系重大。

在不少国家,政府对重要农产品价格的管理着重于保护农业生产者的利益。例如:有的在农产品市场供过于求时收购和组织储备一部分农产品,或对减少种植面积的农户给予奖励,以减少农产品的数量,使农产品价格不致下降过多;有的对农产品出口实行价格补贴政策,以利于市场竞争;有的运用关税手段抵制其他国家农产品的倾销等。在农产品供给不足的国家,政府还通过多种手段,如释放储备、由国家统一收购后以较低价格供应市场、从国外进口农产品等,防止农产品价格上涨过快,从而维护消费者的利益,并保持社会安定。

政府对农产品价格的管理不论在资本主义国家中还是在社会主义国家中,都受客观价值规律的制约,实施许多措施时一般都需由国家财政提供资金。

中国自 20 世纪 50 年代初期以后,对属于统购、派购范围的重要农产品实行由国家统一规定的或由国家指导规定的计划价格政策。1985年,在我国改革统购、派购制度为合同定购与市场收购制度后,实行计划价格政策的只限于粮食、棉花和油料等少数重要农产品。实行合同定购制度的农产品可由政府与农民协商定价或由国家定价。此项制度正在进一步完善中。

2. 比价与差价

为了使农产品的价格在大体上反映其价值,需要正确处理不同农产品的比价、工农产品的比价以及同种农产品的各种差价关系。

(1) 比价

比价指同一时间同一地区不同商品价格之间的比例关系。由于粮食在我国农产品中具有特殊重要地位,因此各种农产品的比价大多以粮食价格为中心来确定,如粮棉比价、粮油比价、粮肉比价等。农产品比价的合理调整可以扩大或限制某种农产品的生产,因而是形成合力的农业生产结构的重要手段。关于工业品和农产品的比价,在工业劳动生产率高于农业的条件下,出现工业品价格高于其价值,而农产品价格低于其价值的现象,在发展中国家由于农业劳动生产率的提高速度仍慢于工业等,因此这些现象在一定历史时期内仍不可能完全消除。

(2) 差价

差价指同一商品由于生产成本、流通费用、储存量以及商品质量不同等而形成的价格差额,主要有以下4种。

① 农产品购销差价:同一农产品在同一地区的收购价格与销售价格之间的差额。合理的购销差价除了可以补偿农产品运销各环节上的流通费用外,还有助于调节农产品的市场供求关系。反之,不合理的购销差价,则会打击农民生产、出售农产品或商业部门经营农产品的积极性,并影响农产品销售。对于粮食等关系广大人民生活的主要农产品,自1978年年底实行经济体制改革以来,我国为了鼓励生产又不致增加消费者的经济负担,不断提高其收购价格,同时用财政手段对商业部门给予补贴,以保持其销售价格不变。正向相应提高销售价格,同时对消费者给予补贴过渡。但过多的价格补贴将会增加国家的财政负担,对整个国民经济的发展产生不利影响。

② 农产品地区差价:同一时间、同一农产品的收购价格在不同地区之间的差额。地区差价的形成主要是由于不同地区的自然、经济条件存在差别,因而同一种农产品在不同地区消耗的劳动量不同,成本不一。合理的地区差价有利于发挥各地区的资源优势,促进条件较差的地区发展农业生产,又不致影响条件较好地区农民的积极性。

③ 农产品季节差价:同一农产品在同一地区的收购价格或销售价格在不同季节之间的差额。季节差价存在是由于某些农产品的季节性生产同常年的消费需求之间存在矛盾,因而从其生产到消费的时间差中,增加了储存、保管、自然损耗和利息等费用。此外,同种农产品在不同季节生产时,产量和所需费用的差别很大,如蔬菜温室生产费用高、提早上市产量低。实行季节差价可以补偿由上述原因而增加的生产、流通费用,也有利于平衡淡旺季的农产品供应。

④ 农产品质量差价:同一农产品因质量不同而形成的价格差额。优质高价、劣质低价,拉开品质差价的档次,有利于促进农产品品质的提高和保护生产者、消费者双方的利益。

3. 农产品定价方法

① 当前利润最大化目标与定价方法。当前利润最大化是指农产品卖者欲求生产周期的利润最大。相关的定价方法主要有目标利润定价法、成本加成定价法。

② 生存目标与定价方法。生存目标是以卖者存活为目的的定价目标。在激烈的竞争阶段,生产者会在一定时间亏损但并不一定会破产,如果现金流断了,生产者极有可能会走向破产。现金流平衡就是生产者最底线的生存目标。这种定价方法一般用于短期定价决策。

③ 产品质量最优化目标与定价方法。这种定价方法要根据农产品的特性和目标市场的需求来定价。只有卖者产品的质量最终得到了顾客的认可,卖者产品才能有一定的市场占有率。这种定价方法包括绿色农产品的定价方法、特色农产品的定价方法、有机农产品的定价方法等。

④ 市场占有率最大化目标与定价方法。卖者的定价目标是在市场上占有优势份额,使其未来享有最低的成本和最高的长期利润。这时,卖者通常制定尽可能低的价格以追求市场占有率的领先地位,例如,中国的几个液态奶品牌都采用这种定价方法。

⑤ 稳定市场份额与定价方法。农产品销售最常采用的方法是随行就市法。很多农产品是同质性很强的产品,并无明显的差异化特征;很多卖者,尤其是农户生产者的生产规模雷同,且其无明显的突出于其他农户的优势,所以采用此定价方法较多。

4. 农产品定价策略

农产品定价策略可分为新产品定价策略、产品组合定价策略、折扣与让价策略、心理定价策略等。在定价策略上,农产品定价与其他产品没有明显的区别,此处不再赘述。

三、分销渠道

(一) 农产品分销渠道的基本类型

从农产品市场购买者的角度来看,农产品分销渠道可分为消费者市场分销渠道和产业市场分销渠道。

我国农产品分销渠道中的零售商主要有农贸市场和超市两种形态。农产品市场中的零售商又可以分为农产品生产者直销形式的零售商和摊贩。从这种意义来说,从生产者到消费者的农产品直销渠道不包括农产品生产者到农贸市场的零售行为。

农业经纪人是我国农产品销售中不可或缺的中间商形式。我国大部分的农户生产规模小,一家一户直接与大市场衔接所得到的收益不足以抵消成本,更重要的是农户难以发现市场。农业经纪人能起到发现市场并集结农户产品形成相对规模的作用。我国农产品的批发商多以分散小规模批发商为主。特别是生鲜农产品批发市场采取面对面交易方式,缺乏现代化基础设施和交易手段。

（二）农产品分销渠道的影响因素及其选择

农产品分销渠道的影响因素制约着农产品分销渠道的设计，也影响着农产品分销渠道的管理，可将其归纳为以下 4 种。

① 产品特性。农产品鲜活不易储存的特性要求分销渠道短而快捷，要求有相应的冷藏设备。粮食产品的体积大，它具有收获的季节性与储存的周期性特征，故产业市场中相应层次的代理商就应具备特定的仓储设施和技术。所以这些产品特性对不同分销层次上的中间商进入分销渠道提出了最基本的要求。

② 市场需求特性。农产品大都是人们每日生活的必需品，消费者数量众多且比较分散、所需品种多而且复杂、购买的频率高，农产品的流通量大。一般而言，小规模零售商不宜采用由生产者-零售商-消费者组成的分销渠道，否则会因为经销成本的提高而提高产品价格。这时其采用经由批发商的分销渠道更有利。而大规模零售商因为相对于每一种农产品都可以形成一定的采购规模，所以可以利用较稳定的生产者作为供应商，以减少分销渠道的层次，节约采购费用，保证较低的农产品价格。

③ 环境特性。从微观角度来看，生产环境差异性大的农产品的生产者在选择分销渠道时具有较大的余地，在进入同一分销渠道时可与竞争者形成比较，突出自己的产品特色，也具备进入不同分销渠道的竞争实力。从大的方面来看，农产品作为关系国计民生的重要产品，在不同经济形势下受到国家政策法规的约束，分销渠道的选择也要符合国家的政策要求。

④ 生产者的状况。作为卖者的生产者与中间商的实力差距是决定生产者在分销渠道中掌握多大自主权的根本依据。小规模的农户一般在分销渠道选择中不具有主动权，特别是在农产品现代零售业态超市的发展中。从供应链管理的角度来看，与消费者直接联系的超市在供应链中具有主动权，是供应链管理的核心企业，小规模的农户若不组织起来形成相对规模，只能处于被分销商选择的被动地位。

第三节　农产品品牌

一、品牌概述

1. 品牌的定义

从一般意义来讲，品牌是一个名称、名词、符号或设计，或者是它们的组合，其目的是识别某个销售者或某群销售者的产品或劳务，并使之同竞争对手的产品和劳务区别开来。一般认为，品牌是由术语、标记、符号、图案和颜色等要素组合构成的，用作产品标志。品牌实质上就是卖者对产品特征、买者的利益和售后服务的一贯性承诺。

品牌包括品牌名称、品牌标志和商标等内容。品牌名称是指商品中可以用语言表达的部分。例如，王老吉、健力宝等都是品牌名称。品牌标志是指品牌中不能用语言表达的部分,如符号、图案、设计或颜色等,绿色食品的标志即一种品牌标志。商标是一个法律名词,是指品牌中已获得专用权并受到法律保护的部分,具有排他性。

2. 品牌的特征

① 品牌是专有的。品牌是用以识别生产者或销售者的产品或服务的。品牌拥有者经过法律程序的认定,享有品牌的专有权,有权要求其他企业或个人不能仿冒、伪造。这一点也是指品牌的排他性,然而我国的很多企业在国际竞争中没有很好地利用法律武器,没有发挥品牌的专有权,近年来我们不断看到国内的"金字招牌"在国际市场上遭遇尴尬局面:"红塔山"品牌在菲律宾被抢注;多个中国品牌在日本被抢注;多个中国品牌在澳大利亚被抢注;……人们应该及时反省,充分利用品牌的专有权。

② 品牌是企业的无形资源。由于品牌拥有者可以凭借品牌的优势不断获取利益,可以利用品牌的市场开拓力、形象扩张力、资本内蓄力不断发展,因此我们可以看到品牌的价值。我们并不能像物质资产那样用实物的形式表述这种价值,但它能使企业的无形资产迅速增大,并且可以作为商品在市场上进行交易。品牌作为无形资产时,其价值可以有形量化,同时品牌可作为商品进行交易。

③ 品牌的成长具有一定的风险及不确定性。品牌创立后,在其成长的过程中,由于市场不断变化,企业的品牌资本可能扩大,也可能缩小,甚至某一品牌可能在竞争中退出市场。品牌的成长由此存在一定风险,对其评估也存在难度。有时企业的产品质量出现意外,有时企业服务不够好,有时企业盲目扩张、运作不佳,这些都给企业品牌的维护带来难度,因此对企业品牌效益的评估也出现不确定性。

④ 品牌具有表象性特征。品牌是企业的无形资产,不具有独立的实体,不占有空间,但它最原始的目的就是让人们通过一个比较容易记忆的形式来记住某一产品或企业,因此,品牌必须有物质载体,需要通过一系列的物质载体来表现自己,使自己有形化。品牌的直接载体主要是文字、图案和符号,间接载体主要有产品的质量、服务、知名度、美誉度、市场占有率。没有物质载体,品牌就无法表现出来,更不可能达到品牌的整体传播效果。优秀的品牌在物质载体方面表现较为突出。例如,"可口可乐"这样的文字使人们联想到该饮料的饮后效果,其红色图案及相应包装在宣传时能让该饮料具有独特性。

⑤ 品牌具有延伸性特征。品牌具有识别功能,代表一种产品、一个企业,企业可以利用品牌的这一特点展示品牌对市场的开拓能力,品牌的这一特点还可以帮助企业利用品牌资本进行延伸扩张。

3. 品牌的作用

(1) 品牌是产品或企业核心价值的体现

品牌是消费者或用户记忆商品的工具,企业不仅要将商品销售给目标消费者或用户,而且要使消费者或用户通过使用对商品产生好感,形成品牌忠诚度,进而使消费者或用户重复购买。消费者或用户通过使用品牌产品形成消费经验,并将其存贮在记忆中,这样可以为将来的消费决策形成依据。一些企业更为自己的品牌树立了良好的形象,赋予了美好的情感,或融合了一些特定的文化,使品牌及品牌产品在消费者或用户心目中形成了美好的记忆。

(2) 品牌是识别商品的分辨器

建立品牌是由于竞争的需要,它是用来识别某个销售者的产品或服务的。品牌设计应具有独特性,即具有鲜明的个性特征,品牌的图案、文字等与其竞争对手品牌的区别代表了本企业的特点。同时,互不相同的品牌各自代表着不同形式、不同质量、不同服务的产品,可为消费者或用户购买、使用产品提供借鉴。通过品牌人们可以认知产品,并依据品牌选择购买。

(3) 品牌是质量和信誉的保证

企业设计品牌、创立品牌、培养品牌的目的是希望此品牌能变为名牌,因此会在产品质量上下功夫,在售后服务上做努力。同时品牌代表企业,企业从长远发展的角度来看必须从产品质量上下功夫,特别是名牌产品、名牌企业、知名品牌代表了一类产品的质量档次,代表了企业的信誉。

树品牌、创名牌是各企业在市场竞争的条件下逐渐形成的共识。人们希望通过品牌对产品、企业加以区别,企业希望通过品牌形成品牌追随,通过品牌扩展市场。品牌的创立、名牌的形成正好能帮助企业实现上述目的,使品牌成为企业有力的竞争武器。品牌使用户形成了一定程度的忠诚度、信任度、追随度,由此使企业在与对手竞争中拥有了后盾基础。

品牌还可以利用其市场扩展的能力,带动企业进入新市场,带动新产品打入市场。企业可以利用品牌资本运营的能力,通过一定的形式(如特许经营、合同管理等形式)进行扩张。总之,品牌作为市场竞争的武器常常带来意想不到的效果。

(4) 品牌是企业的"摇钱树"

品牌以质量取胜,品牌常具有文化、情感内涵,所以品牌给产品带来了附加值。同时,品牌有一定的信任度、追随度,企业可以为品牌制定相对较高的价格,获得较高的利润。品牌中的知名品牌在这一方面的表现非常突出。在这方面,我们还可以再看一看著名饮料企业可口可乐的例子。可口可乐公司在1999年的销售总额为90亿美元,其利润总额为30亿美元,营业利润为7亿美元,除去由资产投资带来的5%的利润,其余22.5亿美元的高额利润均是品牌为企业带来的,由此可见品牌,特别是名牌给企业带来了较高的收益,而品牌作为无形资产,已被人们认可。

4. 品牌的种类

品牌可以依据不同的标准划分为不同的种类。

(1) 根据品牌知名度的辐射区域划分

根据品牌知名度的辐射区域可以将其分为地区品牌、国内品牌、国际品牌、全球品牌。地区品牌是指在一个较小的区域内生产销售的品牌。这些品牌的产品一般在一定范围内生产和销售,产品辐射范围不大,这主要受产品特性、地理条件及某些文化特性影响。国内品牌是指国内知名度较高、产品辐射全国的品牌。国际品牌是指在国际知名度、美誉度较高、产品辐射全球的品牌,如可口可乐、麦当劳、万宝路、奔驰、爱立信、微软等。

(2) 根据品牌产品生产经营的所属环节划分

根据品牌产品生产经营的所属环节可以将其分为制造商品牌和经营商品牌。制造商品牌是指制造商为自己生产的产品而设计的品牌。经销商品牌是指经销商根据自身的需求以及对市场的了解,结合企业发展需要而创立的品牌。

(3) 根据品牌的来源划分

依据品牌的来源可以将其分为自有品牌、外来品牌和嫁接品牌。自有品牌是指企业依据自身需要创立的品牌,如全聚德等。外来品牌是指企业通过特许经营、兼并、收购或其他形式取得的品牌。

(4) 根据品牌的生命周期长短划分

根据品牌的生命周期长短可以将其分为短期品牌和长期品牌。短期品牌是指品牌生命周期持续较短时间的品牌,这些品牌由于某种原因在市场竞争中昙花一现或持续一时。长期品牌是指随着产品生命周期的循环,仍能经久不衰、永葆青春的品牌,如全聚德、内联升等。长期品牌也有些是在国际上长久发展而来的世界知名品牌,如可口可乐等。

(5) 根据产品品牌针对的市场划分

依据产品品牌是针对国内市场还是国际市场可以将其划分为内销品牌和外销品牌。由于世界各国在法律、文化、科技等宏观环境方面存在巨大差异,因此一种产品在国外不同国家的市场上有不同的品牌,且在国内市场上也有单独的品牌。品牌划分为内销品牌和外销品牌不利于企业形象的整体传播,但由于历史、文化等原因,不得不这样做,而对于新的品牌命名应考虑到国际化影响。

(6) 根据品牌所属行业划分

根据品牌所属行业可将其划分为家电业品牌、食用饮料业品牌、日用化工业品牌、汽车机械业品牌、商业品牌、服务业品牌、网络信息业品牌等几大类。

(7) 根据品牌的原创性与延伸性划分

根据品牌的原创性与延伸性可将其划分为主品牌、副品牌等。

(8) 根据品牌的本体特征划分

根据品牌的本体特征划分可将其划分为个人品牌、企业品牌、城市品牌、国家品牌、国际品牌等。

除了上述几种分类外,品牌还可依据产品或服务在市场上的态势划分为强势品牌和弱势品牌,依据品牌的用途划分为生产资料品牌和生活资料品牌等。

二、农产品品牌建设

农产品带有明显的地域特色,在产品宣传之前,必须进行产品产地形象的宣传,产品才会好卖。例如,在国际市场中,卖得好的产品有巴西的香蕉、美国的蛇果、哈瓦那的雪茄,在国内市场中,卖得好的产品有新疆的阿克苏苹果、海南的香蕉、兰州的百合、阳澄湖的大闸蟹等,这些产品前都有一个产地定语。以甘肃天水的花牛苹果为例,它在"北京奥运推荐果品暨中华名果评选"活动中获得一等奖之后,虽然在生产方面遇到了天灾,产量减少,但是由于它的形象已经树立,品牌初步形成,各地采购商均以高出以往的价格抢购。所以天水果业在2009年减产的情况下,新增销售收入近两亿元,农民得到了实惠,产业赢得了地位。这两亿元的新增收益就是产地形象的贡献。在受到土地贡献率严重制约的农产品领域,通过树立和宣传产地形象等手段,人们既可以营造本地区农产品的市场优势,又可以创造农民增收的新空间,产地形象是支持农副产品品牌的一个重要的基础。

产地形象的树立与宣传是一个系统的专业工作,本地的农民、农民合作组织以及龙头企业都不能凭借自身力量单独完成,只有通过政府的统筹规划和系统宣传才能得以实现。在区域经济发展的过程中,哪个地区的形象突出、宣传得当,哪个地区就会赢得生产力要素的优先聚集,经济发展的速度就会较快,同时经济发展的质量也会较好。同样,在农业领域,树立区域形象不仅可以支持本地区产品顺利地进入市场,赢得消费者的关注,解决卖难问题,还可以促进涉农领域的产业要素聚集,进而又可以促进本地区资源的升值和产业化发展。

企业在创立品牌之前,应该主动将自己的想法与本地政府沟通,力争获得政府的支持与协同。因为农产品品牌不同于工业产品品牌,它需要产地的形象支持才能够创立。

1. 坚持诚信与品质,推进农产品品牌建设

企业品牌建设需要上下、前后各个环节的系统诚信和一贯的品质保障,这样才是企业职业化和成熟化的专业表现,企业给消费者的印象也是可靠和可信的。很多企业的销售和服务体系脱节,企业在销售时讲得天花乱坠,到了需要服务的时候,则百般刁难消费者。一个立志于树立品牌的企业,需要一直保持诚信,并使产品保持一如既往的品质,既不要因急功近利而热情过度,也不要因逃避责任而冷若冰霜、百般推诿。只有真正给予消费者和社会以诚信、公正的企业,才能获得社会的尊重和消费者的喜爱。

2. 进行持续务实的宣传,助力农产品品牌建设

在传媒过度发达的现代社会,凭借有创意的"点子"暂时出个名并不难,但要赢得一个好名声却很难。从知名度到美誉度的过渡阶段是品牌的关键时期,是很多品牌成长的瓶颈。

品牌要宣传,仅仅从宣传到引起消费者注意这一过程就会引起不同的反应。第一个注意宣传品牌的往往是广告公司和各大媒体;第二个注意宣传品牌的是同行的竞争者;第三个注意宣传品牌的是一些执法审查机构;第四个注意宣传品牌的是经销商;第五个注意到品牌宣传的才是消费者。这是要保障消费者到零售商那里还能再一次受到宣传的吸引。这时才能说企业的品牌有了一定的知名度。树立了品牌形象的企业必须坚持务实的宣传,特别是在快速消费品中,一旦宣传和促销停止,产品的销量会迅速减少。毕竟在产品极为丰富的现代社会中,可以替代的产品实在太多了。

3. 科学规划,引领农产品品牌建设

① 搞好规划布局。牢固树立"创一个品牌、兴一个产业、富一方百姓"的思想,按照"集中力量、整合资源、强化培育、扶优扶强"的思路,统筹谋划,科学制订本地农产品品牌建设规划。以新疆为例,南疆地区要以培育特色林果品牌为主,兼顾发展特色农畜产品品

牌;北疆地区要以培育畜禽产品品牌为主,兼顾发展设施农产品和特色农产品品牌;东疆地区要以培育瓜果、设施农产品品牌为主,兼顾发展本地优势特色农产品品牌。

② 分步分层推动。要调研摸底,有的放矢,选优扶强,进行重点培育,分年度、按计划、有步骤地培育发展农产品品牌,扎实稳健推进品牌建设。建立梯次推进的品牌培育机制,其中现有驰名商标和中国名牌为第一梯次,应向国际品牌进军;现有著名商标和地方名牌为第二梯次,应向驰名商标、中国名牌进军;现有普通商标为第三梯次,应向著名商标、地方名牌进军;现有优势特色品牌为第四梯次,应向注册商标、地方名牌进军。

③ 加强引导扶持。树立"大产业、大基地、大品牌"的理念,坚持"同一区域、同一产业、同一品牌、同一商标"的导向,抓住主要区域,找准特色优势,明确重点对象,抓好关键环节,集中力量,引导支持企业按产业带培育品牌,跨区域整合农产品品牌,力争一个产业形成一个主打品牌,做到培育"优",扶持"强",防止"乱",突出"好",使区域品牌、产业品牌、企业品牌之间相互促进,上拉下推,共同提升农产品品牌的核心竞争力。

4. 全程监管,助推农产品品牌建设

对品牌农产品进行全程监管,走质量起步、认证上路、品牌开路的发展路子。

① 加强标准化生产。加快制定农产品生产标准,推广标准化生产,实行科学、统一、规范化管理,力争在短期内重点内销、外销农产品全部实现标准化生产。集中建设一批绿色、有机农产品生产基地,推进绿色、有机农产品产地认定与产品认证一体化。加紧研究制定符合我国实际的农产品质量安全标准体系,提高农产品优质率,保证农产品质量安全。

② 加强全程质量监控。加快建立和完善设施农产品质量安全标准体系、农产品市场准入和退出制度以及质量责任追究制度。重点抓好生产源头管理,强化对农产品储运、保鲜、流通、销售等环节的动态监控,明确质量安全责任,确保农产品品牌建设的各环节、各阶段都置于严格有效的监督之下,坚决杜绝不合格农产品进入市场。重点抓好农产品出境质量检验监测,确保品牌农产品的质量安全。

③ 建立健全农产品质量安全检验检测体系。结合优势农产品布局,加快建设覆盖地州、县市、乡镇和大型批发市场、大型超市的农产品质量安全站点网络,建成布局合理、职能明确、专业齐全、功能完善、运行高效的农产品质量安全检验检测体系。

④ 对品牌农产品进行跟踪监管。建立品牌农产品质量识别标志,大力推行产地标识管理制度、产品条形码制度,做到质量有标准、过程有规范、销售有标志、市场有监测,打牢农产品品牌发展基础。定期对品牌农产品进行跟踪监测,坚决杜绝"砸牌子"现象,保证品牌农产品的质量和信誉。

5. 保护品牌,保障农产品品牌建设

需要把管、防、建三方面相结合,加强品牌保护工作。一是要"管"。各级工商、质监等部门要不断完善打假协调机制,加强日常监管和专项执法检查,严厉打击鱼目混珠等违法经营行为。开展注册商标专用权和名牌专用权保护活动,严厉打击侵权行为,形成对著名商标和名牌产品协作保护网络。二是要"防"。各地、各部门要形成比较规范和完善的品牌保护体系,不断加强对现有品牌的农产品商标、地理标志、标识、域名的依法保护工作。三是要"建"。推进品牌农产品专柜和专业市场建设,用法律手段保护品牌。

6. 配套服务,支撑农产品品牌建设

首先,要强化市场平台建设。借助于中心城市的影响力,逐步在区外形成配送灵活、四季销售、保鲜供应、长期稳定的外销网络,使配套服务辐射全国中高端市场。其次,要强化金融服务。各级金融机构要强化信贷支持,力争每年从信贷规模中安排一定比例资金用于发展品牌农产品和品牌企业。鼓励采取股份制、股份合作制等多种形式发展品牌农产品,支持企业建设农产品生产基地。各级保险机构要积极提供品牌农产品保险服务,探索品牌农产品风险补偿机制。最后,要强化综合服务。建立品牌建设公共服务平台,鼓励行业协会和中介组织为创建品牌企业提供相关服务。建设农产品信息网络,科学引导农产品生产、营销。支持品牌企业组建产销联盟,发展国内外市场,发展订单农业,形成国内外互利共赢格局。

第四节 农村电子商务

农村电子商务通过网络平台嫁接各种服务于农村的资源,拓展农村信息服务业务、服务领域,使之兼而成为遍布乡、镇、村的三农信息服务站。作为农村电子商务平台的实体终端直接扎根于农村,服务三农,真正使三农服务落地,使农民成为平台的最大受益者。农村电子商务平台配合密集的乡村连锁网点,以数字化、信息化的手段、通过集约化管理、市场化运作、成体系的跨区域跨行业联合,构筑紧凑而有序的商业联合体,降低农村商业成本,扩大农村商业领域,使农民成为平台的最大获利者,使商家获得新的利润增长。

一、农村电子商务的概念

农村电子商务是指利用互联网、计算机、多媒体等现代信息技术,为涉农领域的生产经营主体提供在网上完成产品或服务的销售、购买和电子支付等业务交易的过程。农村电子商务以农业网站平台为主要载体,涉及政府、企业、商家、消费者、农民以及认证中心、配送中心、物流中心、金融机构、监管机构等各方面因素,通过网络将相关要素组织在一起,其中信息技术扮演着极其重要的基础性角色。

农村电子商务是扩内需、调结构、发展农村经济的加速器,是建设社会主义新农村的重要内容,是改造传统农业、实现农业农村的现代化、使传统农业经济向信息经济过渡的有效途径,是实现城镇化、建设和谐社会的动力和新手段。

农村电子商务是全国电子商务的重要组成部分,具有很好的发展前景,市场潜力巨大。农村电子商务市场进入平稳增长期,2021年全国农村网络零售额为2.05万亿元,占全国网络零售额的15.66%,同比增长11.3%。直播电商在农村加速普及应用,新业态新模式助力农产品进城,农村生活服务电商快速发展,"新农人"电商创业就业持续升温,农村电子商务助力乡村振兴的作用越发强劲。发展农村电子商务是扩大农村就业、培养新型农民、使农民发家致富、解决"三农"问题的有效举措。农业农村信息化是实现以工促农、以城带乡，缩小城乡数字鸿沟、促进家电下乡、信息下乡，激发农村消费需求，建立城乡经济社会发展一体化新格局的重要着力点。

二、农村电子商务存在的问题

① 农民文化素质较低，使用传统的生产方式和交易方式的惯性极大，且农民对信息技术和电子商务的相关知识了解甚少，农民组织化程度低，上网率比较低，会操作计算机的农民不多，农民缺乏电子商务的意识，这严重阻碍着农村电子商务的发展。

② 农村经济不发达，信息化基础设施薄弱，网络成本较高，导致农民很少上网，是限制农村电子商务发展的重要原因。农产品生产分散，附加值较低，品类繁多，标准化程度较低。农产品流通环节长，从地头到餐桌要经过分拣、加工、包装、批发、零售等一系列中间环节，供需链之间严重割裂，交易信息的对称性较差；单个农户、小规模农业组织搜集、捕捉、分析市场信息的能力差，品牌信誉度差。

③ 法律制度还不够健全，导致参与农村电子商务的各方主体的失信现象频发，也导致其商业信用比较低。

④ 缺少专业电子商务网站，未能因地制宜地为农民提供全面的、周到的、符合实际需要的服务，较多农业电子商务网站缺乏专业性和实用性，多数农业电子商务网站缺少特色。农业电子商务网站主要集中在大城市和东部发达地区，中部和西部地区的农业电子商务网站并不多；另外，由于分散经营，农业电子商务网站给农业的产、供、销带来的益处不多。缺乏宏观指导性的农业信息以及完备的农业信息服务体系，使各类农业电子商务网站中帮助农民进行生产分析和决策的信息较少。

⑤ 缺乏大量的可共享的自然环境及社会经济等相关数据。由于农业生产的复杂性和我国地区的差异性，还需要积累自然环境、社会经济等大量的相关数据。国内数据积累的基础工作还做得不够好，使得建立大型实用数据库、用数据库进行储存、分析数据变得十分困难。尽管有些单位建立了数据库，但多数的网站都设有内、外两个部分的网络，使数据库中有价值的信息大多不能共享。

⑥ 受自然条件影响，农产品的生产和农用品的需求具有很大的不可预知性，农产品的生产区域和生产者相对分散；而且农产品附加值较低，不耐久存，品类繁多，且品质评价标准化程度较低，这些因素极大地阻碍着农产品生产产业化和流通现代化，也制约着农村电子商务的发展。

同时，当前农村消费水平及农村的计算机普及率非常低，农民即使意识到应该发展电子商务，因为受到计算机和网络的限制也无法实现；同时，农民群体对信息化比较陌生，对电子支付和网上银行等金融业务不熟悉，也制约着农村电子商务的发展。

三、农村电子商务的发展思路

大力发展自下而上式农村电子商务时要纠正对农民的偏见,因为一直以来人们都认为农民的科学文化素质还比较低,其要从事电子商务这种高科技的事情还很困难。客观上,农村电子商务相比于城市发展滞后,政府对农村电子商务推动了这么多年,花了那么大的力气,得到的实际效果仍不理想,似乎印证了这一偏见。我们的调研表明,虽然对农民进行培训是必要的,但更关键的是解决农民从事电子商务的内在积极性问题。过去只靠政府自上而下的外力推动,在村子里建设电子商务平台,培训农民使用计算机和上网,这使得农民看不到其用途,没有学习的积极性,学得难,忘得快,学习效果极不好。相反,以"沙集模式"等为代表的自下而上式农村电子商务的成功案例启示我们,只要农民能从电子商务中获得实惠,他们就会主动学习相关知识,并利用这些知识在网上开店做生意,服务客户,获得收入,从而使他们的生活和当地社会发生巨变。只要解决了农民内在动力问题,让他们学会了必备的知识,不太会使用计算机的农民也能开网店,包容性增加的成果很快就能显现出来。

政府要鼓励农民充分利用市场化的平台开展电子商务,自下而上式的农村电子商务模式有一个共同的特征:农民都是自发地在淘宝、拍拍等市场化的交易平台上开展电子商务活动。农民为什么自发选择此类电子商务平台开网店,从事网上交易活动,是值得政府、业界和研究者深思的。比较而言,这些市场化的交易平台,一是更开放,任何人都可以在上面开店,进行交易;二是服务更好,会鼓励并帮助用户开店;三是功能更丰富、更强大,可实现网上交易所需的各种要求;四是从机制上解决了信用体系、支付安全等关键问题。更重要的是,这些市场化的交易平台已凝聚起空前的市场人气,买家、卖家、商品、服务聚集于此。农民选择在这种市场化的交易平台上开展电子商务,可以方便地找到生意伙伴和买方,在订单与定价上有话语权,这是许多自上而下式电子商务平台难以做到的。政府应该充分肯定和进一步发挥这些市场化的交易平台的作用,鼓励和帮助它们进一步拓展农村电子商务市场,提升服务质量,更好地服务三农。

大力宣传农民网商的成功典型,充分发挥其示范效应。我国农村特有的社会土壤,非常有利于电子商务的成功经验快速扩散,这关键是要有领头羊的成功示范。要加强对农村基层实践的调研,及时总结成功典型的经验。要运用各种手段,加强对农村电子商务成功典型在特定地域内外的传播,以榜样的力量增强农民开展电子商务的意识、激发农民开展电子商务的动力。特别要重视和呵护新一代农民的创业热情,重点鼓励有上网经验的农村大学生、回乡农民工带头开展电子商务,并对农民网上创业和就业提供示范。要制定优惠政策,引导大专院校的电子商务专业人才进入农村地区开展创业培训,鼓励大学生村官掌握电子商务技能,带领农民通过电子商务脱贫致富。

强化对现有自上而下式电子商务建设项目的绩效评估,计划及审计部门应加强对国家投资或支持的农村电子商务项目的绩效测评。农村电子商务的绩效测评不能再仅以能力建设的工程指标为标准,而应以项目应用后的最终经济与社会效益为标准。尤其是对于 B2C、C2C 的农村电子商务项目,必须以农民的应用状况和实际效果为衡量标准。在电子商务平台方面,原则上只要能够利用已有市场化交易平台的,就不应再新建平台,以避免重复建设,浪费资源。对于绩效测评结果不好的项目,原则上不应继续追加建设资金,而应督促项目责任机构限期整改,提高其运营绩效。对于整改无望的项目,应及早关停,以减轻后续的损失。对于以农村电子商务为名营私造成较大损失者,应依法追究当事人的责任。通过严格的绩效测评和监管,推动官办的农村电子商务贴近草根、"接地气"。

自上而下式农村电子商务"接地气",可以有多条路径和多种方式。例如,自上而下式农村电子商务机构直接面向农民进行用户推广与业务拓展,切实克服沟通及供需上的障碍,强化细分市场的专业性等,以增加自身对广大农民开展电子商务的吸引力和凝聚力;自上而下式农村电子商务机构与市场化的交易平台企业可以开展业务合作、股权合作,甚至两者可以兼并重组,以改造某些官办平台不适应市场运作的属性,将其有用资产进行合理配置,从而帮其真正进入按市场规律运行的良性轨道。

四、农村电子商务的具体发展策略

1. 分层次、分阶段推进农村电子商务发展

分层次推进是指向智能电子商务、全程电子商务、协同电子商务、支付型电子商务、非支付型电子商务(网络营销)等不同层次的电子商务同时推进。分层次推进农村电子商务的发展过程具有不同的阶段,具体包括初级电子商务、中级电子商务和高级电子商务的发展阶段。

① 初级电子商务:主要实现信息流的网络化,即进行网上农产品信息的发布、网上签约洽谈、网上营销、网上客户信息的收集,实现网络营销等非支付型电子商务,实现初级农村经营服务信息化。

② 中级电子商务:主要实现信息流与资金流的网络化,即实现网上交易、网上支付,实现支付型电子商务,以供应链管理与客户管理为基础,实现中介经营服务信息化。

③ 高级电子商务:主要实现商务的电子化、智能化,开展协同电子商务,并全面实现信息流、资金流、物流等三流的网络化;实现支付型电子商务与现代物流、网上订货与企业内部 ERP 集成;实现精益生产、库存清零与商务智能;在原材料的网上订货采购、农产品网上销售、物流配送、财务决策等方面实现全程电子商务,使农业产业链各方能协同优化作业。

鉴于我国各地社会经济一、二、三产业发展不平衡,我国农村电子商务的发展要因地制宜,分阶段、分层次地推进。不同层次的电子商务将长期并存,即网络经济将与实体经济相结合,网上虚拟市场与网下实体市场将长期并存,同步发展。

2. 多样化、多模式发展农村电子商务

多样化是指农、林、牧、副、渔企业的业态多样化,电子商务解决方案与信息化应用系

统多样化，涉农企业与消费者参与电子商务的形式多样化，电子商务与传统商务相结合。各种所有制、传统农业、新兴农业、各种规模的涉农企业等都要开展网络营销、网上采购等商务活动。

多模式发展农村电子商务是指以 B2B、B2C、B2B2C、B2G、C2B、C2C、自建、外包等多种模式发展电子商务及产业。

政府与行业组织、地区组织应培育和推广各种电子商务的典型，企业要研究总结成功企业商务模式的经验，传统商业要与新型商业并举，网上营销要与网下支付相结合，企业与消费者要利用多种方式参与电子商务，实现不同水平的商务与电子的融合，各类涉农企业要因地制宜，结合本企业的情况多样化、多模式地发展电子商务。

3. 整合资源，协调发展农村电子商务

① 电子政务带动电子商务，电子政务与电子商务协调发展。电子政务与电子商务都是电子业务，政府采购 G2B 带动 B2B 电子商务；政府网上年检、网上纳税带动乡镇企业电子商务，G2B 带动 B2G 及 B2B；省、县各级政府的电子政务要带动农村电子商务，地区、乡镇的电子政务要与农村电子商务相互促进、协调发展。

② 城市电子商务带动农村电子商务，城市电子商务与农村电子商务协调发展。京、沪、穗等城市电子商务以城市为基础，辐射周边农村地区，带动农村电子商务发展、东部地区带动中西部地区包括老少边穷地区及山区的电子商务发展，东部与中西部地区电子商务协调互动发展。在信息资源开发利用、中小企业服务平台建设等方面，行业与地区信息化要密切结合，协调发展。

③ 农、林、牧、副、渔各业大型龙头企业电子商务带动中小企业电子商务的发展，大型农业企业集团电子商务极大地带动供应链中小微型企业电子商务的发展，大型农业企业电子商务与乡镇村中小企业电子商务协调发展。

4. 抓好 4 个结合，多快好省地发展农村电子商务

① 线上、线下结合，农业实体经济与虚拟经济结合，农资、农产品传统市场与虚拟网络市场结合。农、林、牧、副、渔大宗产品专业市场线上、线下结合，逐步开展网络营销；Web 3D 技术与传统农业结合，逐步发展订单农业与电子商务。

② 产、学、研、用四结合。各级政府要支持和鼓励涉农产业部门、科研机构、高等院校与用户单位通力合作，优势互补，共同研究三农电子商务解决方案、开发关键技术和产品，推进农村电子商务的发展。

③ 点面结合。培育一批农村电子商务试点示范，在农业龙头企业、农产品批发市场、连锁超市开展试点示范，建立有特色的农产品电子商务交易平台。要创建一批不同类型、具有不同信息化水平和不同投入产业比的电子商务示范样板，既要有中、高级电子商务的典型，也要有初级电子商务的样板，以点带面，推进农村电子商务发展。

④ 条块结合。行业与地区电子商务同步、协调发展。加快农村电子商务服务体系的建设，积极发展电子商务服务业：开发与整合政府资源，加快公共支撑服务（包括信息、技术、交易、物流服务）体系的建设，建设定向为农村服务的第三方电子商务平台，建设布局

合理的服务体系。鼓励信息产业,包括信息设备制造业、软件业、电子商务与信息服务业,积极面向三农开拓农村市场,以带动农村电子商务的发展。

5. 创新发展农村电子商务

技术集成创新、商务模式创新是农村电子商务创新发展的保证。

① 技术集成创新。自主发展与跟踪发展相结合,积极研究开发适合我国国情的农村电子商务关键技术及产品。跟踪国内外云计算、物联网、商务智能、移动商务等先进技术,在引进、消化的基础上自主开发与集成创新适合我国国情的农村电子商务技术及软硬件产品。开发农用传感器与电子标签及配套的接口、农用终端;开发基于云计算的农村电子商务综合服务平台,通过基础设施即服务(Infrastructure as a Service,IaaS)、平台即服务(Platform as a Service,PaaS)、软件即服务(Software as a Service,SaaS)3种形式为农村电子商务、电子支付、物流配送提供一体化的公共支撑服务。

② 商务模式创新。研究制订我国不同层次的农村电子商务平台模型及电子商务解决方案,将商务智能、数据挖掘、知识处理、专家系统等智能化技术在农村电子商务中推广应用。研究东、中、西部不同地区的农、林、牧、副、渔细分行业电子商务的发展模式:政府+企业推动模式;龙头企业(服务站、农业大户、农业经纪人)+农户模式;特色农产品+网络营销模式;B2B2C模式、C2B模式(团购、群购模式);海口电子农务模式;农户+网络+企业模式;江苏"沙集模式"。

【思考题】

1. 农产品营销与一般工业产品营销的差别在哪里?
2. 如何建设农产品的品牌?
3. 农产品的定价原则是什么?其定价的方式有哪些?

【案例分析】

长白山农业区域经济中的农产品营销

长白山位于吉林省东南部,地貌类型复杂多样,自然资源丰富,其生态呈立体结构,资源呈立体分布。为此,吉林省在长白山区的临江市建立了立体生态农业综合开发示范区,以保护长白山生态平衡为前提,大力发展绿色农产品生产和农产品绿色营销,使之成为绿色农产品生产基地。

1. 进行绿色农产品的生产与开发

长白山区,尤其临江市是一个名副其实的"立体资源宝库"。因此,可在此基础上,大力发展人工种植、养殖业,形成绿色农产品的规模化生产基地,实现规模营销。近几年吉林省的一些科研单位及有关人员针对长白山区进行研究和攻关,取得多项科研成果,并已将这些成果在此区实践推广,如林下管护基地、山珍植物田园栽培基地、参后还林生态保护区、中草药间作果树基地等,由此进一步加快了绿色农产品系列产品的开发和加工,并已开发生产出康龙参系列、景天王保健品、还阳参酒天然营养液等十几个系列的绿色新产品,获得新增产值 4 000 多万元。绿色农产品的生产与开发是农产品绿色营销的基础。

2. 采取专业化生产,规模化、集团化经营的营销战略

长白山区绿色农产品生产经营企业以自然资源优势为依托,采取专业化生产,规模化、集团化经营的营销战略。只有企业间联合起来,组建企业集团,形成规模化、专业化生产,才能降低成本,提高质量,增强实力,实现规模经营效益,树立起良好的产品和企业形象及信誉,提高市场竞争力,从而提高市场占有率。

3. 在实施生态营销的基础上,以绿色营销观念为主导进行观念创新

长白山区自然环境保持良好、工业污染较少,具有开发绿色食品的自然和现实条件。因此,营销企业可依据现代消费者自我保护意识增强、消费观念转变、渴望回归自然的心理需求,生产开发无污染、安全营养的农产品,具体可采取的策略如下:①将现有企业产品按绿色食品的要求生产和经营,在流通领域尤其是在全国各大型零售企业设立长白山绿色食品系列专柜,扩大产品与消费者的接触面;②积极申请并使用绿色食品标志,虽然吉林省是农业大省,已有许多实际上已达到绿色食品标准的农产品,但申请并已使用绿色标志的农产品却相对较少;③树立起长白山系列食品的新形象,以独特、自然、安全、健康的差别化产品赢得市场、赢得消费者。

4. 实施有效的商标和包装策略,实现绿色农产品价值的提升

目前中国绿色农产品中也不乏名牌,虽然长白山区盛产的许多农产品及其加工品(如人参、鹿茸、红景天、五味子、木耳、薇菜等土特产品)有知名度,但其产品商标大都默默无闻,有些甚至都没有商标品牌,更不用说成为名牌了。因此,长白山绿色农产品经销企业应积极采取措施,有意识地宣传产品商标,重视商标信誉价值。产品一旦拥有了绿色标志和名牌商标,也就得到了进入国内乃至国际市场的双重通行证。在实施商标策略时,应积极改进产品包装,采用以自然、和谐、绿色为背景的绿色包装策略,同时针对不同产品系列充分运用相应的配套包装、等级包装等策略。

5. 确立符合绿色农产品特点的广告创意与策划,以广告策略作为开拓市场的有力工具

回顾名牌产品成功的历史,每一步无不伴随着广告的巨大投入。毋庸置疑,巨大的广告投入背后潜藏着巨大的促销效益和非常高的知名度。而农产品又大多是全国性需求的产品。因此,结合长白山区绿色农产品的个性特征,挖掘其独有的魅力,寻求恰当的诉求定位,采用独特的广告策划与创意,才能创造出长白山区农产品自己的名牌。

【问题讨论】

1. 长白山农业区域经济中的农产品营销战略有哪些重要内容?你认为有哪些地方需要改进?

2. 此案例对我国其他绿色农业区域经济的发展有何启示?长白山农业区域经济中生态农业综合开发示范区应如何树立其绿色产品的品牌形象?

3. 我国农业企业实施农产品绿色营销存在的问题有哪些?应如何解决?

第八章

农业产业结构与布局

【本章导读】

调整与优化农业产业结构,有利于实现农产品的供求平衡,保证农业和农村经济持续、健康、快速发展;合理地进行农业布局,有利于发挥农业比较优势,提高农业生产的经济效益、生态效益和社会效益,促进全国各地农业和农村经济的协调发展。本章的学习要求是:理解农业产业结构及其演进规律;掌握农业产业结构调整的基本原则;明白农业布局与规划的主要措施。

第一节 农业产业结构概述及农业发展阶段

一、农业产业结构的涵义

农业产业结构指的是在一定地域范围(如国家、地区或农业企业)内农业系统内部各类产业的构成及其相互之间的比例关系。农业产业结构是一个内涵比较丰富的概念。一方面,它包括农业各个产业之间的经济联系及其产值数量对比关系,即量的规定性;另一方面,它包括农业各产业之间相互联系的形式和特征,即质的规定性。产业结构和产业间的比例关系是既有联系又有区别的两个概念。产业间的比例关系是产业结构的组成部分,只反映产业间经济联系的数量关系,只有量的规定性;产业结构是各产业之间比例关系的总和,既有量的规定性,又有质的规定性。

反映农业产业结构状况及变化的量化指标主要有农业总产值构成(即种植业、林业、畜牧业、渔业等分别占农业总产值的百分比)、农用地构成、播种面积构成、劳动力占用构成以及资金占用构成等。

农业产业结构是农业经济结构的重要组成部分,也是国民经济产业结构的重要组成部分。从系统的观点来看,农业产业系统是国民经济系统中的子系统。

二、农业产业结构的基本特征

1. 客观性

农业产业结构是客观存在的经济现象,其形成与演变主要取决于自然资源、社会经济条件和市场需求变化,其演变具有一定的客观规律。由于不同国家或者地区的自然、社会、经济条件的差异性,农业产业结构的区域性也很明显。人们不能脱离客观条件而主观地安排或改变农业产业结构,只能从实际出发,按照客观要求促进农业产业结构的调整。当然这里也不是说,农业产业结构是一成不变的,它其实可以根据每个地方的自然、经济条件的实际情况,作出相应的改变。

2. 整体性

农业产业结构是由农业经济总体内部种植业、林业、畜牧业等按照各产业间的比例关系组成的有机整体。各产业按照一定的形式组成合理的整体,会产生整体效应,因为产业总体在整体上的特定功能会多于各产业在独立状态下的功能。研究农业产业结构,要特别注意产业结构之间的协调,发挥整体效应。

3. 层次性

农业产业结构是多层次的复杂结构。种植业、林业、畜牧业等构成其第一层次,称为一级结构。每个产业内部又可以分成小的部门,如种植业内部可分为粮食作物、经济作物、调料作物等种植业,畜牧业内部可分为养牛业、养猪业、养禽业等,这称为农业产业的二级结构。在二级结构内部,根据产品种类和经济用途不同,还可以将其再划分为若干种类,如粮食作物又可以分为细粮、粗粮等,经济作物可分为油料作物、糖料作物等,这称为农业产业的三级结构,即产品结构。

4. 演进性

农业产业结构不是固定不变的,而是不断运动着的,其运动还具有较明显的阶段性,表现为由初级阶段到高级阶段的不断演进。随着经济社会的发展,社会分工不断深化,旧的产业不断淘汰,新的产业不断成长,各产业都会发生变化,其地位也将不断发生相应的变化,农业产业结构的内涵与外延都将赋予新的内容。

三、农业产业结构的形成与演进

1. 自然条件的差异性、变动性是农业产业结构形成与演进的自然物质基础

农业生产的对象不同于工业部门,这些有生命的动植物对自然有很强的依赖性,同时也具有选择性。中国地域辽阔,各个区域之间的差异性很大,因此有不同的农业生产部门和项目。但是,总的原则是这些不同的农业生产部门和项目一定要与当地的自然条件相适应,农业产业结构也随之发生演进和变化。

2. 人类对农产品的多种需求是农业产业结构形成与演进的基本动因

人类对农产品的生存需求是多种多样的,除了对粮食有基本需求外,还对肉、蛋、奶等有需求,而这些农产品分别是由农业的不同生产部门提供的。因此,人们不仅要发展种植业,还要发展畜牧业、林果业、渔业等其他农业产业,只有这样才能满足人类日益增长的物质需要,人类对农产品的多种需求也就决定了农业产业结构的形成与演进。

人们需求的不断变化会引起农业产业结构的调整与不断变化。例如,当人们的收入水平提高时,人们的生活水平也必然提高,人们的消费需求也会由低层次向高层次发生变化。为了顺应这种不断变化的需求,也为了农业经济部门的运行获得高效益,必须根据需求变化适时调整农业产业结构。

3. 生产力发展水平是农业产业结构形成与演进的主导因素

农业产业结构的形成与不断演进受到多种因素的影响,但是最主要的还是受到社会生产力水平的影响。不同的生产力水平会形成不同的农业产业结构,而不同的农业产业结构又会反映不同的生产力发展状况。

从生产力发展的历史角度来看,在生产力水平低下的时候,农业产业结构是比较单一的,主要以农业中的种植业为主,是一种"小而全"的自给自足的自然经济结构。随着生产力水平的不断提高,原来自然经济的封闭状态开始慢慢被打破,农业产业结构逐步演进到农、林、牧、副、渔的综合发展。因此,可以说生产力发展水平是农业产业结构形成与演进的主导因素。

4. 产业政策对农业产业结构的形成具有指导作用

国家或地方在一定时期会对各种产业结构及产业内部结构的生产进行一定的干预,由此发布一些产业政策,其目的在于引导社会资源在产业间合理配置,以此建立合理、高效的产业结构,促进国民经济持续、健康、快速发展。产业政策对产业结构形成的影响是显而易见的。当前,随着我国经济社会快速发展,国家有必要制定符合实际的产业政策来推动经济又好又快发展,从而实现可持续发展的目标。

四、农业发展阶段

农业发展至今已经过 3 个阶段,即原始农业阶段、传统农业阶段和现代农业阶段。

在原始农业阶段,生产工具十分简陋,农业物质技术水平很低,人们投入农业的物质和能量很少,主要利用自然界本身的资源。在这个时期,社会分工和农业内部的分工还不明确,农业生产尚未形成独立的生产部门,农业产业结构非常简单。

在传统农业阶段,农业物质技术有了很大的进步,同时也分离出了许多的农业生产部门。但总体来说,这一阶段的农业生产还处于落后状态,劳动生产率不高,自给自足的自然经济占据统治地位,各个地区几乎都形成了"小而全"的农业生产结构。

到了现代农业阶段,农业物质技术发生了质的变化,农业生产率得到巨大的提升,同时人类对自然的控制和利用能力显著增强,农业社会分工日益细化,农业的内容也日趋丰富,农业逐渐成为多层次、立体型结构的产业,并走上了专业化、社会化、商品化的发展之路。

第二节 农业产业结构的调整

一、我国农业产业结构调整的历史与现状

自农村经济体制改革以来,我国农业产业结构在不断变化,完成了 4 次调整,我国也由此取得了一定的增产增收效果。

(1) 第一阶段的调整(1978—1984 年)

这一阶段农业产业结构调整的主要目标是在解决农民温饱问题后增加农民收入。废除"以粮为纲"的生产方针,实行"决不放松粮食生产,积极发展多种经营"的战略。

当时的调整主要集中表现在粮食和经济作物种植比例的调整以及家庭小规模的畜禽养殖方面。其间,全国粮食播种面积占农作物播种面积的比重由 1979 年的 80.32% 下降到 1984 年的 78.27%,经济作物的种植面积大幅度增加。大力发展多种经营使农业有了较快的发展,这一阶段农民收入扣除物价上涨因素年均增长 14.8%,粮食人均产量达到 352 公斤。但是,由于这一阶段粮棉产量增加较快,而粮棉的储藏、加工和运销技术发展滞后,因此出现了"卖粮难,卖棉难"的状况。

(2) 第二阶段的调整(1985—1991 年)

这一阶段农业产业结构调整的初始目标是加速粮食转化,大力发展畜牧业,采取措施大幅度减少粮食和棉花播种面积。在政府的直接干预和间接调控下,农业产业结构有了较大的变化。1985—1988 年,种植业产值占农业总产值的比重由 69.2% 下降到 62.5%,农民家庭收入中种植业收入所占的比重由 59.4% 下降到 49.0%,但农民人均收入并没有得到较快增长。粮食总产量经过 3 年徘徊后,在 1989 年又一次达到历史最高水平,农民家庭收入中种植业收入所占的比重由 1989 年的 48.60% 回升到 1991 年的 54.46%。这表明在此期间虽然粮食增产了,农业产业结构也有了较大的调整,但农民却没能从粮食增产中得到相应的收益;反之,又一次出现了农产品销售难的问题,农业出现了增产不增收的现象。

(3) 第三阶段的调整(1992—1998 年)

这次调整的主要目标是提高农业生产经济效益,发展高产、优质、高效农业。调整原则为"确保粮食产量稳步增长,积极发展多种经营方式"以及"始终把粮食生产摆在首位,稳定播种面积,提高品质,提高商品率"。经过几年的调整,几乎所有的农产品产量都有大幅度的增加。这一阶段农民人均收入比上一阶段有所提高,扣除物价上涨因素后年均增长 5.6%。但在农民家庭收入中,来自种植业收入的比例在 1996 年高达 68%,这说明农民收入的增加还主要靠种植业产量的提高,农业产业结构调整效益并没有发挥出来。当 1997 年农产品再一次丰收后,农产品从卖方市场转向买方市场,全面出现"过剩"现象,农民人均收入的增长速度缓慢,在 1997 年为 4.6%,在 1998 年为 4.0%。这一阶段的农业

产业结构调整并没有达到预期目标。

(4) 第四阶段的调整

从1999年开始的第四次农业产业结构调整的背景和所要解决的问题,与以往的适应性调整相比有很大的不同。这次调整是在农产品相对过剩、市场约束增大的条件下提出的,其目的是全面提高农产品质量,优化农村区域布局,促进农业产业升级,实现城乡经济的协调发展。从结构战略性调整的内容来讲,农业产业结构包括产业结构、生产要素结构和组织结构。其中产业结构包括产品结构、种植养殖结构等;生产要素结构主要包括科技结构、资本结构和劳动力就业结构等;组织结构则主要包括经营组织、服务体系、经营方式等。从范围来讲,农业产业结构调整不仅涉及农业产业结构、产品结构、区域布局结构和生产要素结构等生产力层面的调整,也涉及与之紧密联系的农村经济体制改革、经营方式创新、城乡经济协调发展等,以提高农业和农村经济效益。从目标来讲,农业产业结构调整具有明显的多样性,调整不仅要解决当前农产品卖难和农民增收困难的问题,还要提高农产品市场竞争力,增加农民收入,促进城乡之间、农业与国民经济各行业之间的全面协调发展。因此这一阶段的农业产业结构调整是具有全局意义的战略性调整。

经过近几年的努力,我国农业产业结构的战略性调整已在提高农产品质量、拓展农业发展空间和领域、转变农业增长方式、创新农业经营机制等方面迈出了重大的步伐,且取得了阶段性成果,有力地推进了农业和农村经济运行质量和效益的提高。

二、现阶段我国农业产业结构存在的问题

农业产业结构调整是农业和农村经济发展永恒的主题,我国农业产业结构当前存在的主要问题是由我国农业和农村经济的整体质量不高、增长方式粗放造成的。其存在的具体问题主要有以下几个方面。

1. 生产结构单一,产品结构层次低,农产品的品种、品质不能满足人民生活日益增长的需要

第一,从全国来看,我国农业产业结构具有多样性,但具体到某一区域中,往往十分单一。农产品"大路货"和初级产品生产过剩,优质特色产品、精深加工产品供给不足。许多地方的农产品品种过于单一,限制了农业多元化发展。第二,种植业所占比重大,畜牧业所占比重小,农业资源的综合利用率不高。第三,农产品的内在品质不优且自身存在污染问题,其不能适应市场多样化、优质化、多用途的需求,市场竞争力不强。农产品的质量安全问题日益突出,尤其是在"菜篮子"产品方面显得更为严重。在我国加入WTO后,国际市场对我国农产品的品种、品质提出了更高、更严格的要求。而近年来,农兽药残留量超标事件、"瘦肉精"事件、食品中毒事件不断发生,假冒伪劣食品屡禁不止,这不仅危害了消费者的身体,在社会上造成了不良影响,而且损害了我国农产品在国际上的声誉,许多农产品的出口因此频频受阻。

2. 农产品加工程度不高、加工业发展滞后、农产品增值困难

我国粮食、肉类、水果、禽蛋、水产品等主要农产品的产量已位居世界前列,但我国加

工业与世界先进水平相比还有很大差距。我国农产品加工在整体上处于水平低,规模小,综合利用率低,能耗高,技术及装备水平低的初级阶段。

3. 缺乏科学的农业区域布局规划,地区发展重点不突出、结构雷同

各地由于缺乏科学的农业区域布局规划,在认识自身优势、研究市场定位和确定发展重点方面的工作不够深入,因此在结构调整中农产品区域布局不合理,区域特色不突出,区域分工不明显,"小而全""大而全"的现象仍很明显,区域优势尚未得到充分发挥。从全国来看,近几年的农业产业结构调整进展不平衡,各地还没有充分发挥自身的地区比较优势,未能形成具有鲜明地方特色的农产品区域布局结构。问题突出表现在农业产业结构仅在狭小的区域内调整,而在较大范围内产业间、产品间表现出明显的同构性。这里既有市场信息不灵敏、供求关系不稳定导致价格决策失误的原因,也有对农业产业结构调整认识不到位、行政干预过多和"形象工程""样板工程"造成引导偏差的原因。

4. 政府对农业管理不规范,对农业产业结构调整造成负面影响

政府对农业管理不规范,增加了农业产业结构调整的运行成本与风险。用市场经济的办法推动农业产业结构调整是现阶段农业产业结构调整的要求。但是,由于行政体制改革滞后,政府职能转变慢,因此在发展农业产业化的实践中,政府对农业管理不规范的问题还比较严重,甚至用计划经济的方式推进农业产业结构调整的事件并不鲜见,具体表现在以下3个方面。一是政府"越位",不尊重农民主体性地位,以行政命令强制进行农业产业结构调整,对于农业产业化过度推动,导致出现拔苗助长现象。许多地方不顾当地条件和市场需求,盲目追求农业产业化发展高指标,甚至急于求成,对龙头企业和农户拉郎配。有的地方为了增强龙头企业对农户的辐射带动能力,人为地将若干中小型农产品加工、销售企业捏合在一起,希望借此"增强龙头企业的经济实力和竞争能力",导致新组建的龙头企业内部貌合神离,内耗增加。二是政府"错位",政府与企业、市场的职责不清,甚至用政府投资替代政府支持,导致重点龙头企业与一般龙头企业之间、龙头企业与其他产业化组织之间竞争地位不平等。在多数地方,特别是欠发达地区,政府支持农业产业化的重点不是表现在改善发展环境等政府应该有所为的方面,而是表现在政府应该有所不为的领域,如较多地通过政府直接投资的方式,推动龙头企业的加工、销售业达到较大规模。三是政府"虚位",政府支农政策不给力,农业金融体系不健全,质量认证检测体系、农业信息服务体系等不完善,农业法律法规建设滞后,这些都不适应农业快速发展的要求。

5. 市场发育不健全和服务体系建设滞后,制约了农业产业的优化发展

在市场经济条件下,市场是配置资源的主体,价格是市场机制发挥作用的杠杆,价格信号引导农民进行生产结构调整,从而实现农业资源的有效配置。如果市场体系和信息体系不完善,农产品就不能货畅其流,价格信号就会失真或传递受阻,从而误导农民的生产决策。当前,我国农业市场体系不完善,信息体系建设更是非常落后,具体体现在以下几个方面。

一是农产品批发市场规模小、布局不合理,大多还处于区域性自我循环状态,仅仅起着地区内调剂余缺的作用,缺乏规模大、有影响力、辐射面广的大型批发市场。

二是农产品期货市场的发展非常缓慢。由于现有农产品期货市场规模小,所含品种少,因而其风险转移和价格发现的作用远未发挥出来。我们知道,现货市场的即期价格只反映当期的供求状况,而当期的生产状况取决于上期的供求状况,当期的供求状况则决定下期的生产状况,由此形成明显的"蛛网效应"。我们如果缺乏对现货价格的专业性市场的分析和预测,很容易向农民传递错误信息,使农产品"卖难"与"买难"交替出现,造成农业生产的大幅波动。

三是农业生产要素市场(包括土地、资金、技术、劳动力、信息等市场)的发展明显滞后于农业生产结构调整的需要。

四是市场功能不齐全,交易规则不健全,市场管理落后。目前,大多数市场还只是一个提供集中交易的场所,缺乏质量验证、信贷结算、委托购销、代理储运、信息咨询、代办保险等配套服务,很多市场脏乱差问题严重。

五是农业服务体系建设滞后。农村中介组织发展不足,农业产业结构调整缺乏服务体系的有效支持,政府对农业产业结构调整的支持疲软,农业产业结构调整得不到信息、科技、信贷、税收、政策等方面的有效配合。在信息方面,没有负责收集、分析、预测和发布信息的专门机构,各业务部门提供的农业和农产品信息零星分散,而且其提供得不及时,发布信息的渠道也非常有限,广大农民往往无从获取所需信息,都是采取"别人种什么,自己就种什么"的策略,这样就极易出现结构雷同,导致生产过剩和过度竞争。在科技方面,农业科技服务体系滞后,没有形成完善的农业标准化体系,农业科技基础薄弱,农业科教结合不够紧密,整体优势没有发挥出来。同时,农民科技文化素质不高,农技推广人员知识陈旧,高新技术产业发展不够,一些高新技术难以转化为现实生产力。在信贷方面,改革开放以来,我国已形成了以农村信用社为主体,以中国农业银行和中国农业发展银行为辅助,以民间借贷为补充的农村金融体系。然而这种体系的发展仅仅是农村金融资产总量的简单扩张,农村金融业务形式单一、对象面窄、融资渠道不畅的矛盾并未根本解决。

以上问题说明,我国农业产业结构调整具有必要性和迫切性,而只有进行战略性结构调整,方能摆脱困境,从根本上解决问题,使我国农业结构真正得到优化与发展。

三、我国农业产业结构调整的基本原则

农业产业结构调整必须自觉依据和运用经济规律,即生产关系一定要适应生产力的规律,积极发挥农民在农业产业结构调整中的积极性,利用价值规律调整农业产业结构,使农业产业结构的调整以最少的人力、物力、财力、能源投入,取得最大的社会、经济、生态综合效益。总结以往农业产业结构调整的经验,当前的农业产业结构战略性调整应坚持农民主体性原则、市场导向原则和农业产业化原则。

1. 坚持农民主体性原则

坚持农民主体性原则就是尊重农民的自主意识和首创精神,确立和保护农民在结构调整和市场经济中的主体地位,将农业生产、经营的各项主动权交给农民,引导农民按照市场需求组织生产;依靠科技进步,优化农产品品种和品质结构,发展多种经营方式,向生产的广度和深度进军。农民作为参与市场竞争的微观行为主体,在农业产业结构调整中的主体地位是不容置疑的,尊重农民在农业产业结构调整中的主体地位是调动农民积极性的必然要求。农民是农业生产的主体,是农村生产力中最活跃的因素。农业是丰收还是歉收,归根结底取决于农民生产经营积极性的高低。发展农业,一靠政策,二靠科技,三靠投入,但归根结底靠亿万农民的生产经营积极性。要调动亿万农民的生产经营积极性,就必须尊重农民的生产经营自主权,在当前的农业产业结构调整中,必须尊重农民的主体地位。

从目前的情况来看,农民的主体地位还很脆弱,缺乏有效的保障。有些地方在农业产业结构调整过程中还经常发生侵害农民生产经营自主权的事情,一些干部服务意识差,工作方法简单、粗暴,强迫农民种这种那,提出一些不合理的要求,甚至动用"专政手段"强制农民执行,从而伤害了农民的生产经营积极性,损害了农民的利益。干部可以帮助农民分析市场行情,指导农民确定适应市场需求的种植养殖计划,帮助农民推销产品,但绝不能剥夺农民的生产经营决策权,代替农民决策,也绝不能强迫命令、"一刀切"。如果违背了农民意愿,侵犯了农民生产经营自主权,伤害了农民生产经营积极性,农业产业结构调整就不可能获得成功。在农业产业结构调整中明确和尊重农民的主体地位,这与政府发挥积极作用并不矛盾。

在农业产业结构调整中,政府的作用是引导、服务和宏观调控,政府发挥作用时要特别注意防止两种倾向:一种是政府"越位";另一种是政府"缺位"。这两种倾向都不利于农业产业结构调整的顺利进行。目前我国计划经济的影响还很大,政府要转变观念,转变作风,特别应注意防止"越位"和"缺位"倾向,从法律和制度方面对农民主体地位加以保障。

2. 坚持市场导向原则

坚持市场导向原则就是农业产业结构调整必须有超前意识,以市场需求的变动为导向,根据市场的需要合理安排各产业的生产规模,既要强调发挥资源优势,又要强调将资源优势转化为商品优势和市场优势,充分发挥市场在农业产业结构调整和农业资源重组中的基础性作用。

众所周知,无论什么产品,只有卖出去并卖出好价钱才能赚钱,农产品也一样,市场已成为决定农产品命运的关键。调整农业产业结构,必须以市场为导向,时刻把握市场的脉搏,立足国内市场,培育主导产业,将优质农产品品牌的评判标准交给市场,适应市场需求,选择有市场前景、有销路、有效益的产品去发展,充分发挥市场对农业资源优化配置的作用。

以市场为导向,必须全面了解市场,不仅要了解本地目前市场上什么产品畅销价高,什么产品滞销价低,而且要全面了解未来市场发展,即全面了解国内外市场当前和未来的状况。要根据市场需求信息组织生产,做到市场需要什么就生产什么,不能盲目调整,造成新的积压和卖难。同时,还要特别注意对潜在市场进行研究,根据对未来市场需求空间发展的预测选择发展产业。市场是农产品最终得以实现价值的关键,农业产业结构调整的最终目的就是赢得市场,获得高效益。因此,农产品要进入市场,适应市场需求,必须在产销两个环节上加强市场预测,及时了解销售行情。所以,以市场为导向不仅要顺应市场,而且要通过人的主观努力把握市场,拓展市场,挖掘潜在市场,预见未来市场,把握近期市场,瞄准长远市场。

3. 坚持农业产业化原则

坚持农业产业化原则,就是以国内外市场为导向,以提高经济效益为中心,对当地农业的支柱产业和主导产业实行区域化布局、专业化生产、一体化经营、社会化服务、企业化管理,把产供销、贸工农、经科教紧密结合起来,形成"一条龙"的经营体制,从而改造传统的自给自足的农业自然经济,使之和国内外市场接轨,逐步实现农业生产的专业化、商品化和社会化,并使之进入市场经济大循环圈内,彻底解决农业生产率低和比较效益低的问题。

进行农业产业结构战略性调整,要以推进农业产业化经营为主线。关于产业化经营,从经营的角度来看,龙头企业+基地+农户是产业化经营的一条经济技术路线。而我国现阶段农业产业化经营还处于起步时期,带动能力强的龙头企业少,企业与农户的利益连接还存在不少问题,产业化链条不完整,进而限制了农业产业结构调整的力度和广度。进行农业产业结构调整时必须跳出农业来发展农业,以企业为载体,按照工商业的发展思路、技术路线、管理模式来发展农业。把农业的产前、产中、产后部门连接起来,构建产加销、贸工农一体化的内在机制,大力发展农产品加工业,扩大农产品出口。

新阶段我国农业的发展要求我们必须改变传统的以生产环节为主的农业观,农业不再局限于农业本身的生产,要向产前和产后延伸。产前要延伸到农业的科研教育,以及种子(种畜、种苗)、化肥、农药、饲料等投入品的生产与流通;产后要从"田间地头"一直延伸到"餐桌",也就是要全方位地向农业的深度和广度进军。农业产业化经营就是在这样的新农业观念下,以农户家庭承包经营为基础或以不触动农户的承包经营权为前提,发展市场化农业,把具体的产业或产品做强做大,形成比较完整的产业链。产业链上的各相关利益主体在龙头企业的带动下形成合理的专业分工与利益共享局面,以产业链"整体"参与市场竞争。在很大程度上,推进农业产业化经营的过程也就是调整和优化发展农业产业结构的过程。农业产业结构战略性调整离不开农业产业化经营的发展壮大,不仅如此,推进农业产业化经营还将有力地促进整个农村经济结构的调整。

四、我国农业产业结构调整的主要内容和基本要求

(一) 农业产业结构调整的主要内容

我国农业产业结构调整包括 3 个层次：一是对以农业为基础的第一、二、三产业所占的比重进行调整，努力加大以农业为基础的第二、三产业所占的比重；二是调整大农业所占的比重，要大力发展畜牧、水产业；三是在种植业内部发展优势产业和优质产品。

1. 优化农产品品种、品质

目前，我国农产品品种、品质结构尚未优化，农产品优质率较低。从比较优势来分析，我国应该重点发展的农产品是牛、羊、猪等肉类产品，苹果、梨等水果产品，花卉产品，水产品等。在国际市场上，这些产品虽具有明显的价格优势，但也面临着品种不优、质量不高的困扰。以苹果为例，我国是苹果生产大国，产量居世界第一位，但目前我国苹果年出口量仅占总量的 1% 左右。苹果出口量小的主要原因是质量差，大小不均，含糖量低，虫果率高，采后保质能力差，果实农药残留超标等。在多数农产品供过于求的背景下，农业产业结构调整必须从追求产品数量增长，转向追求产品品质提高，这样才能提高我国农产品的市场竞争力，这才是应对"入世"后新局面的根本途径。

在调整农产品品种、品质结构，大力发展优质、高效农业时，我们可以着重进行以下两方面的工作。

① 调整农产品品种结构，促进品种结构和品质结构优化。首先应适应市场需求，积极淘汰劣质品种，发展优质专用农产品。2002 年，我国优质稻种植面积已达 2.5 亿亩，超过水稻种植总面积的一半，优质专用小麦种植面积达 900 多万亩，占小麦种植总面积的25%。种植业结构调整要由"二元结构"(粮食、经济作物)向"三元结构"(粮食、经济作物、调料作物)转变。淘汰和调减那些不适销对路的品种，增加名、优、特、新产品的生产量，大力发展适应市场需要的优质化特色产业和产品。卖难的农产品主要是品质较差的大宗农产品，而一些专用的、优质的农产品还是供不应求。因此，我们必须加快品种改良和良种推广，下决心淘汰劣质品种，大力开发优质品种，优化农产品品种结构，全面提高农产品质量。

② 大力发展"绿色"农产品，加强质量安全，形成品牌。目前，我国农产品的优质品率非常低，粮食产品的优质品率一般仅为 10% 左右，农产品的综合优质品率也仅为 15% 左右。农产品质量不高，已成为影响农产品销售、影响农民收入的突出问题，也成为影响农业生产持续稳定发展的主要因素，提高农产品质量是农业产业结构调整的重点，是提高效益的核心，也是参与国内外市场竞争的保证。随着生活水平的提高，人们对农产品的品质要求也必然越来越高，不仅对农产品的色、香、味、形等有了更高的要求，而且对农产品无公害、无污染的要求也越来越高。要大力发展优质、高效、低耗农业，从市场需求出发，更新粮食品种，增加优质粮食和高附加值经济作物的生产量。农业产业结构调整要把提高农产品质量放在突出位置，根据市场需求进一步优化农产品品种结构，大力改善农产品

质,确保农产品质量安全,使农产品质量能够满足城乡居民生活水平日益提高的需要,全面增强我国农产品的国际竞争力。威胁食品安全的主要因素是农药、化肥、兽药的不合理使用。要着力发展无公害农产品和绿色食品,保障农产品安全。建立无公害蔬菜基地,并对无公害基地的生产过程进行监控。大力发展无公害农产品、绿色食品和有机食品,尽快使优质安全的农产品形成品牌。组织实施"无公害食品行动计划"和符合WTO规则要求的畜牧建设区,建立健全的农产品质量安全保障体系,完善有关法律法规和政策,切实加强对农产品从生产到销售环节的管理,全面提高农产品的质量安全水平和国际竞争力。

2. 调整农业产业内部构成

农业产业结构调整的另外一方面就是对产业进行合理布局,即对农业内部农、林、牧、渔四大结构进行调整。在农业四大部门里,要注意提高畜牧业、渔业的比重;在种植业里,要提高经济作物的比重。畜牧业在某种程度上代表着一个国家农业发展的水平,发展畜牧业可以带来联动效应,它可以促进种植业,带动加工业,促进农业内部结构合理化和产业间的良性循环。畜牧业还是一个劳动密集型产业,有可能成为我国在国际农产品市场竞争中的一个优势产业。过去由于粮食供给不足,我们拿不出太多饲料来发展畜牧业。现在我国粮食库存较多,生产能力提高,加快发展畜牧业的时机已经成熟。要采取切实可行的政策措施,加快畜牧业发展,尽快把畜牧业发展成为一个大产业,这应当成为当前结构调整的一个重点目标。

3. 合理进行区域产业布局

农业生产总是在一定的地域进行的。不同的地域有不同的自然条件和经济条件,适宜进行不同的农业生产,形成了农业生产某种产品的比较优势。调整和优化农业布局结构,应充分发挥区域比较优势。农业产业结构战略性调整就是通过区域分工协作,充分发挥不同区域的比较优势,这涉及不同区域的战略性定位。只有明确战略性层面上的分区域结构调整路径,通过发挥比较优势,实现要素流动和优势互补,才能真正实现调整的"战略性"。借助于加入WTO的难得机遇,我国应当充分利用国内外两个市场的农业资源,依照比较优势原则,合理配置土地、水、资金、技术等资源。从宏观来讲,应适当减少粮、棉、油、糖等土地资源密集型农产品的生产量,增加优质果、菜、花卉等劳动密集型产品的生产量,增加养殖及加工品的生产量。

东部地区农业产业结构调整的定位是"发展局部地区的现代化集约农业",在重点发展第二、三产业时,农业表现为高投入、高效益,其中外向型农业将占很大比重。东部地区在发展外向型农业、高科技农业和高附加值农业的基础上,还应积极发展适应国际市场要求的农产品生产,增强出口创汇能力,加快推进农业现代化进程。中部地区农业产业结构调整的定位是"成为主要农产品的供给基地"。西部地区农业产业结构调整的定位是"突出发展生态农业和特色农业"。

西部地区要抓住国家实施西部大开发的机遇,转变发展模式,将退耕还林、还草、还湖与发展特色种植业和养殖业并举,同时充分开发农业旅游资源,大力发展观光农业,积极发展特色农业、生态农业、节水农业和绿色农业,走农牧、林牧结合的农业发展道路。通过充分发挥不同区域的比较优势,在非均衡发展中实现农村经济乃至国民经济的均衡与协调发展。

政府应根据各地资源禀赋、区域优势,因地制宜,适当集中,合理进行规划,保障区域性农业产业结构布局合理,推进农业区域布局结构优化。确切地说,当前要重点扶持的是优势农产品的优势产区,要突出优势,突出重点,优先选择国内有市场且进口产品冲击威胁大的、国际市场前景好且急需扩大出口的产品进行规划。应根据资源比较优势,在占有耕地资源优势的地区,致力于发展粮食生产,形成粮食主产区;在具有草场、沿海、山地资源优势的地区则可致力于发展畜牧业、水产养殖业和林业,生产比粮食价值更高、生态效益更好的畜产品、水产品、林果产品及经济作物,形成不同的特种农产品生产基地;在具有信息、技术、资金、地理位置等优势的大中城市郊区,致力于发展科技含量和附加值更高、经济效益、社会效益、生态效益更好的经济作物、水产品、畜牧养殖产品,建设现代农业高科技产业区。另外,在大中城市郊区,还可通过优美的农业自然环境及其相应的农、林、牧、渔的生产过程和农业劳作的新型模式,发展观光农业,吸引人们前往参观、购物和游玩。

我国要提高农产品的国际竞争力,必须尽快按照"特色化、区域化、品牌化"的要求,推进生产布局的革命性变革。在优势产区发展主导产品,坚持统一市场、专业化生产的战略,在建立全国统一的农产品大市场的同时,要从全球角度科学分析各地农业发展的相对优势,优化国内产品结构和农业生产布局,打造具有区域特色的发展模式。大力优化农业区域布局,推动优势农产品和特色农产品向优势产区集中,形成优势农产品产业带,如陕西的苹果、山西的小杂粮、山东的蔬菜、新疆的棉花等。

(二) 农业产业结构调整的基本要求

我国农业和农村经济的发展,既面临经济全球化、市场一体化的直接冲击,又存在国内产业结构升级、农民增收困难的现实压力。如何合理调整农业产业结构,缓冲和应对加入WTO对我国农业带来的负面影响,是保证我国农业持续、健康、快速发展的首要问题。在这一背景下,必须进一步厘清推进现代农业建设的思路,着眼于经济全球化、农业技术高新化和开放型农村经济的新趋势,按照以工业化思维谋划农业发展的思路,围绕农业和农村经济结构战略性调整这条主线,以发展农村生产力和增加农民收入为根本目的,面向国外和国内两个市场,突出区域特色,多元发展,实施农业产业结构调整,加速建设以粮食和畜产品精深加工为重点的龙头企业群,加快推进专业化建设,扶持发展一批龙头企业,促进小生产与大市场相连接,提高农业经济效益和市场化程度。

1. 农业产业结构调整要与区域比较优势和区域特色相结合

搞好现代农业建设的一项重要内容是立足区域比较优势,通过比较优势的开发利用,形成具有辐射和带动能力的主导产业,从而促进整个区域经济的发展。各地由于地域、资源、气候等条件的差异,优势产业必然不尽相同,只有从实际出发,因地制宜,扬长避短,开发利用区域比较优势,农业产业化经营才能形成特色。各地农村能够合理利用自己的区域比较优势,以及区域比较优势能够成为现代农业建设的立足点的要求是我们从多方面认识区域比较优势。调整农业产业结构不能在数量和规模上进行简单的重复和增减,而是要突出地方产业的优势,走特色发展道路。特别是在我国加入WTO后,国外大量的农产品涌入我国,农产品的可选择性变多,竞争也日渐激烈。农产品生产的地域性强,具有区域特色的农产品往往很少有竞争对手,一般具有较强的国际竞争力。因此,我国农业产业结构调整要根据区域地理条件,合理优化资源配置,也要注重地方特色。做好特色文章,关键是要把握市场脉搏,不断地进行种植业、养殖业以及农产品加工业的连续性、适宜性调整,使产业具有优势,使产品具有特色,从而稳步促进农业健康发展。要根据资源优势和区域特色,运用市场机制和政策导向,促进生产要素的合理流动和必要的集中,形成区域鲜明、优势突出的农业生产布局。

2. 农业产业结构调整要与大力发展加工企业和组建农民专业合作经济组织相结合

要发展现代农业,必须加快农业产业结构的战略性调整,这迫切需要农产品加工业的带动和推进。当前农产品加工和市场营销发展滞后,严重制约了农业产业结构调整。许多地方的加工转化能力不足,瓜果蔬菜等大量新鲜产品集中上市会造成供过于求,价格上不去;一些粮食主产区的粮食加工转化问题没有解决,无法形成产业链,影响了农民的种粮收入。要大力发展现代农业建设,就要建成一批大型骨干企业和示范基地,健全重要农产品的生产和加工标准,逐步形成与优势产业相适应的加工布局和符合农产品加工业发展规律和消费水平的加工体系。现在看来,在凡是加工业比较配套,市场营销网络健全,农民种养的产品能够及时进入加工流通领域的地方,农业产业结构调整都比较成功,农业现代化建设也都搞得相对较好。

专业合作经济组织的特点是把农户、加工企业和市场连接起来,通过发展农产品加工业,延长农业产业链,实现现代农业发展、农业增效和农民增收相统一的目的。要发挥农民专业合作经济组织在现代农业建设中的作用,必须按照"民办、民营、民受益"的原则,引导农民在劳动、技术、农产品销售等方面开展互助合作,这样既能起到约束、规范的作用,又能分散风险,保护农民利益。同时,发展各类以农民为主体的专业合作经济组织,能引导农民进入市场,逐步发展具有股份或股份合作性质的农民自己的工商企业,进一步扩大农民的生产经营自主权,吸收农民加入产供销结合、贸工农一体化的经济联合体,使其由小生产的经营主体向社会化大生产的经营主体转化。

3. 农业产业结构调整要与地方龙头企业的农产品精深加工相结合

在农业和农村经济进入新阶段后,要推进现代农业建设,必须进一步加快我国农业产业结构调整的步伐。如果只有农产品的初级加工,而没有农产品的精深加工,那么农业产业结构战略性调整就无从谈起了。农产品的精深加工是对地方特色产品的升级增值,也是进行现代农业建设和农业产业化生产的突破口。农民由于分散生产和缺乏对市场的了解,面对瞬息万变的市场,常常感到无所适从。而龙头企业上连国内外市场,下连广大农民,是农民走向市场的依托,是真正的市场竞争主体。扶持龙头企业走精深加工之路就是扶持农民,但目前真正具有这种实力的龙头企业还太少。大力发展农产品精深加工,特别是采用产业化龙头企业的规模经营模式,可以带动千家万户按照市场需求,进行专业化、集约化和规模化生产,避免分散农户自发调整结构所带来的盲目性和趋同性,形成"政府调控市场、市场引导企业、企业带动农户"的结构调整新机制。一些地方农业生产基础比较好,但产业化发展不快的主要原因是农产品精深加工的发展严重滞后。要创办起点高、上规模的农产品精深加工企业,必须走招商引资、市场融资的路子,引进先进的技术装备和经营管理方法;在发展农产品的分级、包装、储藏、保鲜等初加工和半成品加工的同时,要大力发展农产品的精深加工,把初级农产品变成技术含量高、具有品牌优势、附加值高的产品。农业产业结构调整只有跳出初级生产范围,拓展纵向和横向发展空间,将农业与其他产业联系起来,通过精深加工这条纽带,把一个个农户组织起来,组成一个庞大的利益共同体,才能逐步有效抵御和消除农业的市场风险。

4. 农业产业结构调整要与农业科技的普及和发展相结合

在当前国际经济一体化的大环境下,运用现代科学技术改造传统农业是解决农业可持续发展的必由之路。生物技术、转基因技术已大量运用在现代农业中,但在广大农村,科技成果转化率、利用率较低。农业的高新技术和科研成果源源不断地推向市场,促使新的农业科研成果很快转化为生产力,这是农业企业,特别是龙头企业集团化发展的重要条件,也是调整农业产业结构和产品结构的必然选择。农业企业要想在提高质量和科技进步方面走在前头,就要抓好农业科技研发和技术推广,引进先进技术、优秀人才和优良品种,提高从业人员的综合素质,通过多种形式把技术送到千家万户,使先进的科学技术转化成农业实用技术,带动整个农业产业化快速发展,生产出更多安全、优质的农产品。

5. 农业产业结构调整要与改革土地流转制度、扩大经营规模相结合

推进现代农业建设,必须扩大农村土地的经营规模。我国实行农村家庭联产承包责任制的目的就是要把农民塑造成自主经营、自负盈亏的市场主体,但这种承包模式与农业现代化所要求的适度规模经营相矛盾,缺乏市场竞争力。因此我国农业产业结构调整要与土地流转制度改革结合起来。土地流转应在保障农村土地承包关系稳定的前提下,按照市场经济的要求建立合理的土地流转机制,发挥市场配置农村土地资源的基础性作用。要确保农户的土地流转主体地位,妥善解决土地使用权流转中存在的问题,促使土地合理集中,健全土地流转的法律机制。股份合作制是一种相对较优的选择,是我国目前乃至今后一段时期内可以采取的一种较好的土地制度模式。农业产业化经营需要从农民和农户经济的实际出发,正确认识适度规模经营,区分不同地区、不同部门或环节,采取不同的途径来发展规模经营。

第三节 农业布局与规划

一、农业布局的基本内容

1. 农业布局的概念

农业布局又称农业配置,是农业各部门(农、林、牧、渔业)和各部门内部各种生产门类及其数量在地域空间上的分布和组合。农业布局和农业结构既有联系又有区别。农业结构指在一定区域范围内,农业各部门和各生产门类相互之间的比例关系及其结合形式。在安排各部门、各门类地区布局时,必须考虑到它们之间的相互关系,建立合理的农业结构;在形成一个地区的农业结构时,必须以组成这个结构的各部门、各门类的合理地区布局为前提。因此,不能把布局和结构割裂开来,孤立地、主观地安排某一生产部门或某一生产门类的发展计划。

2. 农业布局的特点

总体来说,农业布局具有以下3个特点。

① 农业生产具有地域性。各地的自然条件、资源状况和社会经济技术条件各不相同,其发展农业生产的优势和劣势也各不相同;各种农作物、畜禽等对自然资源条件有不同的生态适应性,对经济、技术条件的要求也不一样。合理安排农业生产布局和结构,可使各部门、各门类各得其所,充分发挥地区优势,使劳动力、资金和生产资料的投放尽可能地用在能够带来更大效益的方面,以较少的能量和物质投入获取尽可能多的高质量产品。

② 农业生产具有综合性。农业的各部门、各门类之间,以及它们和环境之间不是孤立的,而是一个相互联系、相互制约的物质转化和能量循环的完整系统,即农业生态系统。合理的农业布局和结构可使农业各部门、各门类之间相互促进、相得益彰,充分发挥生态系统的综合潜力,提高物质转化和能量循环的效率,使物尽其用。

③ 农业生产具有季节性。农、林、牧、渔业以及各种农作物的生产都受到特定季节的限制,因而劳动力的使用常出现忙闲不均的现象,劳动力得不到充分利用,光、热、水、土等农业资源和基本设施也会出现季节性余缺现象。

3. 农业布局研究的内容

农业布局研究的内容主要包括以下3方面。

① 农业生产条件评价。着重分析、评价农业生产条件对农业布局的影响。

② 农业部门布局(又称"条条布局")。在分析农业现状的基础上,确定农业各部门的发展方向、规模、水平、分布与增产途径。

③ 区域农业总体布局(又称"块块布局")。以地区为基本单位,确定区内农业主导部门和次要部门,建立合理的农业部门结构体系,实现农业生产的区域化和专业化。

4. 农业布局的原则

农业布局应遵循以下原则:一是按自然、经济规律,因地制宜,发挥地区优势,充分、有效、合理地开发利用农业资源,综合考虑经济、社会、生态效益;二是不断促进农业各部门内部结合和共同发展;三是保证农业布局与农产品加工业布局相适应;四是考虑市场和交通条件,以利于促进商品农业发展;五是全面考虑国家、地方和农民生产与生活的需要。

合理的农业布局可以充分发挥劳动力及其他农业资源和生产设施的潜力。如果要确定一个合理的农业布局,必须综合考虑4个方面:一是要有利于充分发挥自然资源和经济资源的潜力;二是要有利于保持良好的生态环境;三是要有利于满足市场对农产品的多样性需求。四是要有利于提高农业生产的经济效果,不断增加经济效益。概括地说,确定一个合理的农业布局时,要综合考虑经济效益、生态效益、社会效益和资源效益,并且做到因地制宜、各有侧重。合理的农业布局要求农业各部门尽可能分布在条件最优越的地区,而每个地区内的农业各部门又保持着合理的比例,能有机结合,相互促进,协调发展。

值得我们关注的是,在社会主义市场经济的农业布局实践中,我们要正确处理好以下关系。一是老的农产品生产基地与新发展的和待开发的农产品生产基地的关系。在大力发展老的农产品生产基地的同时,选择生产条件优越、原有生产基础好、产量较大、增产潜力较大的若干地区,作为农产品新的生产基地。二是地区间专业分工与区内综合发展的关系。有计划、有步骤地实行农业区域专业化,使各地区间农业生产有合理的专业分工,且每个地区内专业化部门与辅助部门合理结合、协调发展,形成合力的农业地域结构。三是农业部门安排与作物布局的关系。例如,粮食作物种类多,适应范围广,需要量大,以分散布局为主,实行分散与集中布局(商品粮基地)相结合的原则,而经济作物宜适当集中,向区域化、专业化方向发展。

二、我国农业区域布局与规划

当前,我国农业农村经济发展面临着资源约束日趋紧缺、农产品需求刚性增长、市场竞争更加激烈的新形势,这对保障农产品总量平衡、结构平衡和质量提升是更为严峻的挑战。为了适应形势的发展变化,立足资源禀赋,继续深入实施优势农产品区域布局规划,显得尤为迫切。必须进一步充实优势农产品品种,优化农业区域布局,调整区域功能定位和主攻方向,进一步发挥好农业区域比较优势;必须进一步适应农产品产业带的发展规律,明确优势农产品产业带建设的阶段性要求,积极推进产业集聚和提升,进一步发挥好规划的导向作用,推进农业区域化、专业化发展。

1. 农业区域布局存在的问题

受体制机制、经济利益、地方政府重视程度和政策支持力度等多种因素的影响,农业区域布局有待进一步优化。当前,我国农业区域布局仍然存在品种少、经营范围小,部分优势品种区域主导地位不突出、上下游各产业之间相互衔接不够紧密等问题,原有的功能定位和发展目标已不能完全适应新时期农业发展需要。同时,随着优势品种日趋向优势区域集中,同一区域内同一时期优势产品之间竞争水土资源的矛盾逐步显现,增大了主要农产品结构平衡的压力。农业基础设施薄弱、农业社会化服务相对滞后、产业化和组织化水平不高等问题在农业区域布局上依然突出。

① 农业基础设施薄弱。农田水利设施年久失修,农田节水刚刚起步,耕地质量下降,农业防灾减灾能力不强。畜禽圈舍建设落后,粪污处理设施不完善。农业机械化总体水平不高,棉花、油菜、甘蔗收割机械化尚未取得实质性突破。农产品交易、仓储、物流等基础设施建设不配套,滞后于生产发展。

② 农业社会化服务相对滞后。公益性服务体系运行举步维艰,农技推广服务体系改革不到位,农业技术推广手段单一,且单项技术多,集成配套少,成果转化率低。经营性服务组织发育程度低、现代化程度不高、服务能力有限,特别是专业化营销组织不发达,产销

衔接不紧密,品牌多乱杂,我国在营销服务、质量标准、标识包装等方面与发达国家存在较大差距。

③ 产业化和组织化水平不高。优势区域内产业化企业规模小、带动能力弱,与农户资本连接、服务支持、利益共享等一体化关系尚不完善,带动农户增收的能力有限。农民专业合作经济组织和行业协会数量少,规模小,不稳定的发展格局仍未得到根本改变,在政策传递、科技服务、信息沟通、产品流通等方面的作用尚未充分发挥出来。小生产与大市场的矛盾依然突出,抵御市场风险的能力仍然较弱。

④ 扶持政策尚不完善。现有投向优势区域的支农资金总量仍然不足,而且缺少支持优势农产品产业带建设的专项投资,难以满足发展需要。优势区域产业发展的政策性金融支持力度不够,合作金融、民间金融发展滞后,农村金融体系功能不健全、服务不到位;农业政策性保险制度还不完善,农业风险分担机制尚未完全建立。政府引导、农民主体、多方参与的优势农产品产业带建设长效机制尚未形成。

2. 进一步推进农业区域布局的必要性

当前,我国农村经济社会发展已进入统筹城乡发展、推进社会主义新农村建设的新时期。继续推进农业区域布局,对于积极发展现代农业、繁荣农村经济,具有十分重要的现实意义。

① 推进农业区域布局是走中国特色农业现代化道路的战略选择。区域化布局是现代农业的基本特征之一。《优势农产品区域布局规划》(2003—2007年)实施的结果表明,优化农业区域布局,实行相对集中连片的规模化生产、专业化经营和市场化运作,能够强化产前、产中、产后各环节的社会化服务,提升生产的组织化水平,促进产业链条延伸,有利于形成小农户大基地、小规模大区域的发展格局,实现小生产与大市场的有效对接,促进农业发展方式向资源节约型和环境友好型转变,推动农业节能减排,为生态文明建设做出积极贡献。因此,继续推进农业区域布局仍将是发展中国特色农业现代化的有效实现形式。

② 推进农业区域布局是优化资源配置、保障农产品基本供给的重大举措。在我国工业化、信息化、城镇化、市场化、国际化进程加速推进的关键时期,人增地减和农产品需求刚性增长的趋势不可逆转。据统计,1999—2007年我国耕地面积净减少了1.23亿亩,人口净增加了9 000多万,人均粮食占有量从412公斤下降到381公斤,保障粮食安全的任务更加艰巨。同时,部分农产品产需缺口越来越大,供求结构性矛盾日益突出。未来确保农产品总量平衡的压力和农产品结构平衡的难度将越来越大。推进农业区域布局,在最适宜的地区生产最适宜的农产品,合理安排种养业,配套推广先进适用技术,有利于充分挖掘资源、品种、技术和现代物质装备的增产潜能,提高农业资源利用率、土地产出率和劳动生产率,增强主要农产品基本供给能力。这是在我国现实情况下,提升农业综合生产能力的必然选择。

③ 推进农业区域布局是发挥比较优势、增强农产品竞争力的客观要求。目前,国际农产品市场对我国农业的影响日益加深。我国大豆、棉花进口量已分别占国内消费量的

2/3和1/3,市场风险不断增大。同时,国内外市场对农产品质量的要求越来越高,一些农产品质量安全事件不仅影响农产品在国内销售,而且影响农产品出口。继续推进农业区域布局,有利于把优势区域率先建成高产、优质、高效、安全的现代农业生产基地和示范基地,实现规模化、专业化、标准化生产,降低生产成本,提高产品质量和档次,发挥区域比较优势,增强我国农产品的整体竞争力,使有竞争力的优势农产品保持出口的良好势头,需要长期进口的农产品保持必要的自给率。

④ 推进农业区域布局是促进农民增收、夯实主产区新农村建设产业基础的有效手段。继续保持农民收入持续较快增长的势头,努力缩小城乡收入差距,是当前乃至今后一个时期统筹城乡发展的重点和难点。大宗农产品生产的优势区大多处于传统农业主产区,培育具有较强竞争力的主导产业,打牢产业基础,扩大市场份额,提升产业发展的综合效益,依然是增加农业主产区农民收入的重要途径。继续推进农业区域布局,在进一步提高主产区农业综合生产能力的同时,有利于带动农产品加工、储藏、运输、营销等相关产业的发展,延长农产品的产业链条,促进农业增效、农民增收良性互动,不断夯实社会主义新农村建设的产业基础,逐步形成城乡经济社会发展一体化的新格局。

3. 推进农业区域布局的指导思想与基本原则

(1) 指导思想

高举中国特色社会主义伟大旗帜,深入贯彻落实科学发展观,围绕党的十七大提出的走中国特色农业现代化道路的总体要求,准确把握我国农产品供需的阶段性特征,遵循自然规律和经济规律,按照"因地制宜、突出优势、强化基础、壮大产业"的总体思路,明确农业区域发展定位与主攻方向,推动产业空间集聚和产业升级整合,促进农业发展方式转变,形成更加科学合理的农业生产力布局,加速农产品产业带发展进程,把优势区域建设成为保障主要农产品基本供给的骨干区、发展现代农业的先行区、促进农民持续增收的示范区,进一步强化农业基础建设,加快现代农业发展步伐。

(2) 基本原则

一是坚持以市场为导向,遵循市场经济规律,充分发挥市场在资源配置中的基础性作用。从区域资源优势出发,面向国内外市场,瞄准现实和潜在需求,进一步优化品种结构和品质结构,引导标准化、专业化生产,促进优势农产品质量的提升。同时,围绕保障主要农产品的基本供给,切实加大政府宏观调控力度,通过科学调整布局、政策扶持引导、强化科技支撑,全面增强优势农产品产出能力,促进农产品总量平衡、结构平衡和质量提升。二是坚持区域合理分工。按照全国主体功能区规划的相关要求,以发挥比较优势为出发点,立足区域资源禀赋,综合考虑产业基础、市场条件以及生态环境等方面因素,打破行政区域界限,根据不同农业地区的主体功能定位,进一步明确农业区域的布局和产业发展目标,在严格保护耕地和重点生态功能区的基础上,促进生产要素在空间和产业上的优化配置,引导农业结构调整向有利于保护耕地的方向进行,加快形成区域特色鲜明、产业分工合理、产业体系完备的农业布局新格局。三是坚持产业整体构建。立足优势品种和优势区域,促进产业集聚和提升,促使优势区域资源禀赋与优势品种布局相匹配,优势区域种养业与加工、流通等环节相衔接,主导产业与农村服务业等相关产业相协调,加快优势产业生产、加工、流通的一体化进程,着力培育专业合作经济组织,加速构建现代农业产业体系和优势产业集群,不断提高产业整体素质、效益和竞争力。四是坚持统筹协调推进。借鉴发达国家的建设经验,充分认识优势农产品产业带建设的长期性、复杂性、艰巨性,切实发挥规划和政策的引导、调控作用,加强部门间、区域间的联合协作,调动各方积极性,统筹利用资金、技术、人才等各类资源,建立分工明确、行动协调、持之以恒的良好机制,努力形成推动优势农产品区域布局工作的合力。五是坚持尊重农民意愿。始终坚持农村基本经营制度,稳定和完善土地承包关系,充分尊重农民生产经营自主权,保障农民的市场主体地位。通过政策引导、市场带动、信息服务等途径,调动农民自觉自愿发展优势农产品生产的积极性,不搞违背农民意愿的强迫命令和"一刀切"。

4. 推进农业区域布局的主要政策措施

推进农业区域布局必须立足国情、统筹谋划、注重实效。各级政府和有关部门应高度重视农业区域布局工作,在制定有关政策、编制相关规划时,应充分考虑农业区域布局,使其与其他产业布局规划衔接,把优势农产品的优势区域作为新时期现代农业发展的基础平台,不断加大政策扶持力度,加强组织领导和宏观指导,采取切实有效的措施,培育优势品种,做强优势区域,加快建设优势农产品产业带。

① 加强农业区域布局研究。国家和各级地方政府应投入一定的研究人员和经费,深入进行农业资源调查,分析研究各地区气候、水文、土壤、光照等自然条件和人口、收入、风俗习惯、农业技术、交通等社会经济条件等方面的特点,将全国主要农业区划分成不同农产品主产区,使主产区农产品生产对自然、经济、社会条件的要求与当地的条件相吻合。发挥区域资源优势,增强主产区农产品的市场竞争力。

② 加强科学技术研发与推广应用,提高优势农产品的科技含量。坚持走中国特色农业科技自主创新道路,优先在优势区域建设产业技术研发中心、功能研究室、综合试验站,加快建立现代农业产业技术体系。加大优势农产品科研经费投入力度,围绕优势农产品产业发展需要,建设有效优势农产品技术的研发体系,组织相关部门、科研院所、高等院校和企业,依托重大工程和国家科技计划,在动植物育种、疫病防控、农业机械化、农田节水、科学施肥、质量安全、农产品加工储藏等重点领域加强科研攻关,力争在一些关键环节、关键技术上取得突破,尽快形成适应不同优势品种、不同优势区域要求的现代农业产业技术体系。针对产业技术体系构建过程中的瓶颈问题和关键环节,优先引进相关技术并进行消化吸收,再创新一批核心技术。深化农业技术推广体制改革,不断充实优势区域基层技术力量,完善技术推广运行机制,确保公益性推广机构履行职能所需经费,积极扶持社会化技术服务组织。启动实施基层农技推广服务体系建设工程,重点建设和完善县及县以下公益性农技推广机构,使之具备必要的办公场所、仪器设备和试验示范基地,增强生产指导、技术服务等服务功能。建立健全动植物疫病防控体系,扩大无规定动物疫病区建设范围,推进重大动植物病虫害统防统治。加大种子工程、畜禽水产良种工程、科技入户工程、测土配方施肥方法、保护性耕作技术等对优势区域的倾斜力度,探索农业科技成果进

村入户的有效机制和办法,加大农业科技成果转化和推广力度,努力提高优质高产品种和集成配套技术的普及率。针对农村青壮年劳动力大量外出务工、农业劳动力素质结构性下降的现状,加大优势区域新农村实用人才培训工程、新型农民科技培训工程等的实施力度,抓好先进实用技术培训,提高农民的知识素养和务农技能,培养一大批适应现代农业发展要求的新型农民。

③ 完善农业设施装备,强化农产品生产的基础支撑。突出抓好农业基础设施建设,大力发展农田水利设施和节水灌溉,加强大型灌区续建配套与节水改造,加大植物保护、动植物疫病防控体系、渔政渔港等现有工程的建设力度,加快实施沃土工程、旱作节水农业示范工程,改善耕地质量,防止水土流失,全面增强农产品基础产出能力。在实施好现有粮食生产各项工程的基础上,启动实施粮食战略工程,以粮食优势区域为重点,加强基础设施建设,积极开发重点省区的粮食核心区和后备区,全面提升优势区域总体粮食产出能力。以经济作物、园艺作物和养殖业为重点,推进标准化生产,强化科技集成应用能力,完善综合服务设施,积极推进现代物流设施与手段建设,打造一批农产品出口基地、名牌产品生产基地和现代农业示范基地。加大先进适用农机化技术和机具的开发应用力度,优化装备结构,加快推进粮食作物生产全程机械化,稳步发展经济作物和养殖业机械化,鼓励有条件的地区和农垦企业在推进农业机械化方面发挥示范带动作用。

④ 推行标准化生产,提升农产品质量安全水平。按照标准化生产和管理的要求,以农产品生产操作规范、农兽药残留限量、产地环境质量、产品等级规格、包装储运等为重点,加快制、修订主产区农产品生产标准。率先在优势区域实施农业标准国际化战略,加强国际标准的跟踪、研究,推动我国标准与国际标准接轨。扶持龙头企业、农民专业合作经济组织、科技示范户和种养大户率先实行标准化生产,并示范带动标准化生产和管理技术进村入户,大力发展无公害优质农产品、绿色食品,因地制宜地发展有机农产品,积极发展名牌产品,加强认证监管,健全淘汰机制,推行地理标志制度。加大农产品质量安全检验检测体系建设力度,深入实施无公害农产品行动计划,建立农产品质量安全风险评估机制。大力推广清洁生产和废弃物资源化利用技术,发展循环农业,强化农业面源污染治理,切实保护产地生态环境。加强农产品质量安全例行监测和监督抽查工作,突出产地环境监控、投入品质量监管、生产技术规范制定、市场准入、市场监测等关键环节,建立从田间到市场全过程控制、运转高效、反应迅速的农产品质量安全管理体制,不断提高优势农产品的质量安全水平。

⑤ 加快区域内农民专业合作经济组织和产业化经营的发展步伐,提高农业组织化程度。突出龙头企业与优势区域之间的"血缘关系"和"地缘关系",引导和鼓励龙头企业向优势区域内集聚,通过"公司+合作组织+农户"、"公司+基地+农户"、订单农业等模式,与农民结成更紧密的利益共同体,让农民更多地分享产业化经营成果。扶持发展以专业合作经济组织为主体的互助服务,积极倡导以社会化中介组织为主体的市场服务。支持农民专业经济合作组织承担国家有关涉农项目,鼓励其兴办农产品加工厂或参股龙头企业。积极发展科技含量高、产业链条长、增值水平高、符合综合利用和循环经济要求的农

产品精深加工业,强化产业间的衔接。积极发展农业生产经营性服务组织,为农民提供代耕代种、用水管理和仓储运输等专业化服务,不断提高农业的组织化程度和产业化水平。

⑥ 加大市场和信息体系建设力度,促进农产品产销连接。健全农产品市场服务体系,提升农产品市场集散能力。加快建设农产品冷藏保鲜设施,提高农产品的市场均衡供应能力。大力培育农产品市场经营主体,鼓励农民创办运销组织,发展民间经纪人队伍,扶持壮大各类农产品营销龙头企业。加强现代物流体系建设,大力发展订单农业、网上销售、直销配送等新型营销模式,完善和落实好鲜活农产品运输绿色通道政策。推进"金农"、"三电合一"、农村信息化示范等工程建设,扩大农产品信息网络覆盖范围,建立监测体系,及时发布相关信息,提高农产品生产信息化程度,为科学制定产业发展政策提供决策依据。

⑦ 巩固、完善、强化惠农政策体系,加大扶持力度。继续加大对农民的直接补贴力度,逐步增加粮食直补、良种补贴、农机具购置补贴和农资综合直补,全面落实对粮食、油料、生猪、奶牛等生产的各项扶持政策。完善水稻、小麦、玉米、大豆、棉花、油菜等现有农产品的补贴政策。巩固完善农民收入补贴政策,加大技术应用补贴和生产性服务补贴力度,切实增加农业投资总量,各级财政要加大对优势区域建设的扶持力度,重点加强基础设施建设和社会事业发展。研究和制定扶持农业发展的信贷政策,加大对优势区域农民专业合作经济组织及农户等经营主体生产性贷款的金融扶持力度;鼓励有条件的地方建立担保基金、担保公司,为优势区域龙头企业融资提供服务;鼓励有条件的龙头企业上市或向社会发行企业债券,募集发展资金;鼓励各类市场主体参与优势区域农业基础设施建设,逐步建立起多元化、多渠道的投融资机制,打造各类生产要素集聚平台,形成全社会各行业共同推进优势产业带发展的格局。优先将优势农产品纳入农业政策性保险范畴,不断发挥农业保险在稳定优势农产品生产方面的积极作用。跟踪分析国内外两个市场的变化情况,加强优势农产品进出口的调控,完善优势农产品进口管理和贸易救济预警制度。

【思考题】

1. 当前的农业产业结构战略性调整与前几次农业产业结构调整有何不同?
2. 如何协调我国当前的农业产业结构战略性调整与坚持"无粮不稳"之间的关系?
3. 农业布局与规划的意义何在?新疆作为农业大省该如何实施农业布局?

【案例分析】

调整和优化农村产业结构

河北华龙集团有限公司创建于1994年3月,经过10年的艰苦创业,华龙集团已经发展成为占地面积100多万平方米、员工12 000余人、总资产30多亿元的企业集团,而且华龙商标荣获中国驰名商标,是中国民营企业500强中的第31位,其产销量居全国同行业的前三位。

华龙是一家依托全国优质小麦生产基地、大力发展农业经济、从事粮食加工的龙头综合性民营企业。华龙的发展直接带动了当地农业的发展,致使当地涌现出了多家小型方便面厂、面粉加工厂等,并且使华龙所在的莲子镇连续数年成为隆尧县的纳税大户。

在以往商品短缺时期,农产品生产者主要靠增加产量以求发展。在华龙的幼年期,农业已告别短缺,出现激烈的市场竞争,农村各类产业的发展都转移到了依靠科技进步和提高劳动者素质的轨道上。华龙适应了新经济形势,转换了增长方式。其在增加产量的同时,以提高产品质量为手段,各类产品也实施"名牌战略"。

华龙集团作为一方龙头企业,在农业产业化组织体系中居于领先、核心的地位,它组织和指导农产品的生产、加工和销售,形成一体化生产体系,而且吸收了大量农村的劳动力,使农村居民在从事农业生产活动的同时,也从事非农业生产活动。当生产者的目的是获得利润时,农业生产开始成为产业行为,农业资源配置逐渐市场化,农产品的整个生产过程也日益形成现代农业产业化经营体系,这是一个历史过程。

【问题讨论】

1. 华龙集团有限公司是怎样影响农业产业结构调整的?
2. 华龙集团有限公司的发展过程对当地的农业经济发展有何影响?

农业产业化及社会化服务体系

【本章导读】

农业产业化也可以称为农业产业化经营,是我国农村自家庭联产承包责任制和乡镇企业两个伟大创举后的又一个伟大创举,是实现农业两个根本转变和农业"第二次飞跃"的有效途径。农业社会化服务是农业内部分工扩大的结果,是农业生产商品化、市场化发展到一定程度的表现。本章的学习要求是:理解农业产业化的内涵与特征、农业社会化服务的内涵、农业社会化服务的类型、农业社会化服务体系建设;明白农资与农机服务的发展现状、问题等。

第一节 农业产业化

一、农业产业化的内涵

农业产业化在国际上称为农业一体化。20世纪50年代,美国哈佛大学约翰·戴维斯和雷·戈德伯格二位学者根据美国农业高度发展的现状,对先进的农业经营方式进行理论概括,首次提出农业关联产业的概念,后来我国学者将其翻译为"农工综合体"。

对于农业产业化的概念,我国学者有不同的看法。综合而言,农业产业化是指根据市场经济运行的要求,结合不同的资源条件,以产业分类、项目设计和企业经营为结点,以市场需求为导向,以产业价值和效益为中心,以科技创新应用为依托,以农民增收、农业增效为目的,在保持家庭联产承包责任制不变或和谐渐变的前提下,实现农业现代化的过程。

根据农业产业化的概念,学者对其内涵的理解如下。

① 农业产业化是以市场需求为导向的。农业产业化是市场经济发展的必然产物,农业产业化的发展必须以国内外市场需求为导向,离开市场需求来谈农业产业化是一种空谈。但市场并不都是自然存在的,也不是固定不变的,它需要人们积极地去开拓、去挖掘,改良品种、调整结构、深度加工、储藏保鲜等都是拓展市场的重要措施。

② 农业产业化的基础是充分利用当地资源优势,发展支柱产业。所谓支柱产业是指

在一定区域范围内能充分利用当地资源优势和潜力、布局合理、产品市场前景看好、在现有产业结构中处于主导地位并有继续开发潜力的产业。农业支柱产业是农业产业化的主体,是区域农业经济发展优势的体现,是促进农业和农村经济持续发展的柱石。大力推进农业产业化,就是要充分利用现有支柱产业优势,依据各个地区农业资源条件,充分发挥各地区资源、技术和人才优势,按照集约经营、专业经营、规模经营的要求,带动区域种植业、养殖业和加工业发展。以培育和壮大主导产业为切入点,通过延长产业链条,不断引导亿万农户开展专业化、区域化、社会化生产,向规模化和集约化经营发展。

③ 农业产业化发展的关键是骨干企业。骨干企业具有开拓市场、引导生产、深化加工、延长农产品销售时间、拓展销售空间、增加农产品附加值等综合功能。

④ 农业产业化是以科技创新应用为依托的。无论是从农业产业的特性来讲,还是从农业产业化的内在要求来讲,科技创新在农业产业化经营过程中都起到了关键性的作用。21世纪是知识经济时代,纵观支撑农业发展的政策、资源、科技三大要素,通过前两者来影响、促进农业发展的空间已不大,农业科技将成为农业发展的强大驱动力和重要条件。农业科技创新能使农业科技成果层出不穷,能使农民的整体素质得到提高,能使农业科研事业蒸蒸日上。没有科技创新,农业产业化就难以向高层次、高水平发展。从目前的实践来看,凡是农业产业化经营水平较高的地区,其农业科技创新应用能力都比较强,节约消耗、提高单产、增加效益的幅度都比较大。

⑤ 农业产业化是以农民增收、农业增效,增加农产品有效供给为主要目的的。通过农业产业化发展,实现农业规模化生产,就能提高农业劳动生产率,提高农业资源的利用率,从而增加农产品的有效供给,这对一个拥有十几亿人口的大国来说,是十分重要的。同时,通过农业产业化经营和农业科技进步,我们能不断延长农业产业链,实现农业多层次、多环节增值,促进农民增收、农业增效。

二、农业产业化的特征

农业产业化经营与传统的农业经营截然不同,农业产业化经营是农业市场化的高级阶段,它表现了农业生产的高度社会化分工与一体化经营的有机结合。概括地讲,农业产业化经营与传统的农业经营相比具有以下基本特征。

1. 市场化

市场是农业产业化的起点和归宿。农业产业化经营必须以国内外市场为导向,改变传统的小农经济自给自足、自我服务的封闭状态,其资源配置、生产要素组合、生产资料和产品购销等靠市场机制进行配置和实现。

2. 专业化

农业产业化经营要求提高劳动生产率、土地生产率、资源利用率等,这些只有通过专业化才能实现。特别是作为农业产业化经营基础的农副产品生产,要求把小而分散的农户组织起来,进行区域化布局、专业化生产,在保持家庭联产承包责任制稳定的基础上,扩大农户外部规模,解决农户经营规模小与现代农业要求的适度规模之间的矛盾。

3. 区域化

调整农产品结构,以形成与资源特点相适应的布局。按照区域比较优势配置资源要素,确立主导产业,实行连片开发,建立生产基地,将一家一户的分散种养,联合成千家万户的规模经营,以创造区域产品优势和市场优势。

4. 规模化

生产经营规模化是农业产业化的必要条件,其生产基地和加工企业只有达到相当的规模,才能达到产业化的标准。农业产业化只有具备一定的规模,才能增强辐射力、带动力和竞争力,提高规模效益。

5. 一体化

一体化即产加销一条龙、贸工农一体化经营,把农业的产前、产中、产后环节有机结合起来,形成"龙"型产业链,使各环节参与主体真正形成风险共担、利益均沾、同兴衰、共命运的利益共同体。这是农业产业化的实质所在。

6. 集约化

农业产业化的生产经营活动要符合"三高"要求,即科技含量高、资源综合利用率高、效益高,要有大量的资金、劳动和技术投入,根据各地资源条件,形成各有特色的资金集约型、劳动集约型、技术集约型农业产业化经营模式。

7. 社会化

社会化即服务体系社会化。农业产业化经营,要求建立社会化的服务体系,对一体化的各组成部分提供产前、产中、产后的信息、技术、资金、物资、经营、管理等全程服务,促进各生产经营要素直接、紧密、有效地结合。

8. 企业化

企业化即生产经营管理企业化。农业的龙头企业开展经营活动应规范化,且农副产品生产业为了适应龙头企业经营活动运行的计划性、规范性和标准化要求,应由传统农业向规模化的设施农业、工厂化农业发展,要求其经营管理企业化、规范化。

三、农业产业化的形式

我国农业产业化的形式是多种多样的,归纳起来主要有龙头企业带动型、市场带动型、主导产业带动型、商品基地带动型、中介组织带动型、科技带动型等形式。

1. 龙头企业带动型

所谓龙头企业,是指经济基础雄厚、辐射面广、带动能力强的农副产品购销企业、加工企业或企业集团。龙头企业是农业产业化的主要载体,具有开拓市场、引导生产、深化加工、提供服务等综合功能。其经济实力和牵动能力直接决定着产业化经营的规模和成效。它是农业产业化赖以存在和发展的关键。龙头企业带动型农业产业化经营是指以公司或集团企业为主导,以农产品加工、运销企业为龙头,重点围绕一种或几种农产品的生产、加工、销售,将生产基地和农户实行有机地联合,进行一体化经营,形成"风险共担、利益共享"的利益共同体。

2. 市场带动型

市场带动型农业产业化经营是通过培育农产品市场,特别是专业批发市场,带动区域专业化生产和产加销一体化经营。这种产业化经营模式主要是以专业市场或专业交易中心为依托,拓宽商品流通渠道,带动区域专业化生产,实行产加销一体化经营,扩大生产规模,形成产业优势,节省交易成本,提高运销效率和经济效益。目前,这种模式主要适用于加工层次少、只进行初级分类整理即可出售的新鲜蔬菜瓜果等农产品的产业化经营,其在"风险共担"和"利益共享"方面还有待发育完善。

在我国,实行这种产业化经营模式比较成功的一个例子就是山东寿光蔬菜批发市场,其带动千家万户的农民从事蔬菜生产经营,2023年山东寿光拥有3 005家农民专业合作社、2 213个家庭农场、135家农业龙头企业,把众多小农户"黏"在现代蔬菜产业链上,不断提升其组织化、现代化水平。

3. 主导产业带动型

主导产业带动型农业产业化经营是利用当地资源,从发展特色产业和产品入手,逐步扩大经营规模,提高产品档次,组织产业群、产业链,形成区域性主导产业和拳头产品,围绕主导产业发展产加销一体化经营。根据区域经济发展规律,一旦在某地区某个产业成为当地的主导产业,由于资本的趋利行为,在这个主导产业链的周围便会产生许多为主导产业链服务或与主导产业关联度较大的一些机构和企业,形成围绕主导产业链的集聚效应,从而带动当地经济的发展。

主导产业带动型农业产业化经营关键在于必须选择和培植实力型的企业。在一个地区内,尽管某种农产品独具特色、质量优良,具有成为当地主导产品的潜质,但如果缺乏一定规模和实力的企业运作,单凭区域内松散、小规模经营的农户各自为战,该农产品的生产和经营就形不成规模效应,集聚效应也就无从谈起,因此,这样形不成农业产业化经营的格局。

4. 商品基地带动型

一些在历史上就具有资源特色和传统优势的农村区域,因其农产品特色成为城市生活的保障性产品供应基地,如蔬菜基地、果品基地、食品加工基地等。这种产业化经营模式把开发资源与建设商品基地结合起来,开发一片山水,建成一个商品基地,培植一个拳头产品,兴办一个骨干企业,推进农业的集约经营和规模经营,使资源产出率、劳动生产率和经济效益实现最大化。这些基地的优势是贴近城市、临近消费区,可以通过直接配送等有效的运营形式,降低农产品的市场交易成本。由于商品基地带动型农业产业化经营的产业目标一般是都市的高端市场,其生产过程都有较高的技术和环境要求,所以其发展的重点就是专业化的技能、生态化的环境、高新技术的应用、职业化农民的培育以及区域形象的树立和农产品品牌的建设。

5. 中介组织带动型

中介组织带动型农业产业化经营主要是通过专业生产合作社或专业协会为农民提供生产资料、资金、信息以及生产中环节的各种服务，或者通过建立的加工、运销企业组织将农民和市场连接起来，带动农民走向市场。

各类农民专业协会是由农民自愿、自发组织的，以增加农民的收入为目的，在农户经营的基础上，实行资金、技术、生产、供销等互助合作的民间经济技术合作组织。

6. 科技带动型

科技带动型农业产业化经营是以科技组织为龙头，开发名、优、特、新产品，带动区域性专业化生产和一体化经营。其主要特征是通过开展农业科技研究、农业科技教育、农业科技推广、农业科技服务和开发等工作，用科学技术武装和优化农业生产力的其他要素，发展高产、优质、高效农业，推进农业产加销、贸工农、产学研一体化发展。其在实践中又可分为两种具体的类型：一是以国家或农业科研院所为依托的农业产业化经营；二是以民办科技协会为载体的农业产业化经营。

四、农业产业化经营的实现条件

实现农业产业化经营需要具备 4 个基本条件、建立和完善三大机制、处理好 5 个方面的关系。

（一）实现农业产业化经营应具备的 4 个基本条件

1. 选准主导产业或项目

农业产业化形成的重要标志，就是有一个或几个能够支撑地方经济的主导产业。主导产业是产业化的基础，围绕主导产业发展骨干项目和拳头产品，才能形成产业优势；围绕主导产业形成一体化体系，开展产前、产中、产后各环节的联结，才能实现产业化经营。确定主导产业要从实际出发，以市场为导向，发掘地区资源优势，选择市场容量大、经济效益好、产业带动性强的产品作为开发重点，这对其他产业和整个区域经济发展有很强的拉动作用，通过该产业发展能带动相关第二、三产业的发展，形成大批的相关产业群，促进区域产业结构的调整，增强地方经济的实力，并把生产、加工、销售流程融为一体。

2. 大力培植龙头企业

龙头企业具有开拓市场、引导生产、深化加工、提供服务等综合功能，其经济实力和牵动能力直接决定着产业化经营的规模和成效，是农业产业化赖以存在和发展的关键。实践证明，建立起一个龙头企业就能带动一种或几种农产品的综合开发，可以说"龙头兴则产业兴"，因此，应把培植与发展壮大龙头企业作为农业产业化的重中之重来抓。而且，在龙头企业建设中，一定要把握"大、高、新、多、外、强"这一发展方向。所谓"大"，是指规模大，带动面大；所谓"高"，是指技术水平高，附加值高；所谓"新"，是指工艺新，产品新；所谓"多"，是指不应拘泥于将国有或集体经济性质的企业发展成龙头企业，应该让不同经济成分的企业在市场竞争中自发地形成"龙头"，谁能力强就支持谁；所谓"外"，是指外向化，要立足国内外两个市场、两种资源;所谓"强",是指凝聚力、辐射力强。

3. 加强农产品商品基地建设

农产品商品基地是龙头企业的第一车间,是农业产业化经营的基础性环节。它是根据市场需求和龙头企业的要求,为主导产业生产所需原料的基地。基地建设要与主导产业和龙头企业发展结合起来,做到布局区域化、经营集约化、服务系列化,要充分利用家庭承包经营的积极性,走以专业户带专业村、乡村连片建设基地的路子。

4. 健全农业社会化服务体系

健全的农业社会化服务体系是农业产业化经营的基本保障,主要表现在以下 4 个方面。

① 健全的农业社会化服务体系是农业生产手段现代化的保障。传统农业向现代农业发展的重要标志之一,就是实现了农业生产手段的机械化。实现农业生产手段的机械化,不仅要有强大的农业机械工业和相应的农机科研机构为后盾,还要建立起相应的销售、维修、管理社会化的农机服务体系。

② 健全的农业社会化服务体系是农业生产技术现代化的保障。科学技术是知识形态的生产力,只有通过一系列的传递和转化、被亿万农民真正应用,才能最终变成现实的生产力,而健全的农业社会化服务体系是技术传输链条中关键的一环。

③ 健全的农业社会化服务体系是农业生产经营管理现代化的保障。农业生产的复杂性决定了农业生产经营管理有着极其丰富的内涵,决定了农业服务内容、服务主体及服务关系的复杂性。健全的农业社会化服务体系可以为现代农业生产经营管理提供财务管理、资金融通、人员培训等相关的帮助和指导,从而提升农业的现代化经营管理水平。

④ 健全的农业社会化服务体系是转移农村剩余劳动力和提高劳动者素质的保障。我国当前面临两个问题:一是农业剩余劳动力的转移;二是广大农业劳动者素质的提高。这两个问题都直接影响着农业产业化的进程。多年的实践证明,第三产业的发展,包括农业社会化服务业的发展为农业剩余劳动力的转移提供了巨大的空间。同时第三产业在国民经济中所占比重的大小反映了一个国家的现代化水平。农业社会化服务体系发展扩大会大大增加农村剩余劳动力的就业容量。同时,农业社会化服务也为农民提供各种技术咨询和技术培训,使农民成为有文化、懂技术的新型农民。无疑,这对加速我国农业产业化将起到举足轻重的作用。

(二) 实现农业产业化经营应建立和完善的三大机制

1. 风险规避机制

自然再生产与经济再生产相互交织的农业的根本特点决定了与其他产业相比,农业生产经营过程既要受自然风险的影响也要受市场风险的影响。因此,要实现农业产业化经营离不开完善的风险规避机制,以规避风险以及降低风险发生后对农业生产经营带来的损失和影响。

农业风险规避机制主要包括农业风险避免机制以及农业风险分散和转移机制。农业风险避免机制通过相应的措施安排避免或者预防风险的发生,主要包括:①通过加强农业基础设施建设,改善农业生产条件,以预防自然风险;②根据市场供求变化,适时调整组织结构,发展多种经营方式,生产和提供适销对路的产品和服务,以预防市场风险;③提高经营预测和决策的科学性,减少盲目性,以预防经营风险;④强化安全生产意识,严格技术操作规程以及各种责任制度,以预防生产风险;⑤建立和健全信息服务体系,完善经济合同制度,沟通购销渠道,以避免和减少销售风险。

如果单纯地从处置特定风险的角度来看,避免风险自然是最彻底的方法,避免风险可以将损失发生的可能性降为零,完全避免了可能造成的损失。当损失风险大而又无法转移时采取避免风险的措施无疑是明智之举。但需要注意的是,以上措施和机制只能减少风险发生的可能性,并不能完全避免所有风险的发生。因此,除了风险避免机制以外,还应建立风险分散和转移机制。

农业风险分散和转移机制主要包括国家灾害补偿机制以及市场风险转移和分摊机制。国家灾害补偿机制是指以政府为主体,以财政资金和必要的行政手段为主要工具,对全社会自然灾害风险进行管理以及对灾害损失进行分摊和补偿的一种灾害管理机制。国家灾害补偿机制具有自身的优点,主要表现在:第一,国家对救灾资源调动较为迅速和集中,能够较好地实现灾害补偿的公平目标,有利于优先扶持和保障社会的弱势群体;第二,国家在社会中处于"超然"的地位,在特殊时期可以动用一系列非经济手段,如对基本生活用品与医疗物资进行管制与配给等,集中全社会资源来度过困难时期,维护社会的稳定。市场风险转移和分摊机制是指以私人为主体,以市场为依托,以风险利益为纽带,以保险为主要手段,建立风险损失基金而形成的风险分散和补偿机制。其典型手段是通过保险形式转移和分摊风险。

2. 利益协调机制

利益协调机制是农业产业化运行的根本保障,是产业链条各环节结成利益共同体的有利条件,在整个农业产业化运行中处于关键地位。该机制应包括两方面内容:①利益创造的激励机制;②利益实现的分配机制。利益的创造是基础,利益的分配是关键。农业产业化的目标就是通过合理的利益机制,把龙头企业与农户的利益联结起来,形成"风险共担、利益均沾"的统一体;把分散的农户组织起来,通过"龙头"走向市场,从整体上提高农业的比较效益。利益协调机制除了受到产业化过程中各参与方的制约外,还受到外部环境的较大影响,如市场环境、政府的产业化政策导向、政府对农产品的价格保护程度、国际市场农产品的生产成本价格动向、本国或外国政府对农产品的进口政策等。构建一个合理的农业产业化经营利益协调机制必须遵循产权清晰、农户主体地位、市场导向、风险共担和利益均沾原则。

3. 运营约束机制

运营约束机制是指通过一定的方式对各个经济主体行为进行规范,以提高产业内相关组织的整体功能、效率功能和抗风险功能。农业产业化经营作为社会主义市场经济的组成部分,其运行不应是放任自流的,而应是有序有效的。因此,必须安排一系列正式与非正式、市场与非市场、微观与宏观、经济与非经济的制度,避免或减少"市场失灵"问题;同时,我国农业产业化经营不是游离于农村社会基本制度之外的,而是同它紧密地结合在一起的。因此,农业产业化经营必然反映社会主义基本制度的本质要求,必然具有不同于以私有制为基础的市场经济运行的特点。为此,需要建立同以公有制为基础的农村市场经济相适应的各种制度。总之,农业产业化必须以国家相关的法律、参与者之间的合同和契约来规定各自的权利和义务,同时要充分发挥集体经济"统"的功能,重视传统的乡规民约等非正式制度因素,协调多方面利益,约束各方的行为,保证农业产业化有序运行和发展。

(三)实现农业产业化应处理好的5个方面关系

1. 处理好政府、企业、农户的关系

农业产业化经营的主体是企业和农户,但是政府的有效作为又对农业产业化发展方向、运行质量具有决定性影响。在这个过程中,政府的主要作用是转变观念,制定发展规划,引导企业发展,制定扶持政策,利用政府平台集聚产业扶持能力,提高产业指导质量,促进产业与农户的连接,协助企业开拓市场,并实实在在地维护产业秩序公平、公正。要实现政府、企业、农户三者的有效互动,需要认真分析研究政府思维、企业思维与农民思维的关系,只有这样,这三者才能达成最大限度的共识,政府的工作才有具体的指导意义。

2. 处理好农业产业化经营与家庭联产承包责任制的关系

农业产业化经营与家庭联产承包责任制并不矛盾,两者具有很强的互补性。农业产业化的实质就是要建立一种有效的机制,使农户参与产业化经营并获得比单独进行初级产品生产更多的收益。农业产业化经营是在家庭联产承包责任制的基础上对产业能力的发展、完善和创新。这种经营方式可以在不改变农户土地承包关系、不影响农户生产经营自主权的基础上,以利益为纽带,尊重农民的意愿,通过合同、契约等多种形式,使分散的农户家庭成为龙头企业所需原材料的生产基地,成为整个产业链条中的上游环节,或者通过实行股份合作制,引导龙头企业、基地、农户,通过资金、技术、土地、设施等入股,建立你中有我,我中有你的紧密关系,实现专业化生产、区域化布局、集约化经营、企业化管理。

3. 处理好农业产业化龙头企业与农户的利益关系

建立稳定长效的利益关系是企业与农民共同的需求。从长远来看,企业只有让农户获得实实在在的利益,自身才能不断发展壮大。

4. 处理好农业产业化经营、乡镇企业升级改造和小城镇建设的关系

农业产业化的兴起为乡镇企业的第二次创业创造了巨大的发展机遇。农业产业化经营为乡镇企业适应新阶段国民经济发展的新形势、新要求,完成战略性升级调整的任务提供了发展机遇。乡镇企业在发展以农业资源为主要特色的产业形式、进一步构建企业立身于市场的角色方面,具有天然的优势。从产业与经济的角度来看,小城镇建设的经济基础就是产业、资金、人口的集聚,立足于农业资源特色的县、乡农业产业化经营无疑是发展小城镇经济的最重要的增长点,也是连接周边农户实现产业化就业最有效的承载平台。

5. 处理好农业产业化经营与社会化服务的关系

中国以往的涉农服务多带有浓厚的行政干预色彩,是计划经济的产物。改革开放后,涉农服务经过多年的嬗变,已初步形成多元化企业组织模式,并且由无偿服务逐步转变为有偿服务。今后应从我国国情出发,处理好农业产业化经营与社会化服务的关系,引导农业社会化服务将进一步走向市场化、合作化和产业化发展的道路。

第二节 农业社会化服务

一、农业社会化服务的内涵

农业社会化服务是指在家庭承包经营的基础上,农业社会化服务组织为满足农业生产发展的需要,为直接从事农业生产的经营主体提供产前、产中和产后各个环节各类服务的总称。农业社会化服务是农业内部分工扩大的结果,是农业生产商品化、市场化发展到一定程度的表现。农业社会化服务的实质是在市场机制引导下,小规模农户把不适合自己完成的生产环节交给专门的服务组织去完成,以提高经济效益和效率,增强农业整体竞争力。

发展农业社会化服务的意义表现在以下 4 个方面。

① 实现小农户与现代农业发展有机衔接。我国是以小农户为主要农业经营主体的国家,2019 年,我国经营在 10 亩以下的小农户仍有 2.1 亿户,我国小农户数量占到农业经营主体的 98% 以上。小农户经营具有分工合理、精耕细作等诸多优势,但小农户经营存在规模小、抗风险能力弱、科技推广成本高等问题,这导致其难以满足农业现代化生产和消费升级需要。只有健全农业社会化服务,以专业化、规模化、高效率的社会化服务带动农业生产适度规模经营,才能更好地推动小农户的现代化改造,将小农户经营纳入现代农业发展轨道,实现小农户与现代农业发展的有机衔接。

② 促进农民增收。健全农业社会化服务,通过服务主体在农资、农技、农机等方面的规模化供给,发挥规模优势,减少农业生产成本和劳动力投入,提高农业经济收益;通过发展生产性服务业,促进农业技术创新和应用,实现标准化生产,增加农产品附加值,实现农业全链条升级,扩大农民增收空间。

③ 优化农业产业结构。通过社会化服务组织的引导,各种农业生产要素可以通过各种形式形成适度规模化生产;同时,各种农业合作组织具有管理民主的特点和充满活力的运行机制,从而避免生产经营的盲目性和随意性,可根据市场经济发展的要求,打破所有制、行政区划和行业的界限,在最大范围内整合生产要素,实现农村资金、技术、劳动力、设施等生产要素的最佳配置,聚合分散的农村生产力,使农业和农村结构更加合理和完善。

④ 推动农业绿色、高效发展。当前,要素投入过高、资源环境约束趋紧、农业面源污

染问题严重等,是制约农业现代化的突出问题。社会化服务主体通过集聚科技、信息、资金、人才等现代生产要素,利用先进生产工具、技术和方法为农业生产经营主体提供测土配方施肥、机耕机收等现代化服务,不仅能有效实现各种生产资料的集约高效利用,减少环境污染,保障农产品质量安全,还能促进农业生产效率、综合效益和竞争力的全面提升,促进农业可持续发展,实现农业绿色、高效发展。

二、农业社会化服务的类型

按照不同的标准,农业社会化服务可以分为不同的类型,主要的分类依据有按照服务性质划分、按照生产环节划分与按照服务内容划分3种。

1. 按服务性质划分

按服务性质划分,农业社会化服务分为公益性农业社会化服务、经营性农业社会化服务和混合式农业社会化服务。农业社会化服务体系必然具有公益主体与经营主体相结合的特征。这也符合在农业服务供给中政府失灵和市场失灵并存的特点:政府失灵的地方用经营来补充;市场失灵的地方用公益来补充。

公益性农业社会化服务是依托政府公共服务机构和村集体提供的农业社会化服务。该类服务具有非排他性、非竞争性特点,由政府公共服务机构提供,以弥补市场失灵。经营性农业社会化服务是由农民专业合作社、农业企业、金融公司等营利性机构和个人提供的农业社会化服务,具有排他性和竞争性的特点。混合式农业社会化服务也称半经营半公益性服务,具有不同程度的公益性和私人产品的性质,需要支付部分费用,可以由中介组织提供,它的突出代表是农民专业合作社提供的农业社会化服务,其经营性服务得到了政府相关部门的公益性支持。

2. 按生产环节划分

按生产环节划分,农业社会化服务分为产前服务、产中服务、产后服务。

农业社会化产前服务是指为了满足农业生产需要,为产前环节提供的社会化服务,包括优质化肥、农药、农膜、饲料、农业机械生产工具以及其他农用生产资料、农业生产信息等服务内容。

农业社会化产中服务是指为了满足农业生产需要,即为直接生产活动提供的社会化服务,包括农机服务、育秧服务、农技服务、植保服务、施肥服务、畜禽疫病防控服务、保险服务等。具体而言,产中服务提供农业生产中的机耕、机播、机电排灌、植物保护、作物收获等服务,林业生产中的森林调查设计、营林指导、飞播、森林保护、森林采伐、迹地更新等服务,畜牧业生产中的畜禽品种改良、人工配种、畜禽疫病防治以及草原改良与保护等服务,水产业生产中的水产养殖模式设计、水生生物保护、机械捕捞等服务。

农业社会化产后服务是指为农产品的收集、分级、分装、贮藏、加工、运输、销售等产后环节提供的质量检测、检验检疫、收购、分拣、存储、加工、包装、销售等方面的服务。

3. 按服务内容划分

按服务内容划分,农业社会化服务包括农业物资、农业机械、农业技术、农业信息、农业金融、农业保险、经营管理、教育培训等服务。

农业物资服务是农业生产的基础，包括农业生产资料、工程物资等服务。农业机械服务是指与农业机械相关的服务总称，包括农机作业服务，与农机相关的维修、租赁等服务。农业技术服务是农业进步的重要推动力，包括农业技术推广、试验、示范，技术培训及与此相关的各项服务。农业信息服务是指综合利用传统信息技术和现代信息技术，对信息资源进行整合、加工、传递，以保证生产、促进农业发展的服务。农业金融服务包括农业信贷、融资、信用担保、资产托管、债券期货等服务。农业保险服务是指农业生产者在生产过程中，为了防范自然风险和市场风险所造成的经济损失而需要的一种保险服务，以政策性保险服务为主。经营管理服务提供生产经营方案的制定与实施指导服务，指导农户进行经济核算和成本控制，给农户提供经济信息，帮助农户签订各类经济合同，向农民提供法律援助等。教育培训服务包括农村教育、农业科技知识的普及、经营管理及农业实用技术培训、农民再就业培训等服务。

三、农业社会化服务体系建设

农业社会化服务体系(Agricultural Socialized Service System, ASSS)是指为农业生产提供社会化服务的成套的组织机构和方法制度的总称。农业社会化服务体系的形成是现代农业生产力运动的客观过程，是农业生产力的发展和社会分工日益深化的必然结果；同时，农业社会化服务体系的发育和完善又是社会生产关系运动的客观过程，它将随着经济与政治体制的改革和生产关系的调整，通过国家、农业部门和全社会的共同建设去实现。从本质来说，农业社会化服务体系就是农业的分工体系和市场体系。随着农业生产力的不断发展和农业商品化程度的不断提高，传统上由农民直接承担的农业生产环节越来越多地从农业生产过程中分化出来，发展成为独立的新兴涉农经济部门；这些部门同农业生产部门通过商品交换相联系，其中有不少通过合同或其他组织形式，在市场机制的作用下，同农业生产结成了稳定的相互依赖关系，形成了一个有机整体。农业社会化服务是农业生产商品化发展到一定阶段的产物；农业社会化服务最后形成一个完备的体系则表明商品农业进入了高度发达的阶段。这是我们研究农业社会化服务体系最基本的出发点。

1991年，国务院对农业社会化服务的基本形式进行了科学界定，明确了其发展方向和原则，并首次确立了农业社会化服务的基本框架。此后，我国进入依靠体系建设，推进农业社会化服务发展的新阶段。2008年，十七届三中全会首次提出"加快构建以公共服务机构为依托、合作经济组织为基础、龙头企业为骨干、其他社会力量为补充，公益性服务和经营性服务相结合、专项服务和综合服务相协调的新型农业社会化服务体系"。十八大以来，新型农业社会化服务建设被提高到了一个新的高度，它不仅是促进农业适应经济新常态的必然选择，还是促进农业经营体制机制改革、实现中国特色农业现代化的关键。我国社会化服务经历了一个服务内涵不断拓展、服务体系不断健全、服务机制不断创新、战略地位不断提升的发展过程,初步形成了覆盖全程、综合配套、便捷高效的服务体系,以及多层次、多形式、多主体、多样化的服务格局。

(一)新型农业社会化服务体系的组织结构、框架与构成

1. 新型农业社会化服务体系的组织结构

新型农业社会化服务体系是由农业部门和各涉农部门,企业事业单位、各类经济组织、社会团体等各种社会力量参与组成的。农业部门包括农业、林业、水利、气象等部门。涉农部门包括科技、教育、金融、环境保护、动植物检疫、食品与药品监督等相关部门。

2. 新型农业社会化服务体系的框架

农业社会化服务涉及农业产前、产中、产后等多个领域。新型农业社会化服务体系主要由农业科技服务体系、农业基础设施服务体系、农业生产服务体系、农村经营管理服务体系、农村商品流通服务体系、农村金融服务体系、农村信息服务体系、农产品质量安全服务体系等8个方面构成。

3. 新型农业社会化服务体系的构成

由于组成新型农业社会化服务体系的各个子体系的组织结构、职能和服务内容不同,因此其运行机制也有所区别。

(1)公益性为主导的多元化农业科技服务体系

在党中央把农业摆在党和国家各项工作重中之重的背景下,农业科技服务的公益性成为各部门服务农业的重点推广内容。农业科技服务体系既有相对独立的农业科研体系、农业教育体系、农业技术推广体系,同时又融于农业社会化服务体系的各个领域。

(2)分层次管理的农业基础设施服务体系

农业基础设施服务体系具体包括以下3方面。一是主要由政府或国有企业投资建设的大中型农业基础设施(如乡村公路、大中型水利设施、渔港等与农业相关的基础设施,这些设施由相关行业部门直接管理或由政府委托的有关单位维护管理)以及由社会力量投资建设的经营性设施(这些设施一般是谁投资、谁管理、谁受益)。二是小型农业基础设施,这些设施以租赁、承包经营为主,如小型水库、排灌站、大型农机具等农业设施,一般由政府出资或政府与农民共同出资兴建或购置,具有公益性性质,并且不由管理者实行有偿服务模式,由政府有关部门实施监督管理。三是分散到户的农业基础设施,这些设施实行自主经营管理、有偿服务模式,如国家补贴购置的农机具、农村沼气设施、农业设施设备等,由使用者自行管理,企业或各种服务组织提供有偿服务,政府部门在政策上予以支持。在有条件的地方,村集体可建立服务站点,为农业基础设施提供有偿服务。

(3)政府扶持的经营性农业生产服务体系

除公益性科技服务外,农业生产过程中的耕地、播种、灌溉、防治病虫害、收割等社会化服务都是通过市场化运作完成的。这些生产服务需要政府的扶持和帮助,如通过农机购置补贴政策帮助种植、养殖大户和农民专业合作社提高农业生产服务的组织规模和效益等。

(4) 政事分设的农村经营管理服务体系

行政部门具有政策制定、行政监管和宏观指导等职能,涉及的具体事务(如土地承包经营权流转管理和服务、农村集体"三资"和财务管理、农村产权交易、农民专业合作社服务等业务性工作)则由事业单位或企业承担。

(5) 以市场化为主的农村商品流通服务体系

通过建立新型农村商品流通服务体系,增加农村商品流通的渠道,发挥农业生产企业和农民专业合作社对农户的带动作用,并增强农户与经销商谈判的能力,提升农户在市场交易中的话语权,提高整个体系的活力和效率。

(6) 以金融机构为主体、信用合作为补充的农村金融服务体系

从我国的实际情况出发,银行资金实力雄厚,重点发放额度较大的项目贷款;新型农村金融机构资金实力不强,重点经营小额贷款;农民合作社开展信用合作,重点为合作社成员解决小额资金互助问题。农村金融机构之间的分工和合作可满足不同层次的金融服务需求。

(7) 社会化农村信息服务体系

农村信息服务体系呈现出农村信息服务内容多样化、服务手段现代化、服务渠道社会化的趋势。农业生产技术信息、国家政策信息、农产品供求和价格信息等的单向型获取,正在向手机、网络互动型获取转变。

(8) 政府主导的农产品质量安全服务体系

农产品质量安全服务体系应当以政府为主导,各部门各司其职;让社会各方面参与管理、认证、检测等社会化服务,实行委托制度或准入制度;加强农产品质量安全预警体系建设,接受媒体和社会监督,全方位构建保证农产品质量安全的服务体系。

(二) 农业社会化服务体系的创新建设路径

根据我国的实际,农业社会化服务体系的建设要着重从以下几个方面推动。

① 大力发展政府机构和国家事业单位对农业的公共服务。随着政治体制改革的深入,各级(特别是县、乡两级)政府应通过经济手段和行政手段,引导、督促政府机构和国家事业单位,把自身的工作纳入以农业为基础的轨道,大力发展对农业的公共服务,从物质、资金、技术、信息、农产品流通、经营管理、人才培训、法律援助等方面支持农业的发展。主要举措如下:a. 加强农业和农村基础设施建设,大力发展农村交通运输系统、信息网络、农用电网等;b. 建立健全农业技术推广体系,促进农业科学技术转化为现实生产力;c. 推行订单农业模式,政府有关部门要积极牵线搭桥,帮助农户与商家签订农产品购销合同,以指导农民发展生产力,保证农产品的顺利销售;d. 向农民提供法律援助,从政治上、经济上切实维护农民的合法权益。

② 培育服务主体。以壮大服务组织为目标,坚持数量和质量并举,重在构建一个多方参与合作的开放式结构,促进主体间的耦合互动与配套协调。单一供给模式过于"碎片化",改革时应推动一个多方参与合作的开放式结构,通过统筹协同的一揽子方案,强化公

共服务机构的公益性职能,把合作社作为支农项目建设的重要实施主体,完善龙头企业的社会化服务功能,搭建社会力量参与平台。主体构建要依托产业基础,满足农户需求,从薄弱环节着手,坚持一体化服务方向,形成利益共同体。培育服务主体,在相互促进中实现共同发展,在相互合作中形成多样模式,重塑服务体系的组织基础。

③ 整合服务资源。以提升服务能力为主线,坚持存量和增量并重,重在统筹各种服务资源,将精简提升普遍服务、优化改造重点服务与突出加强引导服务结合起来,协力提升服务层次和服务质量。整合政府涉农机构力量,完善农业公共服务平台;扶持发展合作经济组织,创立农业自助服务平台;引导和支持涉农企业,创建农业市场化服务平台;统筹城乡服务资源,建立社会资本与服务下乡平台。通过服务平台搭建,培育、凝聚和涵养资源,强化资源集成和共享,促进资源合理流动,发挥体系的整体功效。强化地区性合作经济组织的服务功能,特别是村级合作经济组织的服务功能,是农村社会化服务体系的基础,它是联系农民和来自社会各种服务组织的桥梁和纽带。村级合作经济组织要强化其为农业服务的功能,根据农民的需要,利用农业剩余劳动力兴办各种服务实体,并与来自社会的服务组织对接,为农业的产前、产中、产后和农民的生活提供各种服务。鼓励和支持农民联合兴办各种服务组织。农民根据自身生产和生活的需要,在自愿互利的基础上联合兴办各种服务组织,是发展农村社会化服务的重要途径,它依靠农民自身的力量和协作的优势,能及时地、有针对性地为合作组织的成员提供所需的各种服务。国家应在政策上给予鼓励,在资金上给予扶持,在业务上给予指导,积极推动农民联办服务组织的发展等。

④ 创新服务机制。以强化服务激励为切入点,坚持改革与发展并进,重在消除要素优化组合的制度障碍,合理设计连接机制,促使各类服务要素、各子系统组成一个有机系统。完善激励机制,实现服务能力与履行职能相匹配,优化服务供给;创新投入机制,如支持合作组织和龙头企业的补助、政府购买服务等机制,提高服务效益;创新参与机制,包括科技进村入户、村企共建、农民参与等机制,创设多元化主体参与的条件;创新金融保险机制,建立针对合作组织和农户的金融制度,消减体系建设的资金瓶颈。创新服务机制可提高各类主体为农服务的动力,促进服务资源的有序流动,推动服务环境的不断改善,改善体系的运行绩效。

第三节　农资与农机服务

一、农资与农机服务的内涵、发展历程与供给主体

(一) 内涵

1. 农资服务的内涵

农业生产资料简称农资,是农民种植过程中的必需品,包括农作物种子、化肥、农药、

农膜、饲料和饲料添加剂、兽药、农用机械及辅助材料、渔机渔具等。农资服务是指为了满足农业生产者的需要,提供农业物资及相关服务的统称。

2. 农机服务的内涵

农机服务是指农机服务组织、农机户为其他农业生产者提供的机耕、机播、机收、排灌、植保等各类农机作业服务,以及相关的农机维修、供应、中介、租赁等服务的总称。农机服务作为农业社会化服务的一个子系统,在整个农业社会化服务体系中具有特殊的地位和作用。

① 发挥了实现农业现代化的载体作用。传统农业劳动强度大、耗费时间多、劳动效率低,无论采用多么先进的管理方法、多么优良的品种,如果没有农机化的作用,都不能实现最佳的经营效果,农机化是实现农业现代化的基础。

② 有效提高了劳动生产率。机械化作业改变了长期以来"人力+畜力"的作业模式,减轻了劳动强度,降低了成本,提高了劳动生产率。据对比试验,水稻联合收割机的作业效率是人力收割的 20 倍以上,甘蔗收割时耕机作业效率是人畜作业的 35 倍以上。从成本来看,收割环节的成本大约占总成本的三成,这样能够降低成本的 25%～60%。

③ 有效增加了土地产出率。农机服务不但改变了传统生产方式,而且通过新机具新技术的推广应用,实现了单位面积产量的提高。

④ 增强了农作物抗灾防灾的能力。通过农机化技术手段,改变传统的耕作方式和管理方法,增强了农作物抗灾防灾的能力。例如,机械深耕深松深施技术可以实现蓄水保肥、防风防霜、防倒伏、减少病虫害的发生,达到提高产量的目的。

⑤ 加快了农机装备的优化配置。农机服务产生了利益最大化驱动下的机具优化配置,对农机经营者构成了不断增加投入的利益诱导,通过合伙或入股等方式联合投资,消除了家家户户购买小农机具的负担。农机专业化服务组织与小农户相比能迅速吸纳现代农业生产技术,而且效益机制将不断推动他们以最快的速度进行设备更新和技术改造,使被动缓慢的技术应用方式转变为主动快速地按生产规律运作的应用方式,加快现代农业生产技术进步。

因此,农机服务可以集中资源优势、降低作业成本、提高作业效益;农机服务是实现农业机械化的重要途径,也是提高农业劳动生产率和农民组织化程度、促进农业产业化经营、加快现代农业建设的重要手段。

农机服务的模式主要有跨区机收、订单农业和自我农机服务 3 种。

跨区机收是较成熟的一种服务模式,是指组织联合收割机等农机具跨越县级以上行政区域进行机械化收获作业,包括"走出去"和"引进来"两种方式。"走出去"是指在农忙时联合收割机等农机拥有量多的农机户或农机服务组织除了在当地进行农业生产外,还到外省(市)开展农机作业,从而获得更多的经济效益。"引进来"是指在本地出现联合收割机等农机具短缺问题的时候,通过经纪人、中介组织到外地引进联合收割机等农机具来参与本地作业,从而满足当地农业生产的迫切需要。1996 年的小麦跨区作业使农机社会化服务突破了地域阻隔的客观限制,也让农机社会化服务与家庭联产承包责任制相配合,激发了无机户对农机使用的需求。目前,跨区机收的模式已经由小麦向水稻、玉米等作物延伸,由机收向机耕、机插、机播等领域拓展,显示出旺盛的生命力。

订单作业是指农机户或服务组织通过提前考察作业市场,与农户签订服务项目协议、达成口头协议或签订作业合同,然后按照协议开展农机作业服务,接受服务的一方按合同规定付给提供服务者酬劳。订单作业与跨区机收的区别在于:订单作业是事先约定好服务项目,有明确的服务对象,利益联结机制比较牢固;而跨区机收的服务对象往往不确定,服务价格随行就市,机具随走随收,具有一定的盲目性,市场波动较大。

自我农机服务是指通过土地流转取得大规模耕地经营权的农机服务组织,在流转的土地上实行统一供种、统一施肥、统一作业、统一管理服务。该服务形式可以把分散的地块集中起来,实行区域化种植、标准化生产、规模化经营,最终通过出售农产品盈利。

(二) 发展历程

1. 我国农资服务的发展历程

我国农资服务的发展大概经历了以下3个阶段。

(1) 1949—1978 年:行政垄断阶段

在计划经济体制下,农资产品及其服务的供给主体和供给方式单一,政府建立统一的渠道对它们进行分配,因此农户的选择性很小。新中国成立初期,农资供应由国家垄断经营,经营的方式为计划调拨、统购统销。

(2) 1979—2007 年:多元化阶段

改革开放以来,农资服务的供给打破政府单一主体趋向市场化,农户获取的农资服务从被动分配逐渐变为主动选择,多条经营渠道、多种经济成分、多种经营形式的格局基本形成。从1985年开始,化肥价格开始实行"双轨制"。1988年,我国形成了"一主两辅"专营体制,逐步开放农资供应,如农药供应以中农集团及各级供销社农资系统为主,以农业"三站"(农技站、土肥站和植保站)及生产企业为辅,但这并未动摇供销社的主体地位。1998年,国务院下发《国务院关于深化化肥流通体制改革的通知》,实行供销社农资公司、农业"三站"和生产企业3条渠道共同经营的政策;2000年,《中华人民共和国种子法》的颁布实施打破了种子市场"一统天下"的格局。

(3) 2008 年至今:新型农资服务阶段

随着新型社会化服务的发展,农资服务也步入新阶段。新型农资服务更加注重服务质量、服务方式,更加偏重于农业的高质量发展。此阶段国家针对农资行业制定的政策都在围绕"农业生产提质增效",农资服务市场正走向更加绿色和科学的发展方向。

2. 我国农机服务的发展历程

新中国成立以来,我国机械化水平不断提高,农机服务快速发展,尤其是改革开放后,农机服务能力不断提升,服务方式不断创新,服务效益不断提高。改革开放以来,我国农机服务的发展大体经历了以下4个阶段。

(1) 1979—1995 年:发展主体"一退一进"

随着以家庭联产承包责任制为核心的农村改革的推进,农机服务领域主体出现了"一退一进"两大变化,即政府逐渐退出和农民主体大量进入。我国农机服务逐渐由"官办"向"民办"转变,小型农机具率先发展。政府强制性力量逐渐退出,市场机制开始发挥作用。1978 年以前,中国农机作业体系分为两部分:一部分是国营拖拉机站;另一部分是人民公社、生产大队的拖拉机队和生产队经营的作业组。1980—1981 年中央开始调整农机作业服务体系,将人民公社、生产大队所有的拖拉机站改制为从事农机作业服务的集体所有制企业,取消补贴、自负盈亏。1981 年原农业机械部提出放开农户经营农机作业服务的限制,允许农户自行开展有偿农机作业服务,1982 年原农牧渔业部批准成立农业机械化服务站。与此同时,人民公社、生产大队所经营的拖拉机站开始实施包机到人,将农机发包给农户,存量农机逐渐转向农户手中。至此,国营(社营、队营)农机作业体系彻底土崩瓦解,被自负盈亏的个体农机户替代。据统计资料显示,1986 年全国农机总动力达到 22 810 万千瓦,与 1978 年相比增加了 94.26%;农民个体拥有的拖拉机数量达到 471.6 万台,约占全国总拥有量的 87.80%,比 1980 年增加了 467.8 万台;农民个体农机经营收入达到 259.3 亿元,约占全国农机经营收入的 82.20%。这表明农民个体正逐渐成为我国农机经营和投资的主要力量。1987—1995 年是我国农业机械化服务的初级发展阶段,此阶段的主要特征为小范围跨区作业服务兴起,农机服务户大多在本地开展作业,少量农户开展本省内的跨区服务,作业环节比较单一。据统计资料显示,1995 年全国农机总动力达到 35 837.36 万千瓦,与 1986 年相比增加了 57.11%;农民个体拥有的拖拉机数量达到 887.13 万台,比 1986 年增加了 415.53 万台。

(2) 1996—2003 年:农机社会化服务蓬勃兴起

进入 20 世纪 90 年代后,我国农业机械化发展形势发生了很大变化,主要表现为两个方面:一是农业劳动力相对价格快速上升;二是适应市场需求的农业机械化政策逐步实施。我国农机服务进入以市场为导向的发展阶段,以农机跨区作业为代表的农机社会化服务逐渐形成。1996 年,农业部(现更名为农业农村部)首次召开了全国跨区小麦机收现场会,由此正式拉开了我国大规模跨区作业服务的序幕,农业机械化服务也进入快速发展阶段。在此期间的农业机械化服务具有 4 个明显的阶段性特征:一是大规模农机跨区作业服务的浪潮席卷全国;二是政府开始有序组织大规模农机跨区作业服务;三是各类农机作业服务组织不断涌现;四是农机作业服务范围从小麦拓展到玉米和稻谷等粮食作物,农机作业服务环节从机收延伸至机耕、机播和机插等多个环节。据统计资料显示,2003 年全国农机总动力达到 60 446.60 万千瓦,比 1995 年增加了 68.67%。全国跨区机收小麦、水稻和玉米面积分别达到 494.127 万公顷、175.631 万公顷和 9.711 万公顷。各类农机作业服务人员数达到 3 685.747 0 万人,比 2000 年增加了 410.19 万人。农机户和农机服务专业户分别达到 3 054.60 万户和 360.38 万户,比 2000 年分别增加了 339.87 万户和 26.08 万户。

(3) 2004—2013年:农机服务发展进入"黄金十年"

进入新世纪后,我国农机服务的发展环境发生了较大变化,主要表现为农机服务需求快速增加与国家政策强力支持加强。我国农业机械化服务进入全面发展阶段。2004—2013年是我国农业机械化服务的全面发展阶段,这期间我国农业机械化服务主要表现为3点阶段性特征。

一是劳动力相对价格迅速上升,农户对农机服务的需求更加迫切。随着大量农业劳动力转移,农业劳动力变得逐渐稀缺,劳动力相对其他要素的价格快速上涨,农户产生了强烈的农机技术采纳意愿,以替代日趋上涨的人工费用。但大部分的农户不具备农机投资能力,在劳动力相对价格上涨的推动下,农机作业服务需求的市场容量快速扩张,农机作业领域的分工不断深化,以提供农机作业服务为主营业务的农机手逐渐增加。

二是制度安排密集出台,及时弥补了市场失灵,进一步巩固了改革开放以来的农机化成果。2004年中央一号文件明确开始实施农机购置补贴政策;农机购置补贴政策的实施大大增强了农业机械化服务组织的服务能力。同年,我国实行《中华人民共和国农业机械化促进法》,以法律形式对农机科研开发、质量保障、推广使用、社会化服务以及扶持措施等方面提出了系统性和规范性的要求,为农业机械化服务的全面发展提供了制度保障等。

三是以农机购置补贴政策为"龙头"的一系列制度安排推动我国农机服务发展进入"黄金十年",农机装备总量和作业水平持续快速提高。农业机械化服务供给主体的组织化程度不断提高,其服务能力不断增强。2012年,我国农机作业服务组织的人员数达到144.91万人,比2004年增长了29.44万人;拥有机械原值超过20万元的农机作业服务组织达到72 562个,占农机作业服务组织的比例达到43.44%,比2008年增加24 403个;农机专业合作社达到34 429个,比2008年增长了299.32%;农机服务专业户达到519.62万户,比2008年增加了97.89万户。农业机械化服务市场规模不断扩大。2012年,全国跨区作业服务面积达到3 429.588万公顷,比2004年增加了126.47%。2012年,全国农业机械化作业服务的总收入达到4 180.33亿元,比2004年增长了99.38%。

(4) 2014年至今:农机服务发展进入新常态

在经济新常态下,我国农机服务发展速度明显下降,大部分农机企业主营业务的收入增长率、利润率和利润增长率均出现明显下滑态势。这说明单纯的要素驱动、规模扩张型农机服务发展方式已难以为继,必须坚持创新驱动和内涵式发展道路,着力提升农机服务的质量和效益。

(三) 供给主体

1. 农资服务的供给主体

农资服务的供给主体包括农资个体营销点、供销(合作)社农资公司、农资生产企业、农业"三站"等。

① 农资个体营销点。各种销售农资的个体门店是目前农资销售的重要供给者之一,主要面向普通农户和部分家庭农场、种养大户。

② 供销（合作）社农资公司。供销社起源于计划经济时期，是当时的商品销售网络与销售门店。供销社的主营业务是日用品和农资，但随着市场经济改革，日用品销售逐渐失去竞争力，供销社的主营业务就是农资销售，后期因"事业单位＋公司"的销售架构，员工的积极性难以提高，加上私营农资销售门店如雨后春笋般地增多，供销社的竞争力下降，20世纪90年代以后，大量的供销社门店由供销社员工承包，转为员工个体经营。2008年至今，尤其是近几年全国供销社进行综合改革，供销社采用以下多种形式进行农资销售。a.统一配送销售模式。中国农业生产资料集团有限公司是供销合作总社直属的全国性的集生产、流通、服务为一体的专业经营化肥、农药、农膜、种子、农机具等农业生产资料的大型企业，其拥有遍布全国的以"中国农资连锁配送为农服务工程"和"农资下乡工程"为核心的农资经营网络体系。b.土地托管模式。供销社主导的土地托管模式的基本架构主要为供销社＋农民专业合作社＋农户，其中供销社的一个业务就是统一提供农资。该模式除了提供农资销售服务，还提供技术指导、农资施用等服务，且多数情况是农资的施用与技术指导服务带动农资销售。

③ 农资生产企业。农资生产企业是指为农产品生产提供生产资料和服务的涉农企业，主营化肥、农药、饲料等农业生产资料的连锁经营业务，建立了从化肥、农药、饲料、兽药等农资产品供应到产品回收的一条龙的现代农村商品流通服务网络体系。农资生产企业通常依托农业产业联合体经营，由厂家直接供应产品，其产品质量较好。且由于统一供应，农资生产企业省去了代理等环节，故其给出的农资价格较低。同时农资生产企业负责全程农资的直接供应，具有能提供技术指导和配套服务的优势。以农资生产企业为主体是农资供应服务的主要方向之一。

④ 农业"三站"。农业"三站"指农技站、植保站和土肥站，其主要有三大任务：一是根据农业生产发展需要，预测农资需求，提出品种结构及资源配置方案；二是检测农资产品质量，保证农产品合格；三是向农民提供产品信息，推荐优质产品，推广使用先进的农业技术。农业"三站"的服务为公益服务，其服务内容主要是提供免费的农资产品和技术指导，推荐优质农资产品，保障农资质量安全。

2. 农机服务的供给主体

农机服务的供给主体包括多种类型，主要有农机户、农机服务联合体、农机合作社、基层农机服务组织、农机服务中介机构。

① 农机户。农机户包括专营型农机户、兼营型农机户和自营型农机户（拥有小型农业机械，仅满足自家作业的农户）。该经营形式的特点是独户购机、独户经营，主要用于提供专业服务或兼用服务。专营型农机户的农机保有量和规模要较兼营型农机户大，但兼营型农机户的初期购机投资、面临的风险更小，操作方式也更灵活。

② 农机服务联合体。农机服务联合体是一种农户自发联合形成的组织形式，即两个及以上的农机经营主体为了共同的经济利益按协议或契约组成的临时性地松散联合体。农户将现有农业机械以一定方式组合在一起，机械归个人所有，合作经营，联而不合，单机核算，有偿服务。但此类农机户机构组织化程度比较低，在获取市场信息和抵御市场风险

等方面的能力相对较弱。

③ 农机合作社。农机合作社是指农户之间为满足生产和经营的需要自愿组合起来，以劳力、技术、资金和机械设备等入股，购置大型农业机械或农机股份实体，按股收益分红。在就地服务方面，农机合作社负责合作社成员及周边区域的常规农机服务，同时还可以向林业绿化、农村道路养护、农田土方工程等方面进行延伸；在异地服务方面，农机合作社根据作物时间差，可以有计划、有组织、有步骤地进行跨区作业，提高经济效益和自身实力。

④ 基层农机服务组织。基层农机服务组织是指县（市）、乡或其以下的农机管理、监理、推广、培训、供应以及农机作业等服务组织，包括县（市）、乡级农机管理部门主办的服务实体，以县（市）、乡、村三级为主，主要由农机部门的专业管理人员和技术人员组成，一般属国家或集体所有。完善的基层农机服务体系为农机手的入户办证和安全生产提供了便捷的服务，同时为农机经营户提供了新机具推广、新技术培训、配件供应、机具维修、业务介绍等服务。

⑤ 农机服务中介机构。农机服务中介机构是政府或农机管理部门组织的农机经营者专业合作性的中介组织，包括农机经纪人和专业协会。农机经纪人是指为农机经营者提供中介服务的个人和组织机构，如信息咨询机构、农机专业协会等。农机专业协会是指以农机经营者为主体、自愿结成的民办组织，是一种按照或参照合作制原则联合从事农机经营的公益性专业协会，其将农机科研、生产、供应、营销、服务等环节联为一体，进行市场化运作，是农机社会化服务体系建设的重要组成部分。

二、农资与农机服务的发展现状、问题与建议

（一）农资与农机服务的发展现状

1. 农资服务的发展现状

2021年，我国全年化肥总产量为5 446[①]万吨，较1978年的869万吨增长527%，2015年，农业部（现更名为农业农村部）发布《到2020年化肥使用量零增长行动方案》，化肥行业发展回归理性，行业经营主体开始升级转型。由于产能过剩、优惠政策退出、煤炭等原材料价格上行等不利因素影响，化肥行业产量下降，化肥企业纷纷开始转型升级，2021年我国化肥产量较2020年增长50.2万吨，化肥产量自2016年起在连续5年下降后首次出现上升；2021年我国化学农药原药产量达249.8万吨，同比增长16.3%，较1978年的53.3万吨增长369%。我国农药工业发展十分迅速，多年以来，我国农药产量一直位居世界第一位。2021上半年我国农药进口金额为8.2亿美元，出口金额为97.4亿美元；2021年1—11月我国农用薄膜累计产量为71.4万吨，同比增长0.81%；在2015—2020年期间，我国农用薄膜产量在2016年达到最高，此后逐年递减，主要是由于高档、使用期限长

---

① 数据来源：中华人民共和国国家统计局。

的农用薄膜大量普及，使得农用薄膜产量逐年下降。2020年，全国供销合作总社全系统实现销售总额5.3万亿元，同比增长14.2%，供销合作社系统农业社会化服务面积为2亿亩，全系统连锁经营销售额为10 346.1亿元，同比增长14%；全系统有县及县以上供销合作社机关2 789个，全系统有基层社37 652个，比上年增加5 187个；全系统组织农民兴办的各类专业合作社为192 460个，比上年增加12 648个；入社农户为1 515.7万人。农民专业合作社联合社有9 865个；各类专业合作社中，农业生产资料类为6 327个；全系统有连锁企业6 697家，有配送中心10 802个，发展连锁、配送网点83.2万个①。

农资服务满足了农业生产和农民需求，保障了全国农业生产，实现了主要农资商品保供稳价的工作目标，农资服务基本能满足农业生产需要。大多数农资产品的经营基本放开，基本形成了由供销合作社农资公司、农资生产企业、农业"三站"、种子公司、个体工商户等多种市场主体、多种流通渠道共同参与农资服务的格局。农资服务的竞争局面初步形成。农资供给主体的综合服务能力日益增强，逐渐从单纯销售农资产品转向开展农资综合服务，形成测土配方施肥、病虫害防治、科学种植、供应链金融、农资物联网、农资质量安全追溯等全产业化服务链。现代流通方式在农资领域得到广泛应用，以农资连锁、配送为主要经营形式的新型业态在全国范围内迅速发展。农资连锁经营即在公司的统一管理下，通过县及县以下地区采取直营或吸收加盟等方式设立连锁经营网络，统一采购、统一服务、统一品牌、统一配送、统一经营方针、统一服务规范和统一销售价格，塑造规模化、标准化和规范化农资经营的新型业态。连锁经营实现了经营规模化和渠道扁平化，能有效降低物流成本费用，提升服务水平。

2. 农机服务的发展现状

2021年年底，全国农机服务组织为19.34万个，其中农机专业合作社为7.6万个。农机户为3 947.57万个，其中农机作业服务专业户为415.90万个。农机维修厂及维修点为15.04万个，农机维修人员为90.02万人。全国乡村农机从业人员为4 957.36万人。全年完成机耕、机播、机收、机电提灌、机械植保5项作业面积达到71.29亿亩次，同比增长1.7%。农机服务收入为4 816.21亿元，比上年增加34.73亿元，其中农机作业服务收入为3 675.92亿元，比上年增加60.89亿元②。

我国农机服务具体发展现状如下。

① 组织形式多样化。农机服务组织在组织形式上不断创新，出现的主要新型主体有农机专业大户、农机作业合作社、股份（合作）制农机作业公司、农机专业合作社、农机经纪人等，农机服务组织形式向多元化发展，各类农机服务组织的大量涌现为农机服务专业化、市场化、产业化奠定了基础。

② 服务方式市场化。各类农机服务组织不断创新服务形式，以市场需求为导向，积极开展订单服务、租赁服务、托管服务和跨区作业，增加服务的种类，提高服务质量；通过

---

① 数据来源：全国供销合作社系统2020年基本情况统计公报。
② 数据来源：2021年全国农业机械化发展统计公报。

采用土地托管、代耕代种等服务方式,不仅满足了农业生产对机械化的需要,也减轻了农民的农业劳作负担,提高了农业综合机械化水平和农机服务市场化水平。

③ 服务内容专业化。随着农机社会化服务范围的不断扩大、作物品种的不断增加、农业生产环节的不断延伸,农机的作业服务、信息服务、技术服务和维修服务等向专业化发展,专业作业公司和信息服务组织也在蓬勃发展;专业化的分工扩大了农机经营规模,提高了经营者的专业技术水平和经营效益,促进了农机服务产业化。

(二) 农资与农机服务存在的问题

1. 农资服务存在的问题

① 规模经济效益不明显,农资价格偏高。农资服务终端大部分处于交通不发达、信息不通畅的乡镇或农村。一方面,服务供给者独自采购,自主经营,难以形成规模优势而降低经营成本;另一方面,农资服务中间流通环节复杂,市场运行中交易成本增加,造成农产品采购价格偏高,直接影响了农资产品的销售价格。

② 传统农资服务模式难以实现标准化经营。农资产品具有品种多、占地大、不易陈列和摆放、季节性强、地域性强、易损易坏、售后服务不易控制等特点,并且传统农资服务模式具有规模小、资金缺乏、技术落后等特点,这些制约了农资服务标准化经营。

③ 农资行业的竞争激烈,假冒伪劣农资产品泛滥。农资行业管理制度规范化程度低,使之进入壁垒较低,加之改革开放之初其利润空间较大,资本大量流入,形成供大于需的局面,导致了激烈的竞争,而农资服务的对象是农民,低廉的价格是一大吸引因素,因此,大量假冒伪劣农资产品充斥市场,坑农、害农现象经常出现。

④ 经营者知识水平低,经营理念落后。农资服务的经营者基本是农民,受经济水平和知识水平的限制,其对农资市场和消费者行为缺乏研究,经营理念陈旧,导致服务创新深度、广度不足等问题。

农资服务行业还存在硬件不足、农资技术人才匮乏、专业技术团队力量薄弱、科技服务创新能力不足、农资科技服务体系建设不完善、人员培训不到位等方面的问题,整个行业重销售,轻服务,严重缺乏系列化、多样化服务功能。

2. 农机服务存在的问题

① 农机服务主体规范化程度不高。农机服务组织处于发展初期,各地发展不平衡,规范性运作尚处于探索阶段,农机社会化服务规模小、项目单一,服务组织运行机制不够完善。许多农机服务组织的认知跟不上,面对新形势缺乏超前意识、参与意识,不善于捕捉发展机会,农机装备、机车超期服役问题严重,其安全性、经济性差。

② 技术人才和管理人才不足,农机基层推广体系脆弱。一方面,近年来农业机械化发展很快,但农机专业性人才,特别是熟练农机手缺乏,成为影响农机服务可持续发展的突出问题。勉强使用不太熟练的农机手,既影响农机使用效率,也会容易因农机手"野蛮操作"增加农机损坏的风险。另一方面,农机服务主体的高素质人才较少,管理人才缺乏,整体的管理水平较低,很难适应快速发展的经济市场。农机管理服务机构、农机社会化服

务组织、农机专业大户三者构成了农机社会化服务体系,但目前各乡镇农机管理人员少、农机专业技术人员缺乏。

③ 资金不足,政府补贴不合理。一方面,购买农机设备需要大量的资金,尤其是购买大型农机设备;另一方面,流转土地、农资和人工等的成本逐年增加,农机服务主体资金短缺问题愈加突出,极大地限制了农机社会化服务的发展。同时,存在政府重农业机械购置补贴、轻服务组织建设的现象。近年来,农机补贴政策支持购买的农机日益大型化,单台机械价格越来越高,导致部分农机服务组织购买农机的资金缺口增大,筹资难度陡增。农机社会化服务是个系统工程,虽然各级财政对农机社会化服务组织给予资金支持,但在税收、信贷、政策性保险、用电、用油、用地等方面缺少具体的优惠政策,这导致农机社会化服务组织发展困难。

④ 农机社会化服务产业链不完整。这主要表现在3个方面。a.服务环节方面:当前的农机社会化服务主要表现在农作物的耕、种、收3个环节,对产前、产后的关注度显然不高。b.服务作物方面:我国水稻、玉米等粮食作物的农业机械化服务范围相对较广,但对设施农业、经济作物和水产养殖等领域的服务力度不够。c.配套服务方面:农业机械化水平不断提高,农机设备种类不断增多,但是相应的维修服务跟不上农机设备的更新换代速度,严重阻碍了农机社会化服务的发展。

(三) 推进农资与农机服务开展的建议与措施

1. 推进农资服务开展的建议与措施

① 创新服务机制,实现规模效益。一是开展农资电商经营,实现电商经营与实体经营的有效结合、线上线下的融合发展和服务方式的多样化。二是农资服务要紧密地连接上下两端,以减少交易环节,节省流通费用,降低交易成本,实现整个农资服务的规模效益。

② 发展农资物流网络,形成服务新格局。第一,建立高效的物流配送中心是整个农资服务网络建设的基本要求。第二,基层服务网点要本着服务的模式和统一的管理思路来建设,以满足快速发展农资服务网络的需要。第三,完善服务内部网络,提高主体对市场需求的快速反应能力,形成包含农资、农副产品、日用消费品的连锁化、规模化、品牌化经营服务新格局。

③ 激发内生动力,提升服务质量。一是以进一步提升服务水平为重点,以深化体制机制改革为动力,整合利用各方资源,全面推进转型升级,创新服务方式。二是强化技物结合,通过农资销售与技术服务有机结合,以密切与农民利益联结为核心,以提升为农服务能力为根本,激发内生动力,提升服务质量。

④ 加强人才队伍建设,加快推进创新驱动。市场竞争归根到底是人才的竞争。要通过农业技术培训、科学施肥用药指导、新产品宣传推广等多种方式,全面提升农民的农资知识水平和服务能力,更要广泛吸引各类经营管理和专业技术人才,着力培养懂市场、会管理的领导团队。

2. 推进农机服务开展的建议与措施

① 促进农机服务主体的规范化建设。促进农机服务市场化、产业化、社会化的发展，要加强对农机服务示范组织的支持。一是加强对各类农机服务示范组织发展的引导和支持，因类制宜地解决农机服务组织发展的难题，形成可复制、可推广的模式。二是促进各类农机服务示范组织的规范化、标准化、品牌化建设，开展农业机械化试验、示范、推广活动，推广先进、适用、高效和绿色环保机械。

② 加强管理人才和农机人才培训。根据政策扶持、多元投入、按需施教、注重实效的原则，积极引进综合素质高的专业农机技术人才和管理人才。对于技术人才，可进行农机职业技能鉴定，开展职业技能竞赛活动，加强对其技术培训及农机操作能力的培养，提高农机技术人员的专业素质。对于管理人才，可制定相关优惠政策，从各大高等院校、农机企业等引进愿意投身农机化工作的人才，加强管理人才培训，让其成为生产、管理全方位的新型农机职业经理人。

③ 转变政府补贴重点，开辟融资渠道。推进由农机购置补贴政策向农机服务补贴政策转型，有利于规避在农机购置补贴政策支持下农户分散独立购机造成的农机闲置和资金浪费问题，提高资源配置效益。农机具租赁服务通过"融物"代替"融资"，为农业经营主体或农机服务组织开拓了一条获取农机的新途径，有利于减少农业经营主体或农机服务组织与农机相关的资金占用，帮助其开辟灵活机动的融资渠道。

【思考题】

1. 什么是农业产业化？其内涵包括哪些？
2. 我国农业产业化的基本形式有哪些？其实现条件是什么？
3. 农业社会化服务依据不同的划分标准，都有哪几种类型？
4. 新型农业社会化服务体系包括哪几个方面？
5. 如何加强我国的农业社会化服务体系建设？
6. 简述当前农资与农机服务存在的主要问题与解决对策。

【案例分析】

农业服务企业开展现代高效社会化服务

案例1：辽宁万盈农业科技有限公司四级运营网络提供现代高效服务

辽宁万盈农业科技有限公司（以下简称万盈农业）构建四级服务网络，以先进适用的农业技术集成创新与应用推广为支撑，利用自主开发的技术集成平台，探索形成了一套玉米生产全程托管的"万盈标准"，为东北地区小农户、农民合作社、家庭农场等经营主体提供了现代化的玉米生产服务，真正做到"省心高产"。

① 为提高全程托管服务的质量与效率，万盈农业搭建了"平台-县域子公司-乡镇服务中心（农民合作社）-服务顾问"的运营模式，建成了四级服务网络。

② 万盈农业在东北地区沿黄金玉米带从黑龙江到辽宁建立了20个试验点,致力于研究不同地区的玉米生产良种良法、农机农艺的最优组合模式,在2017年建成独有的技术集成平台,提供从选种、播种、田间管理到收获等全过程的技术指导。万盈农业主要做了以下3方面的工作。一是加强了与科研院所、大型农资企业的合作,建立起作物健康管理整体解决方案。根据试验筛选和农业绿色生产要求,用部分生物肥料代替化学肥料,通过引进新型设备,使用集成技术,开展秸秆还田处理,实现变废为宝,促进了土壤修复和地力培肥。二是对农药严格筛选,选择了微毒、低残留、对环境友好的产品,不仅降低种植风险,保护环境,还可以实现统一施药,过程可管,用量可查。经过不断的合作试验,万盈农业以13项增产技术为核心,形成了独具特色的高科技玉米生产方案。三是建立了一套完整的玉米生产技术规程,形成了一套"万盈标准"全程生产托管模式,把整个玉米生产过程优化为6项作业、11个阶段、27个步骤,实现包括产地环境、品种、栽培技术等方面的全要素控制。

③ 为提升托管服务平台的规范化、信息化、标准化、数字化,万盈农业自主开发了"万盈信息管理系统"。该信息管理系统以互联网为载体,涵盖了从服务主体到服务流程再到服务作业情况的所有信息。其依托信息通信技术,实现了让服务对象实时掌握资金流、物资流、信息流、参与人员四位一体的配备情况,精准管控了农业生产社会化服务全过程,做到了服务数据实时生成、监管人员随时可查、作业过程可追溯,也做到了农户不出门就能监督全程托管情况,消除了农户的后顾之忧。

此外,服务信息化在提高服务效率的同时,还降低了公司大面积分散作业带来的管理成本,实现了公司与农户的双赢。"万盈信息管理系统"基于领先的模块化设计理念,能够根据各地区实际情况生成差异化的解决方案,可实现全程托管、部分托管、单项作业等多种服务模式。2018年,万盈农业还与辽宁省葫芦岛市兴城市农业农村局达成合作协议,搭建托管信息管理平台系统,为农机手、农业社会化服务组织以及市(县)、乡镇政府提供作业管理和监督管理。

案例2:农业生产社会化服务里的福康模式

陕西省渭南市福康大田农机合作社是一家专业的农业服务机构。该合作社依托福康大田农业服务有限公司(以下简称福康大田),为现代农业提供智能科技整体解决方案,涉及农业生产的耕、种、管、收、防及秸秆综合利用环节的智能化农机产品。福康大田农机合作社主要经营中国农机品牌雷沃重工的全系列产品和全球知名品牌大疆的植保无人机。该合作社目前拥有300多台农业机械,托管农田3万亩,建有村级服务站13个,累计服务面积6万余亩,服务涉及渭南市3个乡镇16个村,累计服务农户1 600余户;并且每年帮助农户降低亩均成本150元,让农户收益增加约10%。福康大田农机合作社经过多年的实践探索,在拥有雄厚的技术和人才队伍的基础上形成了以农业生产为主的托管服务"福康模式"。

为了解决托管服务过程中农民协调难、土地集中难等问题,福康大田积极与镇政府、村集体对接,建立"镇村组信息联络员"四级托管管理模式。通过镇政府组织托管村召开专题会议,确定托管内容、托管方式等,分层级召开村组干部、小组组长、村民代表会议,动员农户接受托管服务,对托管事项及项目补贴情况进行宣传公示,并组织签订托管合同;在托管村设立信息员联络,了解统计各村实际托管土地面积及愿意加入合作社的机手设备信息,同时监督托管服务质量。四级托管管理模式为公司与农户之间搭建了稳定的沟通渠道,保障了农户作业的时效性和有序开展,增强了信息的透明度,真正做到了让镇村领导放心、农户安心,实现了农户、村集体、服务主体三方互信共赢。

  整合农业生产要素,实现优质高效。福康大田与国内知名"种、肥、药"多家上市企业建立了战略联盟合作关系,同时以低于市场平均供应价10%实现农资供应优质、低价,保证做到让利于托管农户;在金融支持和保险服务方面,联合四季为农、太平洋保险等机构,为机手购置农机提供金融服务,贷款额度不超过10万元,并提供不同期限的农机保险服务,为开展托管服务保"价"护航,让"利"于民。同时,福康大田坚持加强与国家和当地农技专家的联系与合作,先后与中国科学院南京土壤所、中国科学院遥感应用研究所、中国农业科学院农业资源与农业区划研究所、浙江大学、雷沃重工、数溪科技等联合建立了土壤智能管理服务平台与应用西北示范区,并将其用于开展土壤综合观测和智能服务平台联合示范等工作,提高托管服务的质量与技术含量。此外,福康大田与西北农林科技大学专家及渭南农技专家团队紧密合作,为托管提供技术指导和培训服务,建立新品种、新技术示范基地8 000亩;并且引进优良品种推广应用、测土配方施肥、绿色防控等技术和先进的种植模式,2020年已展示示范新品种8个、新技术6项,通过科学托管,有力推动了农业高新科技成果的快速转化落地。

【问题讨论】

1. 万盈农业科技有限公司的农业社会化服务经验给我们的启示是什么?
2. 福康大田农业服务有限公司的农业社会化服务经验给我们的启示是什么?

第十章

农业标准化管理

【本章导读】

如今随着社会科技的进步,农业科技发展迅速,传统农业与当代农业发展已经有不适配的情况,建设现代农业已经刻不容缓。确保农业稳定向好发展,必须平稳推动农业标准化发展,利用飞速发展的农业科技、逐步完善的农业基础设施以及相关配套服务,形成一套高质量水准的农业行业标准,实现农业标准化的高质量发展,进而实现现代化农业。本章的学习要求是:理解农业标准化的概念和内容;明白我国农业标准化发展的现状与问题。

第一节 农业标准化概述

一、农业标准化的概念

标准化是指在一定范围内获得最佳秩序,对实际的和潜在的问题制定共同的和重复的规则的活动。农业标准化是以农业为对象的标准化活动,即运用"统一、简化、协调、选优"的原理,通过制定标准和实施标准,使农业的产前、产中、产后全过程都纳入标准生产和标准管理的轨道,促进先进的农业科技成果和经验迅速推广,确保农产品的质量和安全,促进农产品流通,规范农产品市场秩序,指导生产,引导消费,从而取得经济、社会和生态的最佳效益,达到提高农业竞争力的目的。

统一原理是指为了保证农业发展必需的秩序和效率,对农业各项活动,农产品品质、规格或其他特性,确定适用于一定时期和一定条件下的一致规范,并使这种一致规范与被取代的农业标准化对象在功能上达到等效。所以统一原理包括农业标准化对象的功能相同,统一是相对的,统一只是一个手段,其目的是获得最佳效益。

简化原理就是以发展高产、高效、优质农业为目标,为了经济有效地满足农业各项活动的需要,对农业标准化对象的数量、规格、品质或其他特征进行筛选提炼,剔除其中多余的低效能环节,精炼并确定出能满足农业各项活动全面需要的必要的高效能环节,保持整体构成精炼合理,达到节本、省工、优质、增效的目的。例如,切花菊花的品种很多,要根据进出口的要求,选择最适合本地区种植的一个或几个品种,保证种性优良。标准化对象不是长期不变的,如发现有更新、更好的品种培育出来了,应尽快修订标准。

协调原理就是为了使农业标准化系统功能达到最佳,并产生实际效果,必须通过有效的方式协调系统内外相关因素之间的关系,确定为建立和保持相互一致、适应或平衡关系所必须具备的条件。从微观来看,协调原理很重要,例如,对于花卉生产,不但要有好品种,而且要做好肥水、育苗、修剪、病虫害防治等一系列工作,若将此问题扩展到产业化,还有包装、运输、流通等环节,只要一个环节不合理,都难以达到有效性和经济性。

选优原理是按特定的目标,在一定限制条件下,以农业科学技术和实践的综合成果为基础,对农业标准化对象的大小、形状、色泽、生产成本等参数及其关系进行选择,设计组合并进行调整,以达到最理想的效果和目标。

二、农业标准化的内容

农业标准化的内容十分广泛,主要有以下 8 项。

① 农业基础标准:在一定范围内可作为其他标准的基础和普遍使用的标准。其主要是指在农业生产技术中所涉及的名词、术语、符号、定义、包装、分析测试标准等。

② 种子、种苗标准:主要包括农林果蔬的种子质量分级标准、生产技术操作规程、包装、运输方式、贮存方式、标志、检验方法等。

③ 产品标准:为保证产品的适用性,对产品必须达到的某些或全部要求制订的标准,主要包括农、林、牧、渔等产品的品种、规格,农机具标准,农资标准以及农业用分析测试仪器标准等。

④ 方法标准:以试验、检查、分析、抽样、统计、计算、测定、作业等各种方法为对象而制订的标准,包括选育、栽培、饲养等技术操作规程、规范,试验设计、病虫害测报、农药使用、动植物检疫等方法或条例。

⑤ 环境保护标准:为保护环境和有利于生态平衡,对大气、水质、土壤等环境质量、污染源监测方法以及其他有关事项制订的标准,如水土保持、农药安全使用、绿化等方面的标准。

⑥ 卫生标准:为了保护人体和其他动物身体健康,对食品饲料及其他方面的卫生要求而制定的农产品卫生标准,主要包括农产品中的农药残留及其他有害物质残留允许量的标准。

⑦ 农业工程和工程构件标准:围绕农业基本建设中各类工程的勘察、规划、设计、施工、安装、验收过程,以及农业工程构件等方面需要协调统一的事项所制定的标准。

⑧ 管理标准:对农业标准领域中需要协调统一的管理事项所制定的标准,如标准分级管理办法、农产品质量监督检验办法等。

第二节 农业标准化发展

我国是农业大国,农业发展拥有丰富的经验,土地辽阔,农村人口比重大,农业稳定对于我国社会稳定十分重要。目前农业标准化的发展仍存在问题,应借鉴各方经验,寻找突破契机,实现农业标准化发展,推动农业转型升级。

一、我国农业标准化发展的现状

我国有上下五千年的文明历史,同时也有着几千年的农业发展史,但很多年采用的都是原始的农业生产模式,直到近几十年才开始真正步入现代化农业发展轨道。我国农业标准化的发展现状如下。

① 农业标准化体系基本形成。截至 2015 年 10 月,中国已累计完成农业方面的国家标准 2 746 项,备案行业标准 4 246 项,各省市制定的农业地方标准 17 000 多项。标准范围从原来只涉及少数农作物种子和种畜方面发展到了种植业、养殖业和生态环境等方面,基本涵盖了农业的各个领域,贯穿了农业产前、产中、产后全过程。

② 农业标准化管理体制健全。国家农业主管部门设有专门分管农业质量标准化的机构(农业农村部市场与信息化司),各省、自治区、直辖市农业部门都设有标准化管理机构。在技术方面,我国成立了全国性农业标准化专业技术委员会和技术归口单位,它们负责对标准的技术性和实用性进行审查。

③ 农业质量监督体系从无到有。截至 2011 年,我国已经组建农产品部级质检中心 53 个,省级综合质检中心 33 个,县级综合质检站 1 339 个,其检测内容涉及种子、农药、肥料、饲料、兽药以及生态环境、药残、安全等方面。

④ 农业标准化法规逐步建立。根据《中华人民共和国产品质量法》《中华人民共和国标准化法》《中华人民共和国计量法》及有关的法律法规,结合农业的特点,我国制定了相应的法规和部门规章,这些法规和规定指导了我国的农业标准化工作,也规范了农业标准体系和质检体系的建立,使农业标准化纳入了法制管理的轨道,为依法行政、依法治农奠定了基础。

⑤ 产品质量认证开始起步。参照国际上质量认证的通行做法,组建了中国水产品质量认证中心和中国农机产品质量认证中心;通过认真学习国外经验,如美国水产品认证体系 HACCP,建立起具有中国特色的认证体系,并在种子、饲料、兽药等一系列产品方面进行认证前的试点,准备积累经验,扩大认证领域。

⑥ 农业标准化受到社会重视。标准化的运用大大地加快了科学技术成果的转化速度,扩大了先进技术的普及范围,既规范了生产经营活动,又节约了成本,完善了产品质量,这种促进经济发展的作用受到社会各界的重视。中共中央、国务院在加强农业产业结构战略性调整的过程中,把加快农业质量标准体系建设列为 2000 年工作的重点。

随着生活水平的不断提高，人们逐渐认识到食品安全的重要性，农业标准化的呼声越来越高。20世纪90年代以来，我国积极开展农业标准化工作，并在一些方面取得显著成效。但总体而言，面对农业产业结构调整、全球竞争愈演愈烈的新形势，我国农业标准化显得十分不适应。

二、我国农业标准化发展中的问题

1. 农业标准体系不完善，标准的执行和监测能力不足

农业标准体系是农业标准化的基础，目前我国农业标准体系还不完善，特别是在农产品的质量安全标准上，相对于国外一些国家，我国标准低且质检项目不全的问题尤为突出。我国的标准更新不及时，不利于农业标准化生产的发展和农产品国际竞争力的提高，更不利于农业现代化的发展。对农产品的严格检测是推动农业标准发展的重要一环，我国目前的标准检测机构对于农产品质量检测、农产品生产技术服务以及保证农业标准实施等方面存在不足。农业生产者对农产品的自检能力达不到行业标准，检测机构对农作物产品检测方面的能力相对落后，对农产品质量有重要影响的药物残留、生长激素残留、重金属污染、放射物污染、有毒物质和转基因等问题的检测能力不足。

2. 土地流转和"单家独户"阻碍标准化发展

农业标准化需要规模化的土地生产形式，保证农产品的质量够好以及在农产品生产过程中严格执行农业的各种标准和相对应的操作流程。现阶段我国支持土地进行流转，但是农村进行土地流转存在困难，农民对土地有独特的情结，不利于滞留地的合理利用；土地流转给予的利益补偿不足以使农民动心。我国目前单家独户的种植、养殖现状对于农业标准化的实现阻力较大。在利益的驱动下，部分农产品生产者不按标准进行生产的现象频频出现。很多生产厂商和农民由于利益的引诱而漠视标准，进而故意违反技术流程和生产标准来获取利益，这些情况屡禁不止。

3. 对农业标准化的认识不足，农业标准化人才缺乏

我国农民掌握的农业知识较少，对农业标准化的优势认识不足，导致我国农民农业生产素质较低，不足以支撑现代化的农业发展。对于农业标准中的指标认识不足，农户间的农业知识水平的差距也使得农业生产过程中的农产品存在差距，这不利于农业标准化发展。农业的信息化发展相对落后，农民对于农业标准的相关知识认识不足。农业机械化、信息化、现代化发展都需要相关方面的人才支持，现在我国对于农业高质量人才的需求量大，良种的培育、精准施肥的大规模机械化作业、农业科技和农业标准化的推广等，都需要专业的人才支持。

4. 经济条件薄弱，农业标准化宣传力度不够

农业标准化的实现需要大型机械和先进的生产技术相互作用，目前我国农村土地分布在各个农民手中，不利于大型农机的工作以及先进生产技术的应用。农村经济基础薄弱，价格昂贵的农用机具和先进生产技术实现所用到的设备对农民来说负担太重。县乡（镇）

一级农业标准化宣传力度不够,不能真正引导农民选择农业标准化生产,农业标准化示范区不能引起农村农民很好的反响。

5. 农业发展与配套设施服务不匹配

农业配套设施的建设对于农业标准化进一步发展十分关键,市场机制不健全,生产者和经营者未获得显著收益,农业标准化发展的积极性受限。农业的发展与当地基础设施建设息息相关,农业道路建设资金投入不足、技术监管不到位、超载现象严重、协调服务不通畅等问题亟待解决。水利设施的建设也不足以支撑农业标准化的发展,存在成本管理意识不足、体制不完善、建设条件恶劣等问题。对于农民专业知识培训工作的开展不够重视,且农民受教育程度较低。农业机械化、信息化水平低且服务体系不完善,农民没有很好地享受到科技成果。

三、实现农业标准化进一步发展的对策

1. 完善农业标准体系,落实农业标准执行

政府应牵头出台严格的农业标准相关内容,成立农业标准制定委员会,建设完整的农业标准发展体系。积极参加国际农业标准相关会议,学习先进的农业发展经验。鼓励龙头企业、专业合作社、专业大户参与农业标准的制定,建立一套紧跟国际的、适合我国农业发展情况的、有利于我国农业标准化发展的标准体系。重视完善农产品生产和销售环节的相关标准,扩大农业标准化的实施范围。使生产、销售等环节有法可依,实现我国农业标准的规范性、实用性、适用性、科学性。严格按照农业标准和规范进行操作,对农产品的生产、加工、管理、营销进行严格要求。普及农业标准化知识,完善农业标准化示范区的建设,实现农业标准化与产业化的协同发展。

2. 加快土地流转工作,实现农户联合发展

国家应该出台相应的政策和法律法规,针对农村滞留地进行土地利用,对流转滞留地的农户进行补贴,激励农户之间进行土地流转。用法律来保证土地流转安全,保护农户的合法土地权益不受侵犯,为农民的发展争取最大利益。实现大规模种植和机械化作业,更好地利用现代科技发展带来的红利。进一步发挥政府引导作用,宣传农业标准化的未来发展前景。将农户联合起来形成一个整体,进行统一的农产品生产,严格遵守标准,执行生产规程。若农产品质量提高了,则其对于消费者的吸引力就会加大,经济效益上升对农户的联合具有推动作用,可以更好地支持农业标准化发展。

3. 提高农民综合素质,积极进行农业人才建设

加强对农民的专业知识培训,通过专业知识培训使农民了解农业标准的利害关系,并能进行标准化生产。重视农民教育体系的建设,联合企业和专业大户对农民进行标准化生产的培训,提高农民的技能和专业知识水平,从而实现我国的农业标准化,让农民与时代接轨,最终实现农业现代化。积极与农业高校对接,培养具有先进理念和知识储备的农业人才。国家应支持农业高校发展,投入资金进行农业生产研究,在培育良种、标准化生

产、物流运输等方面培养一批专业人才,加速农业发展。加快培养与农民联系紧密的农业推广人才,使农业与农民相辅相成地发展。

4. 推动组织化发展,提升专业化生产水平

我国农业以个体为主,而个体难以与市场进行有效对接。要改变这一局面,必须将分散的农户组织起来,加强它们之间的联系与合作,使其形成利益相关的农业合作组织,提高其整体市场地位,以更好地适应现在市场经济的发展需求,更好地利用现代农业技术、信息服务、物质基础来实现农业的发展。推动农业组织进行细化分工,为农民提供全面的农业发展服务。以"农户＋农业合作组织＋农业企业"为发展模式,引导农户逐步向农业合作组织靠拢,实现共同发展。

5. 加强农村合作社建设,宣传农业标准化

面对农村经济基础薄弱的情况,政府应该鼓励农村合作社进行农村农业的联合发展,出台针对农村合作社的经济补贴和购买优惠政策,发挥农村合作社的力量,减轻农户发展农业标准化的经济和技术压力。将农户纳入农村合作社中,从而更好地进行农业标准化的宣传;组织农民进行先进农业知识的学习,参观农业标准化示范区,从而加深农户对农业标准化的了解,实现农业标准化在农村的发展。

6. 加强基础设施和服务体系的建设

农业标准化的实现离不开基础设施的进一步建设,交通便利是农业标准化发展的关键,是实现农业机械作业和农产品运输标准的基础,也是实现高质量农产品与市场对接的重点。政府应该增加道路修建和维护的资金投入,保障农机作业和农产品运输正常进行。水利设施的建设对于农业生产十分关键,先进的生产技术离不开对农作物灌溉和用水量的控制,这要求农业标准化生产过程中水源充足。应重视蓄水池和水库的建设,合理利用地下水源。

农业的发展离不开服务体系的建设,重视建设农业发展过程中的服务、生产过程中的技术服务、产后的农产品检测服务和产品保鲜运输服务。建设能为农户提供及时有效的农业信息、帮助农户应对农业生产风险和市场风险的信息化服务体系,以及能对农户进行农业知识普及和先进农业技术培训的教育服务体系。最终形成一个合理有序的农业标准化发展体系,实现农业标准化建设。

【思考题】

1. 分析我国农业和农产品现状,阐述实施农业标准化的意义。
2. 什么是农业标准化?农业标准化的内容包括什么?
3. 简述我国农业标准化发展中存在的问题及其解决措施。

【案例分析】

农业标准化的效益

　　江西绿萌创立于 2001 年,是一家专业从事果蔬采后智能装备研发制造的国家高新技术企业、国家专精特新"小巨人"企业。2001 年,赣州脐橙要卖到国外有很大的困难,经过该企业的努力,赣州脐橙已走向国外,并且该企业的产品已出口至 21 个国家,服务于全球 1 500 余家商业用户,占有国内中高端分选设备 70% 以上的市场份额,被广泛应用于 40 多种果蔬产品的商品化处理。江西绿萌始终围绕客户需求,进行本土化研究、个性化设计。江西绿萌研发的设备可对果蔬进行无损检测和智能化组合分选,技术达国际同期先进水平,极大促进了农产品出口,促进了当地农业发展。

【问题讨论】

1. 发展农业标准化对农产品经济发展的影响有哪些?
2. 农业标准化在推广中会遇到哪些问题?其对农产品经济的意义是什么?

第十一章 农业可持续发展理论与实践

【本章导读】

本章首先介绍农业可持续发展的理论背景,阐明农业可持续发展的内涵、基本特征;然后从农业可持续实践中探析中国农业可持续发展需要解决的问题、战略目标和模式,探讨可持续农业的发展趋势。本章的学习要求是:熟悉农业可持续发展理论的形成过程;理解农业可持续发展的含义及特征;能够运用农业可持续发展理论指导中国农业可持续发展实践。

第一节 农业可持续发展理论

一、农业可持续发展的理论背景

(一)可持续发展观的形成历程

长期以来,人类利用自然、改造自然,产生强大的生产能力,使经济得到长足的发展。但与此同时,人类由于掠夺式地对待自然而遭到了自然的报复,这迫使人类对自己与自然的关系进行反思。20世纪七八十年代,一种新的发展观——可持续发展观,在全球兴起并被普遍认同。可持续发展成为人类发展包括农业在内的经济和社会的基本指导思想。

1980年,联合国环境规划署委托国际资源和自然保护联合会制定了《世界自然资源保护大纲》,该文件第一次提出了可持续发展的概念,可持续发展作为一个科学术语被明确地提出来。该文件指出保护与发展是相辅相成、不可分割的两个方面。在该文件的指导下,世界上50多个国家根据自己的具体情况,相继制定了本国的自然资源保护大纲。1987年,世界环境与发展委员会发布了一份名为《我们的共同未来》的报告,对当前人类发展与自然保护方面存在的问题进行了全面系统的评价。该报告指出,过去我们关心的是经济发展对环境的影响,现在我们则迫切地感受到了生态变化(如自然环境的恶化、森林的退化)对经济发展所带来的影响。《我们的共同未来》对可持续发展的定义是:既满足当代人的需求，又不对后代人满足其自身需求的能力构成危害的发展[①]。可持续发展的主题中有两个基本要点：①强调人类在追求健康而富有生产成果的生活权利的同时，应当保持人与自然界的和谐，而不应当凭借人们手中的技术和投资，采取耗竭资源、破坏生态和污染环境的方式来实现发展权；②强调当代人在创造和追求当前的发展和消费权利时，应努力使自己的机会与后代人的机会平等，不能剥夺后代人本应合理享有的发展与消费权利。1992年6月，在巴西里约热内卢举行的联合国环境与发展大会上通过了《21世纪议程》，其提出建立可持续发展的新思路和新观念，第一次把可持续发展由理论和概念推向行动，从而使可持续发展理念在国际社会得到普遍认可并成为世界各国的共识，这次会议被认为是人类发展史上的一个里程碑。《21世纪议程》指出，为了保护发展的基本条件和人类的家园地球，要彻底地改变传统的发展观念和各国现行的生产方式、消费方式，努力建立起人与自然和谐的新的生产和消费方式。

可持续发展的提出是人类经济发展思想的一个重大飞跃。它标志着人类由过去以人类为中心的发展观向人与自然和谐共处的可持续的发展观转变，由单纯追求经济增长转变到将经济增长与环境保护结合起来、将资源开发与资源永续利用结合起来，形成了一种新的可持续的发展观。

（二）农业可持续发展的由来

20世纪50年代至70年代，西方发达国家先后实现了由传统农业向现代农业的转变，实现了农业的现代化。发达国家的现代农业采用以机械技术、化学技术为核心的现代科学技术和现代工业提供的生产资料和科学管理方法，是一种高科技含量、高资本投入、高劳动生产率、高商品率和高度社会化的农业。现代农业中长期流行的生产方式是"石油农业"（或称工业式农业），即获取农用能源和主要农业生产资料需要消耗石油能源的农业，包括以石油为动力的农业机械化、以石油和天然气为原料的农业化学化等。这种现代农业使人类在农业生产方面取得了长足的进步，生产率大大提高，缓解了因人口爆炸而造成的粮荒及其他威胁，但也给世界带来了亟待解决的问题，如生产效益下降、农业环境污染、农业资源枯竭、生态环境恶化等，这些问题使得现代农业的发展面临着重重困难，受到了极大的挑战。

① 高能耗农业投入产出比下降。"石油农业"的高能耗是极不经济的，研究表明，美国每公顷玉米生产需消耗760 L石油，其能量的投入产出比为1∶2.4，而我国传统农业生产方式能量的投入产出比可达1∶15[②]。"石油农业"投入的边际产出不断下降。1939—1978年，英国的农药施用量增长了20倍，而谷物产量只增长了1倍。从1950—1985年的35年间，全世界谷物的平均单产水平增长了0.77倍，达到每公顷2.3吨，年平均增长率为2.5%。而相应的农用工业年能耗增长了6倍，年平均增长率为5.7%。然而这些工业

[①] Brundtland G H. World commission on environment and development: our common future[M]. Oxford: Oxford University Press, 1987.

[②] 刘朝明. 持续农业：世界农业发展的新阶段[J]. 世界经济, 1993(1): 25-29.

能源都是一次性资源。如果全世界都采用发达国家的农业生产方式,一次性能源生产的增长速度远远不能满足需求。

② 现代高耗能农业发展使自然资源减少,造成严重的生态破坏。土壤沙化严重,土壤退化,耕地资源减少,人地矛盾日益突出。20世纪50年代后乱垦滥伐过牧等问题日趋严重,世界35%的耕地侵蚀速度超过了土壤形成速度。水资源不断减少,况且淡水资源只是世界水资源的0.003%,而且分布很不均匀;随着世界人口的增长和经济的发展,世界的淡水用量一直在稳步增长,1900—1975年,世界的农业用水量增加了7倍,工业用水量增加了20倍。最近几十年,世界用水量以每年4%~8%的速度持续增加,在社会用水量都在增加的过程中,农业处于竞争的劣势地位。同时,具有涵养水源、保持水土、调节气候、保护生物多样性、维护生态平衡等重要作用的森林资源,正因人口增长和农牧业生产发展过程中的乱砍滥伐加速消耗。1954年,森林和林地面积减少了1/3左右,1985年以来,全世界平均每年有1 700公顷的热带森林被毁。毁林面积最大的几大洲依次是美洲、非洲、亚洲,而全世界植树造林每年只能补偿毁林面积的10%左右;生物资源的价值也不只在于其经济价值,更重要的是其所蕴含的环境功能价值、选择价值和存在价值,但由于人类活动的破坏,地球上的生物资源正以惊人的速度减少。

③ 现代高耗能农业对环境造成严重的污染。现代农业的发展虽使粮食生产与消费的矛盾有所缓和,但却使生产与自然的矛盾激化了。从理论来说,现代农业生产方式在环境、生态上的不合理性主要表现在两个方面。一是从系统整体来看,系统结构单一,单一经营的高度专业化系统缺乏时间和空间上的连续性,种植农户与饲养畜禽的农户相互分离,植物、动物不能相互利用废弃物质和能量,因而物能不能得到充分利用。一方面是农田有机质不足;另一方面是牧场粪便处理不当,这导致环境受到污染。从时间连续性来看,系统稳态的维持不能依靠生物群落的演替和系统在一定限度内的自我调节实现,而完全靠人工完成,耗费了大量经济能量,并导致土壤结构恶化,水土流失严重。二是从系统的结构来看,现代农业通过大量化肥、农药、机械动力等无机能量的投入缩短草牧食物链,且农业系统输出了大量的物质造成了系统养分的亏损。靠大量地投入机械、化肥、农药和饲料添加剂来维持农业系统的高产量,破坏了传统农业在某种程度上保存的一种农业系统内部的调控机制[①]。据联合国粮食及农业组织的资料,1972—1987年,发达国家平均每公顷农业用地的化肥施用量由31.5 kg增加到43.3 kg,增长了37.5%。自1945年以来,有3.5万种不同类型的杀虫剂进入市场。化肥和农药的大量施用不仅破坏了肥沃农田的土质,降低了生产率,而且增加了病虫害的抗药性,对害虫天敌种群形成抑制,使种间多样性和种内异质性降低,造成农业系统过分依赖矿物能源和人工控制。化肥和农药的残毒还广泛地残留在水、土壤、空气、食物、人体和其他生物体内,对环境和生态系统形成广泛和长久的破坏。

农业生产是对土地、生物、水、气候等自然资源和自然条件进行改造与利用的过程。但是,现代农业的生产方式忽视人与自然之间的协调,造成了人与自然的对立,使农业生

---

① 宣杏云,王春法,等.西方国家农业现代化透视[M].上海:上海远东出版社,1998.

产的代价越来越大,其发展越来越难以持续。现代农业所产生的一系列问题,促使人类不得不努力寻求新的出路,寻求新的农业发展模式。20世纪70年代,西方发达国家先后提出了有机农业、生态农业、生物农业、自然农业、超石油农业、再生农业、肥力农业、腐殖质农业、生物动力学农业等替代模式。然而,这些替代模式却在指导思想和生产方式上走另一个极端,即以保护生态环境为主要目标。这些模式试验和实施的结果是生产力大幅度下降,不能进行大面积的推广。因此创造新的发展模式,要求在保护资源环境的同时,持续地增加农产品产量,提高农业的经济效益,满足人们不断提升生活质量的需要,实现自然资源的永续利用和农业的持续发展。这有力地推动了新的农业发展战略和全新的农业生产模式——持续农业的诞生和发展。20世纪80年代中期,美国农业科学家在总结其他模式的基础上提出了可持续农业发展模式,它具有其他模式不具有的优点,引起了极大的反响,发展迅速,逐渐被世界上许多国家采纳。

1985年,美国加利福尼亚州议会通过的《可持续农业教育法》率先提出"持续农业"的新构想,这一构想很快得到有关国际组织和国家政府的响应。其中,世界环境与发展委员会(World Commission on Environment and Development, WCED)和FAO在推动全球性可持续农业发展进程中发挥了巨大作用。1987年,由世界环境与发展委员会发布的报告《我们共同的未来》首次明确提出了"可持续发展"的概念。1988年,FAO在荷兰丹波召开国际农业与问题大会,向全球发出"关于可持续农业和农村发展的丹波宣言和行动纲领",提出了发展中国家"可持续农业和农村发展"的新战略,阐明了可持续农业和农村发展的基本目标、要求及行动计划。此外,旨在指导可持续农业战略的实施,FAO还发布了一个涉及面很广的农业可持续发展框架图。1991年9月,联合国总部成立了世界可持续发展农业协会。这些工作对于世界各国可持续农业观念的形成、发展都具有巨大的推动作用。1996年11月,FAO在罗马组织了世界粮食首脑会议,进一步明确了可持续农业发展的技术和要点。1997年6月,国际可持续农业会议在德国布伦瑞克举行,该会议对全球可持续农业理论与实践进行了系统总结和发展。

在国内,20世纪90年代以来,如何吸收现代持续农业的先进思想,走具有中国特色的可持续农业发展道路,不仅成为理论界、学术界研究的热点,而且成为国家可持续发展战略决策所考虑的主要内容。近年来中国农业可持续发展政策如表11-1所示。1994年3月,国务院第16次常委会会议讨论通过了《中国21世纪议程——中国21世纪人口、资源与发展白皮书》(以下简称《中国21世纪议程》),并强调指出农业是中国国民经济的基础,农业和农村的可持续发展是中国可持续发展的根本保证和优先领域。中国的农业和农村要摆脱困境,必须走可持续发展的道路。1996年,中国环境与发展国际合作委员会就如何迎接中国农业可持续性的挑战,提出了3项建议:①由于技术的转变过程常常超出了通常的5~10年的规划框架,因此需要制定一项更长期的农业发展战略;②必须保证农业研究与开发的投资;③农业研究必须重新调整方向,将其重点放在开发经济和环境效益俱佳的技术上,特别要将清洁生产概念应用于农业,减少有害物质的排放。目前在中国,农村持续发展正处于战略构思与形成、发展阶段。1998年,中国先后召开的第九届全国人民代表大会和十五届三中全会都对中国农业持续发展给予了高度重视,前者强调指出农业事关全局的主题,以及中国农业的新战略应当是建设一个山川秀美、可持续发展的生态农业;后者发布了《中共中央关于农业和农村工作若干重大问题的决定》,把促进农业稳定增长与持续发展视为实现中国跨世纪发展目标的重要保障,这在中国实施可持续农业发展战略与模式中具有重要的里程碑作用。2015年,《全国农业可持续发展规划(2015—2030年)》正式发布,它是今后一个时期指导农业可持续发展的纲领性文件,明确指出了政府及相关部门对于我国农业可持续发展的政策支持,是农业可持续发展的重要指向标。2016年,农业部联合国家发展改革委、科技部、财政部、国土资源部、环境保护部、水利部、国家林业局制定了《国家农业可持续发展试验示范区建设方案》。2017年10月,党的十九大报告提出,实施乡村振兴战略。2018年1月2日,中共中央、国务院印发《中共中央、国务院关于实施乡村振兴战略的意见》;同年,习近平总书记关于实施乡村振兴战略的重要论述是党的"三农"工作理论创新的最新成果,为扎实推动乡村振兴取得新进展、农业农村现代化迈出新步伐提供了理论支撑和实践指引,乡村振兴战略与可持续发展是一脉相承的。2021年,《"十四五"推进农业农村现代化规划》在衔接乡村振兴战略第一个五年规划的基础上,进一步对"十四五"时期农业农村可持续发展作出了系统安排,具有里程碑意义。该规划立足新起点接续推进农业农村现代化,着眼新阶段科学谋划农业农村现代化。

表11-1 近年来中国农业可持续发展政策

时间	政策名称	说明
1994	《中国21世纪议程》	首次把可持续发展战略纳入我国经济和社会发展的长远规划,标志着我国进入了可持续发展的研究和实践阶段
1996	《国民经济和社会发展"九五"计划和2010年远景目标纲要》	可持续发展作为一条重要的指导方针和战略目标上升为国家意志
1998	《中共中央关于农业和农村工作若干重大问题的决定》	把促进农业稳定增长与持续发展视为实现我国跨世纪发展目标的重要保障,这在我国实施可持续农业发展战略与模式中具有重要的里程碑作用
2015	《全国农业可持续发展规划(2015—2030年)》	明确指出了政府及相关部门对于我国农业可持续发展的政策支持,是农业可持续发展的重要指向标
2016	《国家农业可持续发展试验示范区建设方案》	坚持创新、协调、绿色、开放、共享的新发展理念,树立尊重自然、顺应自然、保护自然的生态文明理念,以农业产业、资源环境、农村社会可持续为目标,以高效利用资源、治理环境问题、保护修复生态为重点,在不同类型的自然生态区整体设计各产业间的协调发展方案,创新一批农业可持续发展集成技术,形成一批适应不同类型特点的农业可持续发展模式,构建一批良性运行的农业可持续发展机制,为全面推进农业可持续发展提供试验示范

续表

时间	政策名称	说明
2017	《中共中央 国务院关于加强耕地保护和改进占补平衡的意见》《中共中央 国务院关于深入推进农业供给侧结构性改革 加快培育农业农村发展新动能的若干意见》等	我国为促进农业可持续发展出台了一系列利农惠农的政策
2018	《中共中央、国务院关于实施乡村振兴战略的意见》	实施乡村振兴战略是党的十九大作出的重大决策部署,是决胜全面建成小康社会、全面建设社会主义现代化国家的重大历史任务,是新时代"三农"工作的总抓手
2021	《"十四五"推进农业农村现代化规划》	对"十四五"时期农业农村可持续发展作出了系统安排,具有里程碑意义。该规划立足新起点接续推进农业农村现代化,着眼新阶段科学谋划农业农村现代化

二、农业可持续发展的内涵与基本特征

(一)农业可持续发展的内涵

自可持续农业被提出以来,人们对它的理解有很大的差异,有的侧重资源和环境保护,有的强调增加产品以满足需要,有的强调低投入,有的强调高效率。例如,1988年,发展中国家农业可持续性委员会对农业可持续性的解释是:一种能够增进人类需要同时不破坏甚至还能改善自然资源的农业系统的能力。1989年,美国农学会、作物学会、土壤学会讨论得出的可持续农业的定义是:可持续农业是在长时期内有利于改善农业所依存的环境与资源、可满足人类对食品与纤维的基本需要、在经济上可行并可提高农民以及整个社会的生活质量的一种农业发展模式。1990年10月,美国国会通过的《食品、农业保护和贸易法案》对可持续农业的定义是:可持续农业是一种因地制宜的动植物综合生产系统,在一个相当长的时期内,能满足人类对食品和纤维的需要,提高和保护农业经济赖以维持的自然资源和环境质量,保证最充分地利用非再生资源和农场劳动力,在适当情况下综合利用自然生态系统,保持农业生产的经济活力,提高农民和全社会的生活质量。在20世纪80年代后期可持续发展的概念被明确界定后,可持续发展理论体系逐步完善,农业可持续发展的内涵基本定型。

1991年4月,FAO与荷兰政府联合召开农业与环境国际会议,会议通过了著名的《登博斯宣言》。《登博斯宣言》提倡发展可持续农业,指出发展可持续农业的目的是管理和保护自然资源基础,并调整技术与机构改革方向,以便确保持续满足目前几代人和今后世世代代人的需要。这种持续发展不仅能保护土地、水资源、植物和动物遗传资源,而且不会

造成环境退化,同时在技术上运用得当,在经济上可行,能够被社会接受。"不会造成环境退化"是指希望人类与自然之间、社会与自然环境之间能够和谐相处,建立一种非对抗性、非破坏性关系;"在技术上运用得当"是指生态经济系统的合理化并不主要依靠高新技术,而以最为适用、合理的技术为导向;"在经济上可行"是指要控制投入成本,提高经济效益,避免出现国家财政难以维持和农民难以承受的局面;"能够被社会接受"是指生态环境变化、技术革新所引起的社会震荡应当控制在可以承受的范围内。《登博斯宣言》的这一定义得到广泛的认同。

可见,农业可持续发展的内涵十分丰富,迄今还没有一个完全统一的定义,但以下几个基本因素却是大家达成共识的。①都强调不能将牺牲子孙后代的生存发展权益作为换取当今发展的代价。②都同意把可持续农业当作一个过程,而不是主要把其当作一种目标模式。③都考虑到衡量可持续农业的几个重要方面,即要求兼顾经济、社会和生态效益。④都认为可持续农业包含"软件"和"硬件"两大要素。所谓"软件"是指可持续农业的外部环境,尤其是指人们的观念,相适应的政策、体制和机制;"硬件"则是指技术上的创新。可持续农业要求达到社会、经济和生态三方面效益的统一和协调,但实际操作起来难度极大。且不说三方面效益都达到最优绝不可能,即使是要求三者同时达到较为理想的状态也绝非易事。没有对常规农业技术的不断创新和突破,没有观念的改变、政策的调整以及体制和机制的改革,农业可持续发展就可能永远停留在理想化和概念化的阶段。

(二) 农业可持续发展的基本特征

1. 生态持续性

生态持续性主要关注生态系统的永续生产力和功能。长期的生态持续性要求维护资源基础的质量,维护其生产能力,尤其是维持土地的产量。生态持续性还要求保护自然条件,特别是保护农业自然条件、基因资源和生物多样性。当代农业的显著特点就是频繁耕耘,集约单一种植,高能源、高密集地投入,这已造成土壤侵蚀、养分流失、土壤板结、土壤污染等严重问题,损害着土地资源的生产能力,这种农业是不能长期持续的。农业可持续发展必须以生态可持续性为基础。生态系统是经济活动的基础,农业可持续发展必须维持一个良好的农业生态环境,以良性循环的生态系统及其生态资源的持久、稳定的供给能力为基础,持久地保持资源开发的能力,实现资源的永续利用,这样才能在满足当代人需求的同时,不危及后代人满足其发展需要的能力。

2. 社会持续性

社会持续性主要强调满足人类基本的需要(衣、食、住等)和较高层次的社会、文化需求(如教育、就业、娱乐等)。持续不断地提供充足而可靠的农产品(特别是粮食)以满足社会需求,这是持续农业的一个主要目标。在发展中国家,较为迫切的要求常常是解决温饱、避免饥荒,这就是所谓的食物充足性问题和承载能力问题。在发达国家,满足需要一般意味着提供既充分又多样的农产品以满足消费需求和偏好,并确保安全可靠的供给。社会持续性的概念一般都有平等的含义,包括代间平等和代内平等。代间平等指为后代保护资源基础,保护他们从资源利用中获得收益的权利和机会。代内平等指资源利用和农业活动的收益在国家之间、区域之间和社会集团之间得到公正而平等的分配。导致环境退化从而使将来生产成本或环境治理成本增加的农业生产系统,以及损害其他国家、地区和社会集团利益的农业生产系统,都不能认为是持续的。有时这两种平等问题互相交织。例如,有些地区尚未解决温饱问题,这是代内不平等;这又迫使当地农民为求生存而进行一些可获得暂时效益但破坏环境和资源基础的活动,从而损害了后代人的权利和机会,留下代间不平等的后患。农业可持续发展必须以社会的可持续性为根本目的。农业可持续发展必须以人为本,满足人的物质生活和精神生活需要,有利于人的全面发展,有利于人类社会的进步。

3. 经济持续性

经济持续性主要关注农业生产者的长期利益。其中一个重要方面就是产量的持续性。土地退化和其他环境问题将改变作物的生长条件,从而影响产量。可见这种持续性的经济关注与生态关注是联系在一起的,但这里着眼的是未来生产率和产量,而不是自然资源本身。经济持续性的另一个重要方面是农业经营的经济表现和可获利性。在市场经济中,由于农产品价格低下、产量减少、生产成本上升等原因而不能创造足够利润的农场是不能自我持续的。因此,农业要持续,就必须使生产者有利可图。实际上农业的经济持续性是与其生态持续性紧密联系的,如土地退化是生态问题,但其后果显然会在经济上反映出来。农业可持续发展必须以经济可持续性为主导。经济可持续性就是经济活动的可获利性和持续增长性。可持续农业必须持续地增加农产品产量与就业机会,持续地提高农业生产率,提高资金、土地等生产投入和资源利用的效率。

第二节 中国农业可持续发展实践

一、中国农业可持续发展需要解决的问题

① 土地的掠夺式经营使得地力下降,水土流失严重,荒漠化加剧,草地退化严重。长期以来,我国一直坚持农产品供给以国内生产自给为主的方针,农业生产系统为了满足社会对农产品日益增长的需要,不得不进行一系列掠夺式的生产经营。过度垦殖造成土壤肥力下降,地力衰竭;近年水土流失面积已达400万平方公里,每年有2400多平方公里土地沙漠化;为了扩大耕地面积以保证增产而毁林开荒、盲目垦殖,导致我国草地退化,沙化和盐碱面积逐年增加,全国盐碱地总面积超过3340万公顷;为了抗旱增产和保证灌溉而无限制地开采地下水,导致地下水位下降和土壤盐碱化;为了增温保墒和延长作物生长发育期而大量使用塑料薄膜,导致出现土壤污染和耕作障碍问题;为了提高单产而大量使用化肥和农药,造成土壤养分失调,有益昆虫死亡,生物种群被破坏。这一切都直接影响着

农业的可持续发展。

② 资源禀赋先天不足。据估计到 21 世纪中叶,我国人口将增加到 15 亿～16 亿人,而农业资源供给日趋减少。一方面,资源的数量减少、相对紧缺。21 世纪初,我国人均耕地仅相当于世界平均水平的 1/3;人均水资源占有量为 2 500 m³,不到世界平均水平的 1/4;草原过牧面积约占 1/3,人均草地占有量仅为世界平均水平的 1/3;人均森林占有量仅为世界平均水平的 1/8。另一方面,资源的质量不高且在不断下降,水土流失面积不断扩大,土壤盐渍化、水蚀、风蚀和沙化问题日益严重,直接影响农业的可持续发展。

③ 制度安排不合理。从户籍制度来看,长期以来,我国一直实行城乡分离的二元社会结构制度,农民大量滞留在有限的土地上,凭资源而获取收益的局面一直没有得到根本的改变。从农业生产经营组织制度来看,我国目前实行的是农户小规模分散经营制度,过于分散的经营方式和细小的经营规模使机械耕作、农田水利基本建设、病虫害综合防治和轮作倒茬等现代化集约经营措施难以实施。从土地制度来看,土地保护与管理监控制度、土地流转制度等不完善,以致耕地抛荒、掠夺式利用、农地非农化等问题严重,直接影响农业的持续发展。

④ 协调不力。一是人与自然之间的协调不力。过去相当长时期内我国人口增长失控,致使人与自然之间的和谐关系和适当比例被破坏,为持续发展造成了障碍。二是经济发展与资源环境之间的协调不力。利益机制是推动人类经济社会发展的一个重要机制,这就出现了近期利益与长期利益的矛盾、局部利益与整体利益的矛盾、当代人利益与后代人利益的矛盾。为了眼前利益,人们过伐森林、过牧草原、滥施化肥、滥用农药、过量开采地下水等,以致农业后劲不足;为了局部利益,企业向河流直排废液,污染下游水源;发达地区无节制地使用林木、能源,低价索取欠发达地区的资源,加剧了资源的紧缺,削弱了欠发达地区的发展能力;为了当代人的利益,对土地等自然资源的过度消耗,造成经济发展与资源环境之间的不协调,给农业可持续发展带来障碍。三是技术进步、社会经济制度变革与人类社会长期发展之间协调不力。一般说来,技术进步和社会经济制度变革都是有利于推动人类社会进步和共同繁荣的,但都有一个适应和适度的问题,否则就会带来负面效应。例如,在农业中利用石油能源、进行远洋捕捞都是人类技术进步的象征,但是超量利用石油能源、过度捕捞,就会破坏自然界固有的相克相生、相互依存的关系而造成生态平衡的破坏。再例如:市场经济制度可使资源在更大的范围内进行配置,促进地区间的资源优势互补和生产要素流动;市场经济制度可通过价格信号来反映资源的稀缺程度,保持资源的有偿使用,激励资源利用方式的改进和效率的提高。但是,如果不规范市场主体的行为、建立必要的法律制度和配套措施,就会因竞争的不完全性而造成一些部门对资源的垄断;因经济的外部性而造成部分资源过度使用和社会整体利益受损;因市场调节的滞后性而造成生产的波动和收入的不稳定;因资源的禀赋不同而造成收入分配不公平和贫富差距扩大。在我国上述这些问题都不同程度地存在着,阻碍了农业的可持续发展。

二、中国农业可持续发展的战略目标和模式

1994年,我国制定和颁布了《中国 21 世纪议程》,从具体国情出发,提出了我国经济和社会可持续发展的总体战略。《中国 21 世纪议程》提出的中国农业与农村经济可持续发展的战略目标是:保持农业生产率稳定增长,提高食物生产能力和保障粮食安全,发展农村经济,增加农民收入,改变农村贫穷落后状况,保护和改善农业生态环境,合理永续地利用自然资源,特别是生物资源,以满足国民经济发展和人民生活的需要。上述战略目标可以简单概括为确保食物安全、发展农村经济和合理利用保护资源。

在我国,学术界主流的观点是我国农业可持续发展的目标模式应当是"有中国特色的生态农业"。生态农业最早是由美国密苏里土壤学家 Willian Albreche 于1971年提出的,他认为通过土壤腐殖质建立良好的土壤条件,就可以不用农药来防治病虫害,并认为使用少量化肥对土壤肥力和作物生长是有好处的,不会对环境造成不良影响。总体来看,西方国家的生态农业是针对现代农业投资大、能耗高、污染严重、破坏生态环境等弊端,从保护资源和环境的角度提出的,强调农业生产模仿自然生态系统,减少化学能的投入,把农业生态系统和资源环境的持续性放在首位。西方国家的生态农业具有降低能耗、改善生态环境、保护自然资源、提高食物质量等特色和优点。但是,其由于产量不高,经济效益低,因此在推广时遇到了许多障碍。

我国所倡导的生态农业与西方国家的生态农业的内涵不同,它是基于我国资源约束、食品需求刚性增长、生态环境恶化的现状而提出的有中国特色的生态农业。我国生态农业的基本内涵是:在经济和环境协调发展方针的指导下,总结吸收各种农业方式的成功经验,运用生态学和经济学的原理以及系统工程方法,因地制宜地利用现代科学技术并将其与传统农业精华相结合,依据"整体、协调、循环、再生"的要求,合理组织农业生产,把粮食作物与多种经济作物结合起来,把种植业与林、牧、渔业结合起来,把农业与第二、三产业结合起来,协调经济发展与环境保护、资源利用的关系,实现高产、优质、高效与持续发展,达到经济效益、生态效益、社会效益的统一。我国的生态农业模式体现了以发展为核心的主导思想,在求发展的同时,积极实施环境保护和生态建设,探索"低投入、高效益、低污染、高质量"的农业可持续发展道路。这种持续发展必然使土地、水资源和动植物种质资源得到保护,它是一种无环境退化、技术上适宜、经济上可行并能为社会所接受的发展途径。

我国生态农业形式多样,其内涵和外延远远超出国外的生态农业。例如,南方水旱结合、农渔结合的"桑基鱼塘",北方农、林、牧、渔结合的多维多元的生态农业,立体种植生态农业等,都是依据当地资源优势和特点发展起来的。我国的生态农业体现了以下特点。

① 建立在可更新资源的基础上,与当地农业环境组合相适应,既充分合理利用资源,发展生产,又能保护自然资源,使资源得以永续利用。

② 一业主导,多业并举,全面发展,农业、林业、牧业、渔业、加工业之间相互协调、相互促进,以实现系统整体的多功能、高效率。

③ 利用共生相养,合理配置农业植物、动物和微生物,实行立体种植、混合喂养、结构合理的立体农业,使有限的空间、水、土、光、热资源得到充分利用,达到较高的光能利用率和生物能转换率。

④ 循环利用"废物",使农业有机废弃物资源化,增加产品产出;开展以生物防治为主的综合防治,控制杂草和病虫害;以农家肥、绿肥等有机肥为主,合理施用化肥,实现增产增收。

⑤ 充分利用现代科学技术,特别是生物技术,并且将其与传统农业实用技术相结合。

⑥ 以内部调控为主,以外部调控为辅,重视自我调节作用,采用人工调节与自然调节相结合的措施,维护系统的稳定性。

⑦ 全面规划,兼顾社会、经济和生态三大效益。

我国生态农业的特征表明,它符合自然界的发展规律,并能较好地调和经济发展与环境保护之间的矛盾,是中国农业实现可持续发展的一种战略选择。

三、可持续农业发展的趋势

世界现代农业有了两大变化:一是构建了可持续发展的新模式,以用其代替"石油农业"模式;二是将高新科技应用于农业,以孕育新的农业技术革命。为此,出现了现代农业的新概念——现代持续农业。现代持续农业是走人口、社会、经济、资源、环境相互促进、相互协调持续发展的道路。在促进农业生产率高效增长的同时,保护资源、环境,使其能永续地支撑农业发展;既弘扬传统有机农业技术中维护有机物质循环利用的精华,又大量吸取可持续性的现代高新技术,以及应用现代经济中的产业化组合和企业管理方法,通过技术系统、经济系统、环境系统的相互协调,构建经济生态良性循环的农业经营体系,在此基础上提高资源利用率、劳动生产率、土地生产率和经济效益。可持续农业未来的发展趋势具体表现为以下几方面。

1. 追求农业与环境的协调发展

可持续农业是技术、经济、社会、资源、环境相协调的统一体,创造了一种人类与自然界相协调的和谐格局,形成了人与其他生物共存的生态系统。以确保可持续发展为主导,既造福当代人,又造福后代人,使人类在地球上能够世世代代更好地繁衍生息。人类对掠夺自然、破坏自然生态环境、单纯追求经济增长的行为进行了反思,人类作为自然界的一个组成部分,对周围自然环境的反作用已越来越大,人类向自然索取的手段已被利用到极限,正在破坏自然界的生态平衡,人类必须彻底纠正,从破坏变为保护,保护环境,保护自然资源,维持生态平衡。人类应对植物生长环境进行保护,维护和健全植物生态系统。

2. 节约资源，提高资源利用率

农业要可持续发展，就要解决"石油农业"过度消耗自然资源的问题，变资源经济为技术、知识集约型经济。现代农业是科学技术高度综合型、高度密集型的产业，建立在生物、农艺、土壤、生态、环保、机械、化工、能源、材料、电子计算机、信息等多门学科以及经济学的综合应用上，是靠集结多学科技术经济成就推动的产业。

3. 建立经济与生态良性循环体系

可持续农业必须既能使农业生态系统的物质、能量资源得到充分开发利用，以适应经济增长和社会进步的需要，又不超越农业生态系统自我调节机制所能承载的阈限，并能维护系统的动态平衡和持续生产力，保证在维持经济增长的同时生态系统能够自我调节，自我修复，良性循环。保护自然资源和环境、维护生态平衡要以经济带动为主体，寓环境保护于发展经济活动之中，而不受制于自然生态平衡；但人类的经济活动不能超出生态系统的承受能力，否则就会破坏良性循环。要正确处理农业生态效益与经济效益的关系，实现自然再生产与经济再生产的统一，在以自然再生产为前提的基础上进行经济再生产。因为自然再生产是生物因素与环境因素的统一，是形成生物产量的决定性条件，而生物产量更是形成经济产量的基础。经济的良性循环与生态系统的良性循环是紧密相关的，超出生态循环的生态经济系统必须既有高效率的经济增长，又能保护生态环境，使资源可持续利用。现代持续农业不仅能提高劳动生产率，而且能优化生态环境。

4. 强化农业系统内自然再生产过程的自养、自控性

农业系统内的自养、自控是一个自然再生产过程，是通过动、植物及微生物等生命体与周围光、热、水、土、肥、气等自然环境之间进行物质与能量交换，并依靠其自身生长、发育机能来完成的。农业的有机性是不可替代的，在维护生物自然再生产过程中实现有机物质循环，促进生物之间、生物与环境之间的物质能量转化，再在农业系统外投入生物物质，才能发挥农业系统内自然再生产过程的自养、自检性，最终提高资源利用率、维护生态平衡。

5. 广泛应用现代高新技术

现代高新技术的广泛应用将是持续农业发展的主要原动力。由于可持续农业所追求的目标是高效益、无污染、可持续，要实现这个目标就必须充分利用现代高新技术的成果。除常规农业技术外，基因工程、发酵工程等微观工程技术将大规模应用于可持续农业，农业宏观生态工程技术（如污水处理技术等）也将广泛应用于可持续农业。可持续农业要尽可能采用高效、无毒的生物制品，采用新的种植、灌溉、施肥、喷药技术，采用高产、低耗、高净收益及可抗病虫害、耐病虫害的作物品种，尽量采用高效、低毒、低残留的化学防治技术等。

【思考题】

1. 农业可持续发展问题是在什么背景下提出来的？

2. 农业可持续发展的内涵是什么？有哪些基本特征？
3. 试述中国农业可持续发展的战略目标和模式。
4. 中国生态农业的内涵是什么？有哪些基本特征？
5. 试析可持续农业的发展趋势。

【案例分析】

新疆阿克苏地区沙雅县建立残膜回收长效机制

沙雅县位于新疆阿克苏地区东偏南,塔里木盆地北部,北靠天山、南拥大漠,其耕地面积为 70 多万亩。近年来,沙雅县坚持以绿色发展为导向,以农田废旧地膜有效回收和资源化利用为主线,以试点示范为抓手,综合施策、合力推进,构建农田废旧地膜污染治理工作长效推进机制,推动残膜污染防治,保护农业生态环境。

沙雅县的主要做法如下。

① 强化组织领导,夯实主体责任。成立由政府主要领导任组长、相关部门主要负责人任成员的农田废旧地膜污染治理工作领导小组。制定《沙雅县加强农田废旧地膜污染治理工作实施方案(2019—2021 年)》,建立农田废旧地膜回收处理体系。严格落实属地管理责任,将残膜回收任务落实到乡、明确到村、具体到户。

② 建立回收体系,完善处理模式。实行农用地膜生产企业备案制,支持和引导企业生产达标地膜,不达标企业要求限期整改。加大联合执法监管力度,严厉打击生产、销售不合格地膜行为,扣押不合格地膜 1 475 卷,有效规范市场行为。构建"供销社牵头,地膜产销企业、农业生产经营者、回收合作社、回收再利用企业等多主体参与"的废旧地膜回收体系,支持建立覆盖县、乡、村的农田废旧地膜回收网络,通过"以旧换新",调动种植户回收废旧地膜的积极性。

③ 创新回收技术,提升利用效率。创新膜秆分离技术,支持沙雅县农机企业研发生产新型高效废旧地膜回收机,生产废旧地膜回收机 300 余台,保障废旧地膜机械化回收。推广新型地膜,实施残膜污染治理关键技术集成与试验示范,开展全降解地膜、全期人工+机械采摘等应用试验。

④ 建立监测机制,科学分类治理。建立残膜监测点 40 个,通过定位监测,掌握主要覆膜作物地膜残留动态变化趋势,评价地膜污染程度,为分类指导残膜污染治理提供依据。据监测,沙雅县地膜平均残留量为每亩 14.4 公斤。

沙雅县的工作成效如下。

① "白色污染"初步遏制。2020 年回收废旧残膜 8 320 吨,回收率达 84.04%,有效遏制地膜残留增长,"净土保卫战"取得初步成效。

② 回收利用体系逐步建立。探索形成"地膜使用者+合作社+回收网点+回收再利用企业"的回收体系,购置残膜回收机械 372 台,建设废旧地膜回收网点 12 个,培育农田废旧地膜回收合作社 14 个,使得沙雅县的回收再利用能力得到进一步提升。

【问题讨论】

1. 新疆阿克苏地区沙雅县治理农田"白色污染"遵循的理念及采取的举措是什么？
2. 沙雅县建立残膜回收长效机制的农业可持续发展经验给我们的启示是什么？

参考文献

[1] 王雅鹏.现代农业经济学[M].3版.北京:中国农业出版社,2014.

[2] 徐志刚.农业经济学研究方法论[M].北京:中国农业出版社,2021.

[3] 孔祥智,马九杰,朱信凯.农业经济学[M].3版.北京:中国人民大学出版社,2023.

[4] 江占民,仲崇敬.农业经济与管理[M].北京:中国农业出版社,1998.

[5] 何忠伟.中国农业政策与法规[M].北京:中国商务出版社,2016.

[6] 朱利群.农业政策与法规[M].2版.北京:中国农业出版社,2018.

[7] 张利庠.农业企业管理学[M].北京:中国人民大学出版社,2021.

[8] 蔡根女.农业企业经营管理学[M].3版.北京:高等教育出版社,2014.

[9] 王钊.农业企业经营管理学[M].2版.北京:中国农业出版社,2011.

[10] 郭翔宇.农业经济管理学[M].2版.北京:中国农业出版社,2004.

[11] 方天堃.农业经济管理[M].3版.北京:中国农业大学出版社,2019.

[12] 张世龙,等.现代农业形态理论与实践研究[M].北京:海洋出版社,2018.

[13] 周培.现代农业理论与实践[M].上海:上海交通大学出版社,2021.

[14] 杨德林,李志军,李平.技术管理与技术创新学科前沿研究报告[M].北京:经济管理出版社,2013.

[15] 哈里森.日本的技术与创新管理[M].华宏慈,李鼎新,华宏勋,译.北京:北京大学出版社,2004.

[16] 孙剑.市场营销学[M].3版.北京:中国农业出版社,2016.

[17] 郭国庆.市场营销学通论[M].4版.北京:中国人民大学出版社,2011.

[18] 科特勒,阿姆斯特朗.市场营销:原理与实践[M].16版.楼尊,译.北京:中国人民大学出版社,2015.

[19] 王勇.项目可行性研究与评估[M].2版.北京:中国建筑工业出版社,2011.

[20] 吕娜.农业项目管理实务[M].北京:中国农业大学出版社,2013.

[21] 刘希检,等.企业信息化管理实务[M].北京:石油工业出版社,2013.

[22] 谢林明.区块链与物联网:构建智慧社会和数字化世界[M].北京:人民邮电出版社,2020.
[23] 余欣荣,杜志雄.当代世界农业[M].北京:中国农业出版社,2021.
[24] 罗帅民,郭永利,王朝华.世界农业保险[M].北京:中国农业出版社,2010.
[25] 王思明.世界农业文明史[M].北京:中国农业出版社,2019.
[26] 马琼.农业经营管理学[M].北京:北京邮电大学出版社,2014.